MÚSICA CULTURA POP   ESTILO DE VIDA   COMIDA
CRIATIVIDADE & IMPACTO SOCIAL

A VERDADEIRA HISTÓRIA DA LENDA DO BLUES

Robert Johnson

A Música do Diabo

BRUCE CONFORTH e GAYLE DEAN WARDLOW

1ª reimpressão/2024

Belas Letras

Título original: Up Jumped the Devil – The real life of Robert Johnson
© 2019 Bruce Conforth e Gayle Dean Wardlow
Todos os direitos reservados

Publicado mediante acordo com Chicago Review Press Incorporated

Nenhuma parte desta publicação pode ser reproduzida, armazenada ou transmitida para fins comerciais sem a permissão do editor. Você não precisa pedir nenhuma autorização, no entanto, para compartilhar pequenos trechos ou reproduções das páginas nas suas redes sociais, para divulgar a capa, nem para contar para seus amigos como este livro é incrível (e como somos modestos).

Gustavo Guertler (*publisher*)
Fernanda Fedrizzi (edição)
Celso Orlandin Jr. (capa, projeto gráfico e diagramação)
Paulo Alves (tradução)
Cintia Oliveira (preparação)
Vivian Miwa Matsushita (revisão)

Foto da capa: © Delta Haze Corporation

2024
Todos os direitos desta edição reservados à
Editora Belas Letras Ltda.
Rua Antônio Corsetti, 221 – Bairro Cinquentenário
CEP 95012-080 – Caxias do Sul – RS
www.belasletras.com.br

Dados Internacionais de Catalogação na Fonte (CIP)
Biblioteca Pública Municipal Dr. Demetrio Niederauer
Caxias do Sul, RS

C748m	Conforth, Bruce
	A música do diabo: a verdadeira história da lenda do blues Robert Johnson / Bruce Conforth e Gayle Dean Wardlow; tradutor: Paulo Alves. - Caxias do Sul, RS: Belas Letras, 2022.
	336 p.: il.
	ISBN: 978-65-5537-208-3
	ISBN: 978-65-5537-209-0
	1. Johnson, Robert, 1911-1938. 2. Biografia. 3. Música popular. 4. Blues (Música). I. Wardlow, Gayle Dean. II. Alves, Paulo. III. Título.
22/23	CDU 929Johnson

Catalogação elaborada por Vanessa Pinent, CRB-10/1297

sumário

Agradecimentos 9
　Introdução 15

1 Robert Johnson está na cidade 23
2 Antes do princípio 32
3 Dias em Memphis 48
4 De volta ao Delta 61
5 Raízes musicais e identidade 73
6 Matrimônio, morte e o blues 88
7 A música começa 101
8 Lá vem o cara do violão 108
9 Vagando pela encruzilhada 127
10 *Traveling Riverside Blues* – Blues das andanças às margens do rio 141
11 No jeito para partir 152
12 Mulheres de bom coração 174
13 Fui embora de cabeça cortada 198
14 Preciso seguir em frente, o blues cai feito granizo 208
　15 Quando eu deixar esta cidade, te darei aquele adeus 234
　　16 Enterre meu corpo à beira da estrada 257

　Epílogo | O último dos negócios justos 272

　Apêndice I: Sessões de gravação 279
　　Apêndice II: Uma genealogia de Robert Johnson 281
　　　Bibliografia 284
　　　Notas 298

agradecimentos

Este livro é o resultado de mais de cinquenta anos de trabalho, interesse, pesquisa, entrevistas, escrita e reescrita, discussões, escuta, viagens e todos os demais tipos de empreitadas humanas. Gayle começou a pesquisar a vida de Robert Johnson em 1962 e Bruce, em 1968. Ao escrevermos estas palavras, nos damos conta de que faz exatamente cinquenta anos que Gayle Dean encontrou pela primeira vez a certidão de óbito de Robert Johnson, descobrindo informações até então desconhecidas e abrindo caminho para muitas pesquisas futuras.

Como tanto tempo se passou desde que ambos iniciamos nossas jornadas pela vida e época de Robert Johnson, há literalmente centenas de pessoas a quem poderíamos agradecer; muitas já se foram, mas um bom tanto delas ainda está conosco. Entre os músicos de blues e conhecidos de Robert Johnson que deram entrevistas fantásticas a Gayle Dean, mas já partiram, e a quem ele gostaria de agradecer estão Henry Austin e Lillian Berry, Ishmon Bracey, Joe Calicott, Ledell Johnson, Hayes Mullin, Willie e Elizabeth Moore, H. C. Speir, Lula Mae Steps, reverendo Frank Howard e esposa, Otis Hopkins, Charlie Mullin, Willie Brown (do Arkansas), Sammy Watkins, Marvin "Smokey" Montgomery, Fred Morgan, Eula Mae Williams, Johnnie Temple e Rosie Eskridge. Bruce, do mesmo modo, entrevistou e gostaria de agradecer a Robert Lockwood Jr., Johnny Shines, David "Honeyboy" Edwards e Loretha Zimmerman-Smith. O falecido Mack McCormick, primeira pessoa a localizar a família de Robert sob a forma de sua meia-irmã Carrie Harris, também foi o primeiro a ver as fotos de Robert que estavam com ela. Mack foi um dos mais proeminentes estudiosos de Johnson e é uma pena que seu livro sobre ele, *Portrait of a Phantom*, nunca tenha sido concluído. Ao longo dos anos, tanto Gayle Dean quanto Bruce tiveram muitas conversas com Mack e, quando ele tomou conhecimento deste projeto, forneceu encarecidamente comentários e sugestões, os quais nos permitiram fazer pesquisas adicionais que somariam ao conhecimento que já havíamos adquirido. O falecido Steven LaVere foi, da mesma forma, uma grande fonte de informações a respeito de Robert, e sua obra publicada, embora ocasionalmente incompleta, serviu como mais um ótimo recurso. Também agradecemos à companhia fundada por ele, a Delta Haze Corporation, por nos conceder a permissão para usar tantas fotos maravilhosas do acervo dele. Somos muitos gratos a Lawrence Cohn, amigo e apoiador que ganhou um Grammy por seu trabalho em *Robert Johnson, the Complete Recordings* (Columbia), de 1990. Lawrence, um colecionador de discos, historiador, pesquisador da música, ex-executivo da indústria musical e tantas coisas mais, forneceu um bom tanto de informações a respeito de Robert que ele recolheu pessoalmente com Don Law, Frank Driggs e tantos outros. Seu livro *Nothing But the Blues: The Music and the Musicians* (Abbeville, 1993) é dos mais exemplares panoramas de todo o espectro do blues. Dan Handwerker, a cuja família pertenciam as terras onde Charley Dodds Spencer e família (incluindo Robert) viveram em Memphis, foi uma fonte generosa e informativa. Robert Hirsberg, cujos pais eram donos do armazém Hirsberg's, em Friars Point, Mississippi, na frente do qual Robert costumava tocar, também foi uma ótima fonte de informação. O dr. Richard Taylor, diretor do Museu de Tunica, verificou informações contextuais a respeito da educação primária e do cemitério onde a primeira esposa de Robert, Virginia, está enterrada. John Tefteller, da Blues Images, foi um grande apoiador deste projeto e nos forneceu a única foto de Charley Patton de que se tem conhecimento. Obrigado a Steve Armitage por limpar digitalmente a certidão de óbito de Robert Johnson. Lew Campbell foi muito gentil em nos fornecer uma foto de Johnny Shines de seu acervo, e Jane Templin, uma rara foto de Marie e Ernie Oertle. John Paul Hammond, que passou boa parte da vida estudando e tocando a música de Johnson, apoiou este projeto com entusiasmo e tem sido um grande amigo. Seu irmão, Jason Hammond, nos deu uma foto maravilhosa do pai, John Henry Hammond II, *circa* 1937. Jim O'Neal, Scott Barretta, Jas Obrecht, Barry Lee Pearson, Barry Mazor,

Adam Gussow, David Evans, Mark Ari, Nicholas Gray, Paul Vernon, James Smith, Frank Matheis, Andy Cohen, Shelley Ritter, do Delta Blues Museum, dr. John Hasse, do departamento de Música do Museu Nacional de História Americana do instituto Smithsonian, Brett Bonner e a revista *Living Blues*, Greg Johnson, dos arquivos de blues da Universidade do Mississippi, e todos os participantes do grupo *The Real Blues Forum*, no Facebook, forneceram comentários, críticas e debates muito necessários e valiosos. Elijah Wald e Alan Govenar providenciaram excelentes informações, comentários e edições. Michael Malis, da faculdade de Música da Universidade de Michigan, fez análises transcritivas da música de Johnson. Obrigado à Sony Music Entertainment; à Biblioteca Pública de Memphis e à Sala dos Condados de Memphis e Shelby; a Leticia Vacek, escrivã do município de San Antonio; ao Departamento de Polícia de San Antonio; e ao Departamento de Arquivo e História do Mississippi.

Seríamos omissos se não mencionássemos os estudiosos que buscaram escrever sobre a vida de Johnson antes de nós: Stephen Calt, Samuel Charters, Bruce Cook, Francis Davis, David Evans, Julio Finn, Tom Freeland, Paul Garon, Ted Gioia, Peter Guralnick, Steve James, Edward Komara, Steve LaVere, Alan Lomax, Greil Marcus, Margaret Moser, Giles Oakley, Robert Palmer, Barry Lee Pearson e Bill McCulloh, Dave Rubin, Tony Sherman, Patricia Schroeder, John Michael Spencer, Elijah Wald, Pete Welding, Dick Waterman e quaisquer outros de quem porventura tenhamos nos esquecido.

Músicos ou amigos de Robert que nunca entrevistamos pessoalmente, mas que o conheceram e cujos depoimentos pesquisamos incluem Son House, Henry Townsend, Calvin Frazier, Memphis Slim, Willie Mae Powell Holmes, Willie Mason, Cedell Davis, Willie Coffee, Annye Anderson, Don Law, Marie Oertle, Virgie Cain, Israel "Wink" Clark, R. L. Windum e Nate Richardson, entre outros.

Steve Amos, oficial de chancelaria de Hazlehurst, Mississippi; Randall Day, diretor-executivo da Câmara de Comércio da região de Hazlehurst; dr. Jim Brewer, fundador e presidente do Conselho do Hall da Fama dos Músicos do Mississippi, em Hazlehurst, Mississippi; e o sr. Hugh Jenkins, de Hazlehurst, proprietário do casebre original onde Robert Johnson nasceu, merecem todos agradecimentos inestimáveis.

Muitos amigos ainda tocam a música de Robert Johnson e nos deram tanto feedback e inspiração que merecem menção especial: John Paul Hammond foi um dos primeiros músicos modernos a aprender e apresentar a música incrível de Robert, e sua técnica e abordagem estabeleceram um patamar alto para todos que vieram depois; Rory Block começou cedo a estudar e tocar meticulosamente as canções de Robert. Os livros educativos, os DVDs e as apresentações dela influenciaram um número infindo de violonistas. Esses dois pioneiros ajudaram a abrir as portas para a música de Robert. Scott Ainslie, Andy Cohen, Stefan Grossman, Erik Frandsen, Shari Kane, Woody Mann e muitos outros têm sido amigos graciosos e talentosos. Obrigado a todos vocês por manterem a tradição viva.

A família de Robert Johnson – seu falecido filho Claud Johnson e seus netos Steven Johnson, diretor da Robert Johnson Blues Foundation (que, em 2006, convidou Bruce para atuar como conselheiro do comitê executivo da fundação), Michael Johnson e Greg Johnson têm sido nossos bons amigos e apoiaram esta obra em todos os aspectos. Somos, como gostamos de dizer, irmãos filhos de outra mãe.

Gostaríamos de deixar um enorme obrigado tanto ao nosso agente literário, Russell Galen, da Scovil, Galen, Ghosh Literary Agency, Inc., de Nova York, quanto a Larry Townsend, de São Francisco, nosso advogado de propriedade intelectual, por nos guiarem em questões que estavam além da nossa compreensão.

Qualquer livro só é, no fim das contas, tão bom quanto os editores e a equipe com quem os autores trabalham, e Yuval Taylor, Michelle Williams e toda a equipe da Chicago Review Press estão entre os melhores. Sua revisão meticulosa de nosso trabalho e suas edições e sugestões esclarecedoras e empolgantes tornaram este livro muito melhor do que aquele que apresentamos à editora a princípio. Você, leitor, assim como nós, deve ser bastante grato a eles.

Gayle gostaria de agradecer pessoalmente a Jan Swanson, Wendell Cook, Christopher Smith, Steve Cushing, Jim DeCola, Ace Atkins e Jas

Obrecht. Esses amigos foram grandes responsáveis pela conclusão bem-sucedida desta empreitada conjunta.

Por fim, Bruce gostaria de agradecer a Pamela Peterson por ajudá-lo em tempos difíceis e dar a ele interesse e inspiração musical, e a Emily Maria Marcil, cujos amor e incentivo diários continuam a lhe dar a força e a fé para seguir em frente.

Com tanta gente para agradecer, é possível que tenhamos deixado alguns de fora. Se este foi o caso, pedimos desculpas, mas saibam que esta obra não teria sido possível sem vocês. Este livro é dedicado a todos os mencionados.

Bruce Conforth, Ann Arbor, Michigan
Gayle Dean Wardlow, Milton, Flórida
2018

introdução

Robert Johnson ocupa um lugar único na psique musical estadunidense há pouco mais de sessenta anos. Até 1959, o *bluesman* só interessava aos poucos colecionadores de discos de 78 rotações sortudos o bastante para encontrar alguma de suas gravações antigas. Porém, tudo isso mudou quando Samuel Charters publicou o histórico livro *The Country Blues*, o primeiro texto acadêmico devotado unicamente ao blues.[1] Sobre Robert Johnson, Charters admitiu que "não se sabe quase nada a respeito de sua vida".

Essa afirmação é verdadeira até hoje. Johnson é o personagem do mito mais famoso na história do blues: supostamente, ele teria vendido a alma numa encruzilhada em troca do talento incrível, e esse "pacto" teria levado a sua morte trágica aos vinte e sete anos. Quase qualquer um que já tenha ouvido falar nele é capaz de repetir essa lenda, mas a história real de sua vida permanece obscura, exceto por algumas anedotas imprecisas.

Charters alegou, incorretamente, que Robert foi envenenado pela esposa em San Antonio, Texas, pouco depois da última sessão de gravação dele, e acrescentou a anedota apócrifa de que algumas de suas gravações foram feitas numa casa de sinuca e danificadas durante uma briga. Ele interpretou as letras de Robert de uma maneira sensacionalista. "Os melhores blues de Robert Johnson", escreveu, "têm uma sensação sinistra de tormento e desespero. O blues se tornou uma figura personificada de prostração... Seu canto se torna tão perturbado que é quase impossível compreender as palavras."[2] Charters teve boa intenção, mas, ao publicar essas palavras, inadvertidamente ajudou na criação de um Robert Johnson mítico, com pouca relação com o músico real.

A música de Robert foi relançada pela primeira vez em 1959, no álbum que complementava o livro de Charters e incluía "Preachin' Blues". Depois, em 1961, a Columbia lançou o álbum *King of the Delta Blues Sin-*

gers, enfim dando ao público amplo acesso àquelas gravações.³ Nas notas de capa, o produtor Frank Driggs se valeu do livro de Charters e da obra do inglês Paul Oliver, estudioso do blues, e admitiu quão pouco se sabia sobre Robert ou a vida dele: "Robert Johnson é pouco, muito pouco mais do que um nome em velhas fichas catalográficas e algumas fitas master empoeiradas nos arquivos de uma empresa de gravação fonográfica que não existe mais. Esforços da parte dos principais pesquisadores de blues do mundo para traçar a carreira de Johnson e detalhes substanciais de sua vida só trouxeram informações escassas". No entanto, Oliver somou às proporções míticas de Robert com informações errôneas: "[Ele] já era uma lenda em 1938, quando John Hammond planejava o show 'Spirituals to Swing', a ser apresentado no Carnegie Hall"; "As gravações de Johnson se tornaram itens de colecionador quase tão logo foram lançadas"; "Até sua estreia em disco, Johnson quase nunca saíra, se é que saíra, da *plantation* em Robinsonville, Mississippi, onde nasceu e cresceu"; "Era óbvio que ele queria ir embora, mas nunca pôde".⁴

O álbum foi produzido, em grande medida, pela instigação do notável produtor John Henry Hammond II, que já nos anos 1930 divulgava a obra de Johnson. *King of the Delta Blues Singers* foi um marco por diversas razões importantes: tornou a música de Robert disponível para uma nova geração e um novo público – em maioria, jovens brancos envolvidos no *revival* da música folk. Proclamava audaciosamente Robert como o rei dos cantores de blues do Delta* – não havia ninguém melhor. Como a primeira reedição por uma gravadora *major* de um artista de *country blues* de violão dos anos 1920 e 1930, não havia outra música a que compará-lo – ele foi definitivo, a primeira experiência da nova geração ouvindo o blues do Delta. E influenciou fortemente futuros criadores de tendências, tais como um jovem Bob Dylan, Eric Clapton e Keith Richards, que se tornaram proselitistas de Robert Johnson.

---

* "Delta", nominalizado: o delta do rio Mississippi, que compreende a região noroeste do estado do Mississippi e partes dos estados do Arkansas e da Louisiana, entre os rios Yazoo e Mississippi. (N. do T.)

Esse lançamento despertou um novo interesse por tudo que se relacionava a Robert Johnson. O legado e a vida dele já vinham sendo pesquisados por acadêmicos de idade próxima ou mais jovens do que Charters, como Mack McCormick e o coautor deste livro, Gayle Dean Wardlow. Porém, coincidiu também com a explosão do *revival* do blues e levou jovens colecionadores de discos e fãs a buscar *bluesmen* que gravaram nas décadas de 1920 e 1930. Nesse processo, eles descobriram Son House, Skip James e outros que de fato conheceram Robert. Então, em 1968, Gayle Dean fez uma descoberta histórica ao encontrar a certidão de óbito de Robert, além de conduzir uma série de entrevistas, na década de 1960, com gente que o conheceu pessoalmente e forneceu as primeiras informações factuais sobre a vida dele.

Em 1970, a Columbia lançou um segundo volume das canções de Robert, com apenas três breves parágrafos de informação nas notas de capa. Neles, o estudioso do blues Pete Welding sustentava e reforçava o mito ao proclamar,

> Nenhum outro blues é tão apocalíptico em sua visão de mundo. [Os de Robert Johnson] são tomados por um mau agouro obscuro, um quase total desencantamento com a condição humana [e] terrores constantes e inconsequentes que assombravam todos os seus dias e as suas noites... Suas canções são o diário de um andarilho pelo entrelaçamento do submundo negro, a crônica de um Orfeu negro sensível em sua jornada pelo caminho labiríntico da psique humana. Nelas, ouvem-se os gritos passionais e ignorados do homem, sem raízes e sem propósito. O fedor pungente do mal queima perpétuo em sua mente.[5]

Em 1973, Mack McCormick, um folclorista de Houston, Texas, que já tinha revitalizado a carreira de Sam "Lightnin'" Hopkins, localizou a meia-irmã de Robert, Carrie Harris Thompson. Ela lhe mostrou duas fotos dele: uma era o hoje famoso retrato no estúdio dos irmãos Hooks, e a outra (não publicada e supostamente ainda parte do acervo de McCormick), uma foto de Robert, sua meia-irmã Carrie e o filho dela, Louis, de uniforme azul-marinho. Encontrar Carrie lançou McCormick numa busca de décadas por mais informações factuais. Por fim, ele encontrou o homem que assassinou acidentalmente o *bluesman*. McCormick planejava usar as informações para escrever um livro definitivo sobre Johnson, que a princípio seria intitulado *Biography of a Phantom*. Contudo, o livro nunca tomou forma.

Sam Charters reentrou no universo de Robert Johnson em 1973 com um novo livro intitulado apenas *Robert Johnson*. Charters focou sua narrativa na certidão de óbito de Robert, encontrada por Gayle Dean. Questionou o local de nascimento que consta no documento e argumentou que ele tinha de ter nascido no Delta, "já que Hazlehurst está a cerca de 55 quilômetros ao sul de Jackson, no condado de Copiah, e todos que o conheceram sempre disseram que ele era do Delta, ao norte de Jackson, no condado de Tunica". Charters também se valeu de recordações do ocasional parceiro de viagens de Robert, Johnny Shines, que forneceu alguns lampejos da personalidade e habilidade musical dele. Shines, porém, trouxe poucas informações factuais sobre a vida de Robert.[6] Ainda faltava essa narrativa.

Naquele mesmo ano, Bruce Cook publicou *Listen to the Blues*, em que descreve a importância de Robert para o blues e a cultura estadunidense:

> Se Robert Johnson não tivesse existido, teriam de inventá-lo. Ele é a mais potente lenda de todo o blues – a do jovem e talentoso artista, guiado por sua fome de viver e paixão pela música aos excessos que o mataram aos vinte e quatro anos... É o Shelley, o Keats e o Rimbaud do blues, todos em um. Se há um *bluesman* cuja imortalidade é garantida, é esse andarilho e seu violão, que talvez nunca tenham partido do Sul.[7]

Na verdade, Robert foi assassinado acidentalmente aos vinte e sete anos, não aos vinte e quatro. A desinformação não era o único problema de Cook, no entanto. Sua análise é uma hipérbole pretérita e romântica, articulada nos mitos estadunidenses fundamentais: o andarilho talentoso "guiado por sua fome de viver" – o indivíduo *versus* a sociedade e as convenções. A comparação de Cook com Shelley, Keats e Rimbaud perpetuou a imagem de uma luz forte que exaure a si mesma.

Quando o pesquisador do blues Stephen C. LaVere, de Memphis, começou a traçar a vida de Robert, usou a pista de McCormick para localizar sua meia-irmã Carrie Harris Thompson. Em 1973, a convenceu a firmar um acordo contratual que atribuía a ele 50% de todos os royalties e outros fundos gerados por sua supervisão do material de Robert. LaVere se tornou, em essência, o supervisor da vida, da música e das fotos de Robert por muitas décadas seguintes, protegendo acirradamente os próprios interesses.

Em 1982, usando informações compartilhadas por Mack McCormick, Peter Guralnick publicou "Searching for Robert Johnson" na revista *Living Blues*. Entretanto, essa "biografia" continha poucos dados sólidos. Guralnick tentou documentar a vida de Robert, mas seu relato é mais amplamente conhecido por uma única sentença: "Son House estava convencido de que Robert Johnson havia [vendido a alma ao diabo na encruzilhada] e, sem dúvida alguma, como diz Johnny Shines, outros também estavam". Contudo, não há evidências de que House tenha feito tal afirmação. O mito que fora um rumor então parecia um fato.[8]

Guralnick expandiu o artigo e o lançou em livro em 1989, com o mesmo título, e no mesmo ano a revista *Rolling Stone* publicou a primeira foto de Robert.[9] Um ano mais tarde, a *Living Blues* dedicou uma edição inteira à morte de Robert Johnson – "The Death of Robert Johnson" –, sua lenda, os mitos da encruzilhada e do hodu*, e assim por diante. Por meio de entrevistas com muitos dos contemporâneos de Robert, a revista tentou produzir uma versão factual do homem e de sua vida.[10]

Em 1991, a Sony Music lançou uma caixa com dois CDs com as gravações de Johnson, *The Complete Recordings*, que marcou a primeira vez em que todas as gravações de Robert de que se tem conhecimento foram reunidas num mesmo título. O produtor Lawrence Cohn, ex-presidente

---

* O hodu, hudu ou *hoodoo* é um conjunto de práticas, tradições e crenças espirituais concebido por africanos escravizados na América do Norte. O hodu tem origens em diferentes religiões tradicionais africanas e suas práticas e, no Sul dos EUA, incorporou diversos elementos do conhecimento botânico nativo. É diferente do vodu (uma religião estabelecida, de origens haitianas). (N. do T.)

da Epic Records, que então era parte da Sony Music, havia encabeçado os esforços para uma série de relançamentos de música de raiz, mas a Sony vivia recusando. Depois de vários anos de persuasão, a gravadora finalmente cedeu e aprovou o projeto. Cohn decidiu que Robert Johnson seria o primeiro lançamento. A Sony não esperava que a caixa vendesse mais do que dez mil cópias num período de cinco anos e fez uma prensagem inicial de quatro mil discos. O choque foi imediato. A caixa vendeu centenas de milhares de cópias na primeira semana e, desde então, já soma mais de cinquenta milhões de unidades vendidas só nos Estados Unidos. Além disso, ganhou um Grammy.[11] O livreto que a acompanhava, providenciado por LaVere, trazia, em teoria, as informações até então mais completas sobre a vida de Robert. No entanto, ainda era factualmente incompleto, porque não focava em certos períodos da vida dele (o de Memphis, por exemplo). Também contava com informações errôneas a respeito de indivíduos que cruzaram o caminho de Robert. Os erros mais gritantes dizem respeito ao violonista Ike Zimmerman e seu papel no desenvolvimento musical de Robert. O trabalho de LaVere foi bom, mas nem de longe completo.[12]

Em 1992, a Sony lançou o documentário britânico *The Search for Robert Johnson*, com o violonista, cantor de blues e discípulo de Johnson, John Paul Hammond. O filme apresentou ao mundo as ex-namoradas e os amigos de infância de Robert e usou fontes como Gayle Dean e McCormick.[13] Em 1996, Gayle Dean encontrou o verso da certidão de óbito de Johnson e publicou o conteúdo na revista *Guitar Player*. Dois anos depois, contestou o mito da encruzilhada no livro *Chasin' That Devil Music*.

Em 2003, Barry Lee Pearson e Bill McCulloch publicaram *Robert Johnson Lost and Found*.[14] Um ano depois, *Escaping the Delta: Robert Johnson and the Invention of the Blues*, de Elijah Wald, foi lançado.[15] Embora ambos os livros sejam brilhantes, nenhum alegava se tratar de uma biografia de Robert. A obra de Pearson e McCulloch analisou a gênese dos mitos que envolvem a vida dele. Os autores afirmam que estes foram criados pela cultura popular contemporânea, por estereótipos e por um fascínio pela reconstrução da história. Wald também examinou esses mitos que cercam a vida de Robert e tentou separá-lo deles.

O livro mais próximo de uma biografia lançado nos últimos anos é *Crossroads: The Life and Afterlife of Blues Legend Robert Johnson*, de Tom Graves, publicado em 2008.[16] LaVere afirmou que *Crossroads* continha "menos hipérbole e mais informações factuais sobre Johnson do que qualquer outro livro".[17] Porém, os escritos de Graves nem de perto fazem jus a essa afirmação. Há menos de trinta páginas com informações sobre a vida de Johnson, e muitas delas são errôneas.[18]

A Sony Records, dona das gravações de Johnson, reconheceu o forte potencial de marketing e decidiu capitalizar no centenário dele ao lançar uma coleção especial: *Robert Johnson, The Complete Original Masters: Centennial Edition*, de 2011, divulgada como "a obra definitiva em vinil para colecionadores", que recriava a aparência e a sensação históricas dos doze discos de 10 polegadas e 78 rpm originais disponibilizados no mercado nos anos 1930. As compilações, de edição limitada, foram numeradas individualmente de 1 a 1000. Embalados num luxuoso álbum encadernado de 10 polegadas, cada disco de vinil toca a 45 rpm, e a coleção ainda reproduz os selos originais. O historiador musical Ted Gioia escreveu um ensaio de quinhentas palavras e LaVere contribuiu com uma "nova" biografia de cinco páginas.[19]

O nome e a imagem de Robert originavam muitos shows, tributos, bugigangas e tralhas, incluindo pen drives, palhetas e até uma cerveja, "Hellhound on My Ale", de edição limitada. Feita pela Dogfish Head Brewery, alegava o seguinte: "Para acentuar e intensificar as notas cítricas dos lúpulos *centennial* (e com um salve para o mentor de Robert Johnson, Blind Lemon Jefferson), adicionamos limão seco ao turbilhão [de sabores]".[20] Não há evidências de que Jefferson tenha sido mentor de Robert, mas esse tipo de informação factual é desimportante quando se celebra o aniversário de um mito.

Nenhum livro antes deste incluiu todas as reminiscências de Johnson da parte daqueles que o conheceram pessoalmente. Depois de mais de cinquenta anos pesquisando a vida e tocando a música de Robert Johnson, decidimos corrigir essa omissão e reunir tais recursos em nossa abrangente biografia. Pesquisamos meticulosamente cada artigo, livro, vídeo ou filme de qualquer autor ou produtor, dos acadêmicos aos fãs leigos de blues; transcrevemos todas as citações de quem quer que tenha conhecido Robert; embasamos tudo isso com citações de nossas próprias pesquisas e de todos os recursos que pudemos encontrar. Cada registro de censo, arquivo municipal, certidão de casamento, nota de falecimento e artigo de jornal foi estudado e referenciado.

Aqui, você encontrará lembranças de Robert de familiares, amigos de infância, vizinhos, colegas músicos, namoradas e outros conhecidos: todos que já se dispuseram a registrar uma memória pessoal em áudio, papel ou filme. (As citações foram levemente editadas a fim de contribuir para a clareza.) Essas fontes nos ajudaram a criar uma linha do tempo da vida dele. O que produzimos é um livro baseado não em conjecturas a respeito de Robert Johnson, e sim em relatos em primeira pessoa de quem ele de fato foi. Com isso, esperamos libertá-lo do símbolo e do mito criados pelos fãs de blues e trazê-lo de volta às suas particularidades humanas.

Não só revelamos a história real de Robert, como também onde outros relatos se equivocaram. Basicamente, descobrimos que tudo em que nós e todo mundo acreditávamos ou pensávamos sobre Robert Johnson estava errado em alguns aspectos. A essa altura, aquilo que permanece desconhecido a respeito dele provavelmente permanecerá desconhecido para sempre. Embora este quase com certeza não seja o último livro escrito sobre Johnson, a possibilidade de novas revelações emergirem parece bastante remota.

A história dele, uma história humana de sofrimento e júbilo, altos extremos e baixos devastadores, foi enfim contada.

robert johnson está na cidade

No verão de 1936, Robert Johnson parou em frente ao armazém e posto de gasolina Walker, que ficava ao lado da estação ferroviária de Martinsville. Colocou no chão a mala feita de revestimento de colchão azul e branco, cheia de roupas, pelo menos um caderno e outros pertences, e começou a tocar seu violão. Estava ali para divulgar a apresentação que faria à noite no O'Malley's – uma casa que vendia álcool sem licença, não muito longe da velha igreja de Damascus, logo ao norte do perímetro urbano da vizinha Hazlehurst, seguindo os trilhos de trem ao leste da rodovia 51. Hazlehurst era uma cidade de cerca de três mil almas, situada a 55 quilômetros ao sul de Jackson, Mississippi. Robert nascera em Hazlehurst vinte e cinco anos antes, e naquele momento estava ali para tocar seus blues num dos muitos *juke joints** que ele frequentava na região. Com cerca de 1,72 m e 63 kg, Robert era bem conhecido por mais do que apenas a música.

Já tinha engravidado uma garota da cidade – Virgie Jane Smith –, e os homens de Hazlehurst e região queriam se certificar de que isso não aconteceria com as filhas deles. Em 1936, Rosa Redman tinha onze anos de idade. Mais tarde uma professora de história baixinha e rechonchuda,

---

* Termo vernacular que designa pequenos estabelecimentos informais, operados e mantidos predominantemente por negros e em zonas rurais, onde havia música, dança, jogos e bebida. Tiveram um advento em especial após a Proclamação da Emancipação, quando atendiam fortemente aos trabalhadores negros que buscavam lugares onde pudessem socializar e relaxar, proibidos pelas leis segregacionistas de frequentar estabelecimentos semelhantes e exclusivos aos brancos. (N. do T.)

viveu a maior parte da vida na velha *plantation* Mangold, perto tanto da casa onde Robert nasceu quanto do O'Malley's. Ela se recorda de que a presença do músico criava um certo rebuliço entre os que ali moravam. "As pessoas sabiam quando Robert estava na cidade. Os homens avisavam o pessoal e, se o vissem vindo pela rua, nossas mães mandavam todas as garotas para dentro. Nossos irmãos mais velhos, tios ou pais podiam ir vê-lo tocar e ficar bêbados, mas isso era proibido para as garotas. Éramos colocadas para dentro de casa a portas fechadas."[21]

Estação ferroviária de Martinsville, armazém e posto de gasolina Walker.
Departamento de Arquivos e História do Mississippi

O blues de Robert Johnson era a música do diabo e só poderia levar ao pecado.

Por toda a região do Delta e além, as perambulações de Robert haviam deixado um rastro de homens ébrios e mulheres de coração partido. Tocasse num *juke joint* como o O'Malley's, num piquenique ou numa festa, ele estava sempre à procura de uma mulher para satisfazer suas necessidades, financeiras ou sexuais. As canções eram frequentemente uma ferramenta para seduzir alguma mulher que lhe apetecesse, e aquilo que ele deixava para trás era bem conhecido para os habitantes locais. Robert até se gabou de suas conquistas em uma canção, "Traveling Riverside Blues": "*I got womens in Vicksburg, clean on to Tennessee, but my Friars Point rider, now, hops all over me*" ["Tenho *mulheres* em Vicksburg, faço a limpa até o Tennessee, mas aquela minha namorada de Friars Point não sai de cima de mim"].

Robert Johnson usava suas habilidades ao violão para forjar a transição do blues mais antigo de Charley Patton, Henry "Ragtime Texas" Thomas, Lead Belly ou até de Son House para a abordagem e os sons mais modernos de Muddy Waters e dos músicos de blues do pós-Primeira Guerra. Tocava blues, canções populares, jazz e ragtime; começou a popularizar os *riffs* de violão como os elementos mais marcantes de uma música; e foi um dos primeiros a usar uma batida de *boogie* para o acompanhamento rítmico ao copiar o baixo incessante e cadenciado que os pianistas tocavam com a mão esquerda nos *juke joints*. Seu estilo de tocar ajudou a passar os acordes do violão de blues para além da primeira posição e para toda a escala do instrumento, o que abriu possibilidades musicais anteriormente reservadas aos violonistas de jazz.

Era dançarino e gaitista com habilidades que surpreendiam aos companheiros, e usava todos os seus talentos para o entretenimento como veículos a fim de avançar na busca pela fama e libertação dos fardos da colheita e, talvez, até do racismo à Jim Crow* do Sul dos EUA. Entretanto, apesar dos talentos consideráveis, Robert demonstrava uma personalidade desconfiada e insegura. Negava-se a deixar alguém prestar atenção demais a como ele tocava e dava as costas ou parava de tocar por completo se achava que se aproximavam demais para observar.

Porém, Robert também tinha um desejo incansável por diversão, e suas estripulias pessoais acabariam levando ao mito e à especulação. Pouco fez para deixar seu mundo claro, pois se recusava a falar da família e da própria vida, e nunca fez nada para validar ou desmentir as ideias a seu respeito – se é que tinha conhecimento delas – que circulavam entre o público e seus conhecidos. Ele era um camaleão provavelmente numa busca particular por sua verdadeira identidade.

Quando Rosa Redman o viu, a errância de Robert já havia se tornado tanto o principal meio de ele viajar de um trabalho musical a outro quanto de satisfazer sua necessidade de apenas "se levantar e partir". As viagens por ambos os lados do rio Mississippi o levaram a jornadas sinuosas por todo o Mississippi e partes da Louisiana e do Arkansas. Ele seguiu a rodovia 1, que corria paralela ao rio Mississippi, as rodovias 61 e 49, de sentidos norte e sul pelo centro do Delta, e a rodovia 82, de sentidos leste e oeste.

Robert encontrou lugares para tocar e cantar em Greenwood, Itta Bena, Moorhead ("onde a Sulista encontra o Cachorro")**, Indianola, Holly Ridge, Leland e Greenville, todas localizadas na rodovia 82. De Greenville, ele viajava para o norte na rodovia 1, parando em Winterville, Lamont, Beulah, Rosedale, Gunnison e Sherard até Clarksdale. De Clarksdale, tinha diversas opções.

---

* Termo que designa a segregação e discriminação raciais fomentadas por leis, costumes e práticas, em especial nos estados do Sul dos EUA, do fim do período da Reconstrução, em 1877, a meados do século 20. O personagem Jim Crow foi popularizado por menestréis que se apresentavam com *blackface* (quando atores brancos coloriam a pele com carvão para representar personagens negros de forma caricata, exagerada e estereotipada). (N. do T.)

** Expressão popular utilizada, também em variações, por muitos dos primeiros cantores de blues e que se refere ao local em Moorhead, Mississippi, em que a linha férrea Yazoo & Mississippi Valley cruzava com a linha férrea Southern – "Sulista". Muitos sulistas se referiam à linha Yazoo & Mississippi como "Yellow Dog" ou apenas "Dog" – "cachorro amarelo" ou apenas "cachorro". (N. do T.)

O Mississippi de Robert Johnson.
Bruce Conforth

Poderia continuar pelo norte, seguindo a rodovia 61, e parar em Jonestown (com um desvio a oeste para Friars Point), Lula (que já foi lar de Charley Patton), Tunica, Robinsonville (onde sua mãe morava), Walls e, por fim, Memphis, sua casa. Memphis foi onde Robert passou seus anos de infância seminais, lar da família que ele considerava a verdadeira, capitaneada por Charles Dodds Spencer, ex-marido de sua mãe. Ao longo de toda a vida, voltou para lá sempre que pôde. De Memphis, poderia facilmente cruzar a fronteira para o Arkansas até West Memphis, que contava com uma base efervescente de *juke joints* e casas de festa, e depois ir para Marianna, Helena e West Helena – cidades amplamente receptivas para cantores negros de blues –, aonde Robert poderia chegar também pela balsa de Friars Point.

Se de Clarksdale ele seguisse para o sul na rodovia 61, chegaria a Alligator, Shelby, Mound Bayou, Merigold, Cleveland e Shaw. Entretanto, caso partisse para o sul na rodovia 49 oeste, parava em Tutwiler, Drew e Ruleville. A rodovia 49 leste o levava a Minter City, Greenwood, Tchula, Yazoo City, Bentonia (onde Skip James morou e tocou) e, por fim, Jackson.

De Jackson, rumo ao sul na rodovia 51, Robert parava em Crystal Springs (lar de Tommy Johnson), Hazlehurst (onde sua tia Clara morava), Beauregard e Wesson, e, de lá, ia para Bogalusa, na Louisiana, até Gulfport, no Mississippi.

Das localidades que frequentava, Friars Point tinha particular importância – uma balsa fazia a travessia entre lá e o Arkansas. O Mississippi ainda era um estado em que o álcool era proibido, mesmo após o fim da Lei Seca, em 1933, então a bebida era transportada até Friars Point por aquela balsa. Essa cidade do Delta, à beira do rio, era repleta de *juke joints*, hospedarias para negros e clubes. Robert adorava tocar em Friars Point por todas essas razões e outras mais.

Elizabeth Moore era dona de um *juke joint* em Friars Point e se recorda de que seu marido costumava levar Robert, antes de ele ter feito as gravações, para tocar lá nas noites de sábado. Elizabeth havia se mudado para lá de Robinsonville, onde Johnson tocara para ela pela primeira vez. "Ele estava hospedado em West Stover [uma pequena comunidade madeireira],

Friars Point, por volta de 1935, barragens ao leste e o rio Mississippi ao fundo.
Departamento de Arquivos e História do Mississippi

do outro lado do rio, e meu marido foi até lá para buscá-lo. Trouxe-o [de balsa] e ele tocou aqui por uns dois ou três meses. Na época, tinha três ou quatro músicas [de própria autoria]."[22]

No centro de Friars Point, o armazém Hirsberg's vendia todo tipo de item de que os habitantes da cidade precisavam: remédios, suprimentos agrícolas, roupas, comida. Concediam crédito estendido também, consideração importante durante a Grande Depressão. Como um ponto de encontro principal para os habitantes da região, o Hirsberg's era o local perfeito para Robert tocar durante o dia, tanto para ganhar um dinheiro extra quanto para divulgar onde se apresentaria à noite. Sentava-se num dos bancos de madeira vermelhos que Hirsberg colocava em ambos os lados da porta principal, e suas aparições vespertinas atraíam públicos tão imensos que criavam um funil na entrada, dificultando o acesso à loja. Os donos encontraram uma solução simples: subiam no teto do prédio térreo e jogavam legumes para dispersar os espectadores.²³ Robert, porém, estava acostumado a atrair tamanho público, e isso só tornava mais factível a possibilidade de ele ganhar um cachê decente pela noite e ir embora com alguma mulher de seu gosto.

O armazém Hirsberg's.
Bruce Conforth

A noite em Hazlehurst de que Rosa Redman se lembra foi repleta de homens e mulheres que dançaram e beberam, rodopiaram e berraram, juntando-se para uma noite de farra e sexo. Divertiram-se até que Robert fosse para casa com uma das mulheres ou caísse bêbado no chão do bar para dormir.

Em poucos meses, ele seria um artista gravado e, da próxima vez que o vissem, talvez até comprassem seus "Terraplane Blues" — um sucesso modesto — e "Kind Hearted Woman" para ouvir nas próprias vitrolas em casa.

Porém, naquela noite em particular, o público não tinha um lampejo sequer do que estava por vir, e Robert tampouco. Só sabiam que Robert Johnson estava na cidade: um homenzinho bom ao violão, beberrão, amante das mulheres e que os entretinham.

Pois quem era esse Robert Johnson?

Para descobrir, precisamos voltar ao princípio.

2
antes do princípio

A tarde de sábado, 2 de fevereiro de 1889, em Hazlehurst, Mississipi, estava limpa e fresca. A temperatura em torno dos 15 ºC, o sol brilhava e, no ar, havia a expectativa da primavera, não muito distante. Era um bom dia para um casamento. O reverendo H. Brown percorrera de carroça os 15 quilômetros desde sua casa em Crystal Springs para realizar vários casamentos e, então, Julia Ann Majors, de dezenove anos, e Charles C. Dodds, de vinte e um, se encontravam diante dele para trocar os votos. Ao redor dos três, familiares e amigos se reuniam em antecipação à cerimônia e à festa que aconteceria em seguida. Julia era uma jovem baixa de pele negra clara, e Charles era um jovem discretamente mais alto e esguio. Era quase inevitável que eles se conhecessem e se casassem, pois ambas as famílias residiam na região de Hazlehurst havia décadas – e a ascendência miscigenada de ambos os noivos remontava até onde os registros existiam.

Julia nasceu em Hazlehurst em outubro de 1870, filha de Gabriel (n. 1850) e Lucinda Brown Majors (n. 1853). O pai de Gabriel, Wiatt Majors, nasceu na Virgínia em 1814, assim como o pai de Lucinda. Toda a família de Julia datada desde o século 18 era identificada como mulata*, não como negra. Isso implicava mais aceitação social, legal e cultural; mulatos tinham mais liberdade de posses e podiam "adquirir [e] dispor destas da mesma maneira e na mesma extensão que pessoas brancas". Mulatos

---

* Atualmente, o termo é considerado obsoleto e ofensivo, porém, aqui, se trata da classificação racial oficial usada na época. (N. do T.)

que coabitavam eram considerados legalmente casados, e mulatos eram até considerados "por lei, testemunhas competentes... em casos civis e em casos criminais em que sejam as vítimas". Estes eram direitos dos quais os negros no Delta do Mississippi simplesmente não gozavam.[24]

Julia Majors.
© Delta Haze Corporation

Charles C. Dodds nasceu em Hazlehurst por volta de 1867. Seu pai, Charles Dodds Sr., nasceu em 1831 na Carolina do Norte e sua mãe, Harriet (de sobrenome desconhecido), em 1846. Ela também se declarava mulata.

Charles Dodds.
© Delta Haze Corporation

Naquele sábado, o jovem casal começava uma nova vida juntos, e aquela seria uma época de celebração. Como um carpinteiro e construtor de móveis de palha cada vez mais próspero, Charles teria a habilidade de prover momentos agradáveis à nova esposa e aos demais presentes. Podemos imaginar o ar fresco da tarde se enchendo do cheiro de churrasco ou peixe frito, ambos clássicos da culinária do Mississippi, e possivelmente do som de músicos: talvez uma rabeca e um violão. Pouca coisa não faria as perspectivas parecerem promissoras para os recém-casados. Com Charles capaz de prover confortavelmente para a esposa e futura família e Julia, uma dona de casa esforçada, a liberdade que encontravam em Hazlehurst parecia acolhedora, como havia sido para seus pais e avós.

Já naqueles anos iniciais, segundo um mapa de 1907 da seguradora Sanborn, os nove quarteirões que compreendiam a cidade propriamente dita continham pelo menos sete armazéns, cinco mercearias, três drogarias, duas lojas de ferramentas, pelo menos dois restaurantes, três estábulos e lojas de equipamentos de montaria, duas lojas de roupas e acessórios femininos, três igrejas, um templo maçônico, um banco, uma carpintaria, três hotéis, um consultório médico/odontológico, um barbeiro, um fórum, uma cadeia, uma estação de trem, uma tecelagem e uma escola. Negros e brancos pelo menos pareciam coexistir em paz. Era tudo o que uma nova família poderia querer.

Embora não fosse parte do Delta propriamente dito (Hazlehurst está a cerca de 55 quilômetros da capital do estado, Jackson, 90 quilômetros a sudeste de Vicksburg – comumente considerada a ponta meridional da região – e 320 quilômetros de Clarksdale, considerada o "coração" do Delta), a cidade ainda se encontra na planície aluvial criada por milhares de anos de enchentes regulares dos rios Mississippi e Yazoo, planície que ostenta um dos solos mais férteis do mundo. No século 18, os colonos europeus cultivaram, a princípio, cana-de-açúcar e arroz, mas a invenção do descaroçador de algodão no final do século tornou esse cultivo mais lucrativo, e a demanda cada vez maior por mão de obra impulsionou o tráfico doméstico de escravos, forçando mais de um milhão de escravizados a suprir essa procura. Depois da Guerra de Secessão, a necessidade de mão de obra para cultivar essas ricas terras atraiu milhares de migrantes que trocaram sua força de trabalho pela oportunidade de comprar alguns hectares. De forma um tanto surpreendente, ao final do século, dois terços dos agricultores independentes eram afro-americanos. No entanto, as condições econômicas mudaram e o preço do algodão caiu, o que levou muitos donos de terra negros a vender sua propriedade e se tornar arrendatários que trabalhavam para donos de terra brancos. Entre 1910 e 1920, as primeiras e segundas gerações de afro-americanos pós-escravidão perderam quase toda a terra que tinham.

Embora a meação e a agricultura arrendatária tenham substituído o sistema de escravidão, havia pouquíssima diferença real nas condições sociais e de

THE STATE OF MISSISSIPPI,
COPIAH COUNTY.

Personally appeared before me __W J Rea__ Clerk of the Circuit Court of said County, __C C Dodds__ who applied for license to marry __Miss Julia Majors__ and who being by me first duly sworn, deposes and says, on oath, that he is over the age of twenty-one years, and that the said __Julia Majors__ is over the age of eighteen years.

Sworn to and subscribed before me, this the __2nd__ day of __Feb__ A.D. 18__89__.

__C C Dodds__

__W J Rea__ CLERK.

THE STATE OF MISSISSIPPI,
COPIAH COUNTY.

Know all Men by these Presents,

That we, __C C Dodds & Henry Hill__ are held and firmly bound unto the State of Mississippi, in the penal sum of One Hundred Dollars, for which payment, well and truly to be made, we bind ourselves, and each of our heirs, executors and administrators, jointly and severally, firmly by these presents.

Sealed with our seals, and dated this __2nd__ day of __February__ one thousand eight hundred and __eighty nine__. THE CONDITION OF THE ABOVE OBLIGATION IS SUCH, that, whereas a marriage is shortly to be had between the above bound __C C Dodds__ and __Julia Majors__ Now, if there be no lawful cause to obstruct the said marriage, then this obligation to be void, otherwise to remain in full force and virtue.

__C C Dodds__ [Seal]
__Henry × Hill__ [Seal]

THE STATE OF MISSISSIPPI,
COPIAH COUNTY.

BY THE CLERK OF THE CIRCUIT COURT.

To any Judge, Minister of the Gospel, Justice of the Peace, or Member of the Board of Supervisors, lawfully authorized to Celebrate the Rites of Matrimony.

YOU ARE HEREBY AUTHORIZED to celebrate the RITES OF MATRIMONY, between Mr. __C C Dodds__ and Miss __Julia Majors__ and for so doing this shall be your warrant.

Given under my hand and the seal of my office, this __2nd__ day of __February__ one thousand eight hundred and __eighty nine__.

__W J Rea__ CLERK.

THE STATE OF MISSISSIPPI,
COPIAH COUNTY.

BY VIRTUE OF THE ABOVE LICENSE, I have this day celebrated the RITES OF MATRIMONY between __C C Dodds__ and __Julia Majors__

Given under my hand, this __2nd__ day of __Feb__ 18__89__.

__Rev H. Brown__

Certidão de casamento de Julia Majors e Charles Dodds, 2 de fevereiro de 1889. Certidões de Casamento, Registro de Escrituras, Município de Hazlehurst, Condado de Copiah, Mississippi

trabalho, e, já que muitas famílias negras eram analfabetas, com frequência acabavam sofrendo uma exploração horrível pelos donos das *plantations*. O número de linchamentos de homens negros cresceu de maneira dramática e, devido a seu tipo severo e persistente de opressão, o Delta ficou conhecido como "o lugar mais sulista do mundo".[25] Mas Hazlehurst, embora fizesse parte de um estado cuja história racista era consideravelmente pior do que a dos estados vizinhos, desenvolveu uma cultura muito mais liberal no tratamento aos afro-americanos, em especial aqueles birraciais, tais como os antepassados de Robert.

Dos cerca de doze milhões de africanos trazidos para as Américas, pelo menos 350 mil foram levados direto aos territórios que se tornariam os Estados Unidos.[26] Virtualmente, todos esses escravizados foram trazidos para a Costa Leste, em especial para a Virgínia e as Carolinas. Entre eles estavam os antepassados de Wiatt Majors e Charles Dodds, que tiveram a liberdade concedida em seus respectivos estados antes da Guerra de Secessão e se mudaram da Virgínia e da Carolina do Norte para o Mississippi como homens livres. Não há registros de que tenham se estabelecido em algum outro lugar no caminho e não há indicação de que membros de ambos os lados da família tenham sido escravizados no Mississippi.

Negros livres não eram incomuns no Sul. Em 1810, havia 108.265 indivíduos negros livres na região, representando "o elemento de crescimento mais rápido da população sulista". Em 1860, mais negros viviam no Sul (261.918) do que no Norte (226.152). Quarenta porcento eram mulatos que, em maioria, haviam sido libertos da escravidão por meio das alforrias (atos formais de emancipação da parte dos donos de escravos). Depois de receber a liberdade, com frequência se mudavam, como fizeram os antepassados de Robert, do Alto Sul (Delaware, Maryland, Virgínia, Carolina do Norte, Kentucky, Missouri e Tennessee) para o Baixo Sul (Alabama, Arkansas, Flórida, Louisiana, Mississippi e Texas). Na maior parte, tal movimento era instigado pela possibilidade de ganhar dinheiro na indústria algodoeira do Sul inferior.[27]

Por causa do status de negros livres antes da Guerra de Secessão e, depois dela, de mulatos, as famílias Dodds e Majors desfrutavam de um estilo de vida melhor do que o da maioria das famílias negras que viviam no Delta. Tinham mais oportunidades legais e culturais. Julia e Charles se estabeleceram em Beat One, na região oeste dos distritos de Hazlehurst e Martinsville do condado de Copiah, e tiveram seis filhos nos primeiros onze anos de casamento. No censo dos Estados Unidos de 1900, constam Charles Dodds, chefe de família (35), a esposa Julia Majors (25) e os filhos Louise (12), Harriet (9), Bessie (8), Willie M. (5), Lula B. (4) e Melvin Leroy (1).[28]

Em 4 de dezembro de 1901, Charles comprou "três hectares, mais ou menos" de uma família branca, os Mangold, por um total de US$ 181 – mais de US$ 5 mil hoje. Os Mangold foram donos da grande *plantation* que levava seu nome e então a dividiam em loteamentos de meação.

As novas terras da família ficavam ao norte de Hazlehurst, logo após o perímetro urbano existente. A área era conhecida pelos lares improvisados de famílias negras próximo àquela que ainda se chama estrada Damascus. A escritura se referia à propriedade como parte da "Terra de Damascus".

Censo de Hazlehurst de 1900 relativo à família Dodds.
Departamento do Comércio, Serviço de Censo. Estado: Mississippi. Condado: Copiah; Oeste de Hazlehurst; Distrito: Parte de Beat One; Distrito de Enumeração 31; Folha 2-B. 1º de junho de 1900.

Hoje, duas igrejas batistas estão localizadas ali. A igreja batista branca original ficava a leste, entre a rua Water norte (hoje a rodovia 51) e a ferrovia Illinois Central. A congregação permitia que tanto escravizados quanto negros livres se sentassem no fundo ou no mezanino durante os cultos, até que os membros enfim arrecadaram dinheiro o suficiente para ajudar os negros a construir a própria igreja de Damascus, localizada no lado oeste da rua Water norte, na estrada Damascus.

Não há registro de compra ou permissão para construção no nome de Charles ou Charley Dodds em nenhum livro do condado de Copiah. Portanto, a família Dodds morava ou num imóvel alugado ou num dos casebres que não precisavam de registro junto ao município. A câmara de comércio informa, hoje, que Charles construiu uma casa em 1905, embora não haja confirmação oficial disso. Em 1906, Charles tornou-se inadimplente e perdeu a escritura da propriedade. Para alguém que fora capaz de comprar um terreno por uma quantia considerável de dinheiro apenas

ha__ Granted, Bargained, Sold and Conveyed, and by these presents do __ Grant, Bargain, Sell, Alien and Convey to the said party of the second part, a certain tract or parcel of land, situated in the County of Copiah and the State of Mississippi, and more particularly described as follows, to-wit: Lot 2, Square 12 Sec 33. T. 1. R. 2 West as per map of Damascus land recorded in book W. W. pages 28 & 29, in the office of the Clerk of the Chancery Court for the County of Copiah and State of Miss. Containing eight acres more or less.

TO HAVE AND TO HOLD the above described premises, together with all and singular the improvements and appurtenances thereunto belonging or in anywise appertaining, to the party of the second part, his heirs and assigns, forever.

AND the parties of the first part covenant__ with the party of the second part, that they __ will warrant and forever defend the title to the above described premises to the party of the second part, his __ heirs and assigns, free from and against the right, title or claims of the parties of the first part, and his __ heirs, and from all and every person or persons whomsoever, both at law and in equity.

IN WITNESS WHEREOF, The said parties of the first part hereunto set their hands and seals, the day and year first above written.

A Mangold (seal)
J F Mangold (seal)
W F Mangold (seal)
Magdalena Faler (seal)
A B Guynes Receiver (seal)

STATE OF MISSISSIPPI, } ss.
COPIAH COUNTY.

PERSONALLY appeared before me, Clerk of the Circuit Court in and for the County and State aforesaid, the within named A Mangold, J F Mangold, W F Mangold, & Magdalena Faler, A B Guynes Receiver who acknowledged that they signed, sealed and delivered the foregoing Deed on the day and year therein mentioned, as their act and deed.

GIVEN under my hand and seal, this 4th day of Dec A.D. 1901.

(Seal) D. C. Woods Clk

Filed for Record the 4th day of Dec 1901, at 11-3/4 A. M., and recorded 18th day of December 1901.

Jas B Mayes CLERK

A escritura de 1901.
Estado do Mississippi, chancelaria do Condado de Copiah,
Hazlehurst, Mississippi

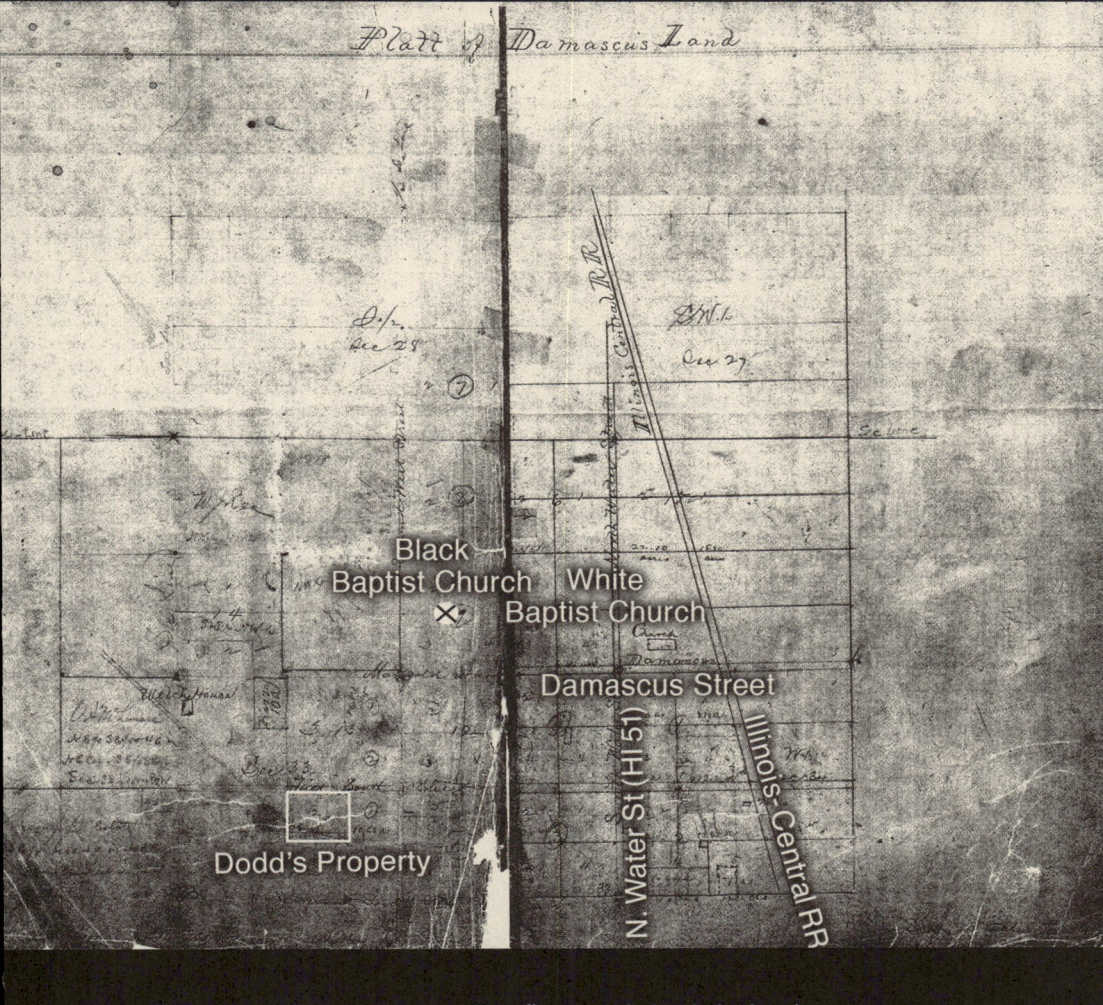

Um mapa de 1901 mostra a localização exata da igreja batista branca de Damascus e da propriedade específica comprada por Charles.
Estado do Mississippi, chancelaria do Condado de Copiah, Hazlehurst, Mississippi

cinco anos antes, isso deve ter sido constrangedor e talvez até enraivecedor. Não se sabe se ele simplesmente se viu numa maré de azar financeiro ou se esse infortúnio foi resultado de uma trama calculada por outra família da região – os Marchetti.

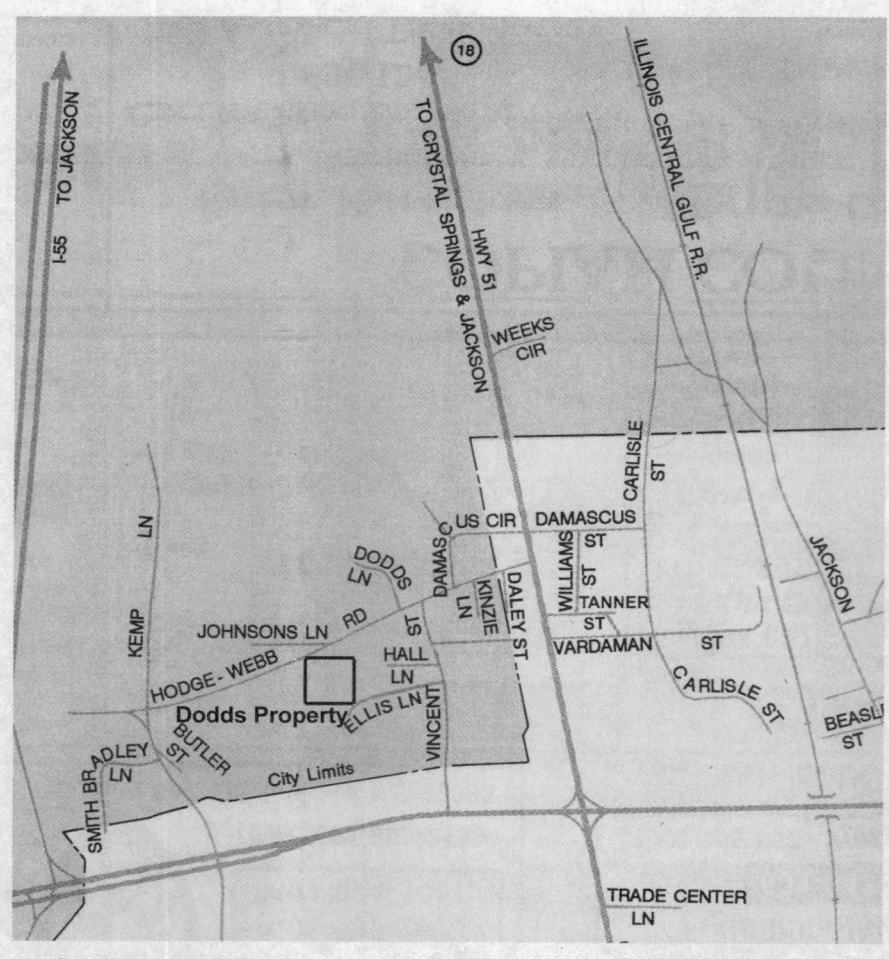

A área e a propriedade como se encontram hoje; o terreno ainda está localizado logo depois do perímetro urbano de Hazlehurst.
Bruce Conforth

Frank Marchetti chegou aos EUA, vindo da Itália, em 1866 e se casou com Martha Ann Tanner no condado de Copiah em 14 de dezembro de 1872. Tornou-se fazendeiro e empresário e logo constituiu uma grande família.[29] A fazenda de Marchetti era uma das mais rentáveis da região, e seu filho John também estabeleceu um negócio próspero como sapateiro. Quando Frank morreu, em 1908, deixou seu patrimônio aos filhos John e Joseph. Havia rumores de que Joseph e Charles Dodds compartilhavam uma amante, uma mulher negra conhecida como Serena.[30] O caso extraconjugal é negado pelos Marchetti vivos, e uma busca pelos diretórios da cidade, por censos e outros registros não revela nenhuma candidata plausível, negra ou branca, de nome Serena em Copiah ou condados vizinhos, nem em Memphis e região.[31] Embora a história pareça ser falsa, os rumores persistiram e eram tão severos que Charles foi forçado a fugir de Hazlehurst na calada da noite disfarçado de mulher para evitar linchamento.

Joseph Marchetti.
Steve Amos, escrivão, Hazlehurst, Mississippi

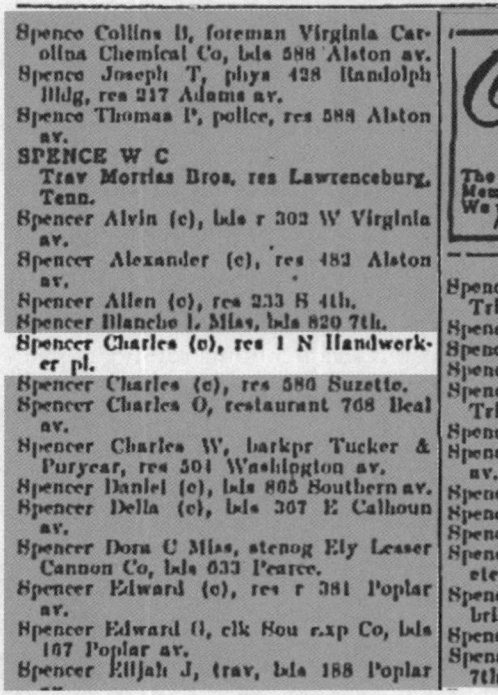

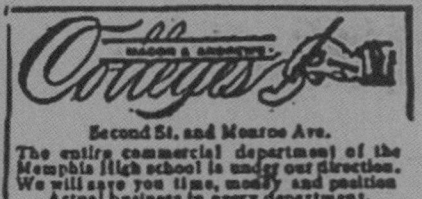

Charles (Dodds) Spencer no diretório de Memphis de 1908.
R. L. Polk & Co. Diretório da cidade de Memphis de 1908

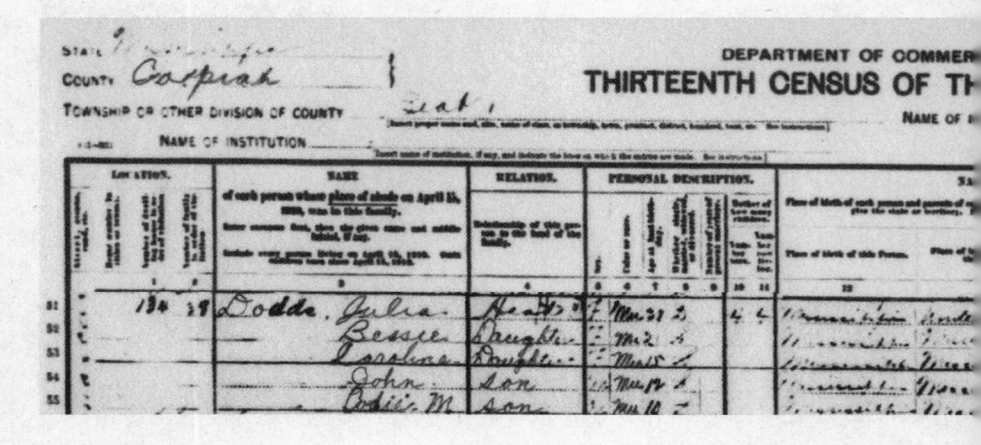

Charles se estabeleceu em Memphis e mudou o sobrenome para Spencer a fim de evitar ser encontrado. O diretório da cidade de Memphis de 1908, feito por Polk, lista Charles "Spencer" – um carpinteiro – como residente de um apartamento no nº 1 de North Handwerker Place, também conhecida como Handwerker Hill, no centro de Memphis.[32] Em 1912, ele já havia se mudado para um apartamento maior, no nº 906 da avenida Court, e, no ano seguinte, para o nº 898 da mesma avenida, na esquina da rua Dunlap norte. Esse apartamento ficava a apenas alguns quarteirões da rua Beale, região mais ativa de Memphis.

Em Hazlehurst, os Marchetti conseguiram fazer com que Julia fosse despejada de casa por não pagar impostos (US$ 150), e o imóvel e a propriedade foram passados para L. E. Matthews, um agricultor branco da cidade. Então sem teto e sem renda, Julia se mudava de lugar para lugar, fazendo o que fosse preciso para tentar cuidar dos filhos e, à medida que isso se tornava cada vez mais difícil, mandou Louise, Harriet, Willie M., Lula B. e Melvin Leroy para morar com o pai em Memphis. No censo de abril de 1910, Julia declarou ter trinta e oito anos e ser "divorciada". Viviam com ela os filhos Bessie (21), Caroline (Carrie, 15), John (12)

Registro do censo de 1910 relativo a Julia Dodds e filhos. *Departamento do Comércio, Serviço de Censo. Estado: Mississippi. Condado: Copiah; Cidade de Hazlehurst; Distrito de Enumeração 45, Folha 6-B, 20 de abril de 1910*

e Codie (Charley) M. (10).³³ A discrepância entre as idades informadas nos registros do censo parece ter sido uma ocorrência comum. Em 1900, consta que Julia tinha vinte e cinco anos, ao passo que, em 1910, ela tinha trinta e oito. E em 1920 já constava que ela tinha quarenta e cinco. Em 1900, consta que sua filha Bessie tinha oito anos, mas, em 1910, Bessie tem vinte e um. Até Robert, que no censo de 1920 constava ter sete anos de idade, aparece com quatorze em seu registro escolar de 1924. O motivo para tanta variação é incerto, porém, era comum.

Em 1910, Julia se mudou para o casebre na propriedade dos Mangold ocupado por Noah Johnson, de vinte e quatro anos, que trabalhava na serraria da fazenda. Noah também nasceu no condado de Copiah, filho de pais que vieram da Costa Leste, ou do "Sul superior".³⁴ Em 1904, ele se casou com Mary Nelson, lavadeira que já tinha dois filhos de um primeiro casamento e quinze anos mais velha, mas, em 1911, bem quando Julia precisava de um lar, Noah e Mary já haviam se separado e ele e seu casebre estavam disponíveis.³⁵ Julia e seus filhos se juntaram a Noah num casebre com tábuas que mal passavam da altura da cabeça.

O casebre, que ainda está de pé (embora tenha sido movido do local original pelo atual proprietário, Hugh Jenkins, para ser poupado da expansão da rodovia 55), é o que comumente se chamava *saddlebag house* ("casa alforje"): um cômodo em cada lado da entrada. As paredes são de cipreste e o teto, de lata. Por dentro, as paredes foram cobertas com jornais e papelão. Julia ficou contente por ter algo que lembrava um lar de verdade e, em 8 de maio de 1911, ou perto dessa data, Robert Johnson nasceu ali, filho ilegítimo de pais não casados. Porém, um filho extra era aparentemente demais para Noah suportar, e ele e Julia tinham discussões furiosas por causa de comida e do cuidado adequado para os filhos dela. Esses incidentes se tornaram tão frequentes que ela e as crianças deixaram Noah e Hazlehurst em busca de um estilo de vida melhor. Julia não tinha qualquer plano ou ideia reais do que faria com o filho recém-nascido.

Provável local de nascimento de Robert Johnson.
Bruce Conforth

3
dias em memphis

Julia, sem teto e sem sustento, fez bicos numa empresa de serviços gerais do Delta depois de deixar Noah Johnson e vagou de lugar em lugar e de homem em homem. Teve dificuldade em cuidar do filho pequeno e das outras três crianças: comida, roupas e até um teto acima de suas cabeças não eram mais expectativas nas quais se podia confiar. No caso de Robert, uma falta de nutrição adequada quando recém-nascido pode ter contribuído para uma das características que mais o distinguiam: ou ele tinha olho preguiçoso ou uma catarata que parecia ir e vir. Este último diagnóstico parece particularmente apropriado, já que cataratas transientes não eram incomuns em crianças que nasciam muito magras. Devido às condições financeiras desesperadoras de Julia, é quase certo que o pequeno Robert tenha nascido desnutrido.³⁶

Ao procurar por oportunidades no Arkansas, Julia se viu numa desavença com um dono de *plantation* nesse estado e fugiu, bastante perseguida por um dos capangas do capataz. Deve ter sido assustador para a mãe solo e os filhos pequenos se sentirem perseguidos o tempo todo; não só suas necessidades básicas eram então incertas, como também sua segurança. Depois de um breve período escondida, Julia, Robert, com dois anos, e sua meia-irmã Carrie se mudaram para Helena, uma cidade do Arkansas bem conhecida pela comunidade negra e pelo blues. Porém, havia uma abundância de trabalhadoras não qualificadas lá e, sem sorte para encontrar trabalho, só restou uma opção a Julia: buscar refúgio com o renomeado "Charles Spencer" em Memphis.³⁷ Ela já tinha mandado alguns dos filhos para ficar com ele e naquele momento não tinha outras opções de lugares seguros para o resto da família.

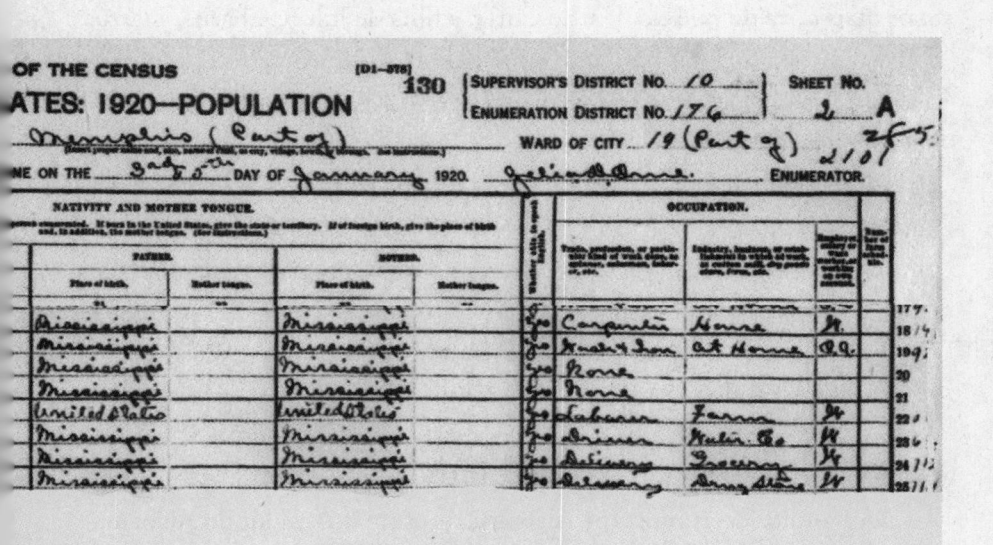

Censo de Memphis de 1920 relativo a Charles Dodds e família.
Departamento do Comércio, Serviço de Censo. Estado: Tennessee. Condado: Shelby; Memphis (Parte de); Distrito de Enumeração 176, Folha 2-A, 3 de janeiro de 1920

O prédio de madeira de três andares sem escada em que Charles vivia com a nova esposa, Mollie, já estava cheio quando Julia chegou, mas ela e os filhos foram recebidos mesmo assim. A nova organização domiciliar era desconfortável para todos. Charles e Julia haviam seguido em frente com outros relacionamentos e ela tinha outro filho. Além disso, Julia ainda não encontrara um meio de se sustentar e assim, logo depois de chegar a Memphis, foi embora novamente em busca do futuro que pudesse criar. Contudo, ao fazer isso, deixou seu filho Robert, de dois anos, com estranhos, um dos maiores medos de uma criança. Essa foi apenas a primeira de uma série de experiências traumáticas que deixariam cicatrizes no pequeno Robert e marcariam o início de sua vida. Embora viesse a considerar os Spencer como sua família "verdadeira", aquele primeiro ano deve ter sido um pesadelo para ele.

Apesar de os registros de censo serem feitos a cada dez anos e, portanto, não termos registro real de como era a família em 1913, quando Robert se tornou parte dela, o censo dos EUA de 1920 fornece um lampejo no lar dos Spencer.[38] No cortiço de quatro cômodos viviam Mollie (erroneamente identificada como "Mandy"), a nova esposa de Charles, quarenta anos mais nova do que ele; Hattie Curry, a filha de Julia e Charles, Harriet, então viúva com um filho, George; a meia-irmã de Robert, Carrie, e seu marido, Louis Harris; o meio-irmão mais velho dele, Charlie; e mais dois meios-irmãos, Alex e Ted.

Robert se adaptou à nova família e ao novo ambiente, enfim desfrutando de tudo o que este tinha a oferecer, já que a casa dos Spencer ficava a uma curta caminhada da rua Beale, centro de atrações para todas as idades, todos os gêneros e todas as raças.

Para o entretenimento da família, o auditório e parque para duas mil e duzentas pessoas do empresário R. R. Church ficava localizado no sentido sul da rua, perto das ruas Fourth e Turley. Lá, o público podia ver os artistas negros mais famosos da época: os Black Patti Troubadours com John Rucker (conhecido como "The Alabama Blossom" – "A Flor do Alabama") e Madame Sissieretta Jones (a famosa "Black Patti"), o Smart Set com S. H. Dudley (anunciado como "O Maior Show de Pessoas de Cor da Terra") e os Fisk Jubilee Singers.[39]

O auditório e parque de Church.
Sala dos Condados de Memphis e Shelby da Biblioteca Pública de Memphis

O teatro Palace, perto dali, originalmente o maior teatro negro do Sul, era descrito como "quente e pesado". Casais dançavam e se abraçavam apertado ao som dos músicos negros de blues. Esses dançarinos flutuavam quase que em câmera lenta pelo salão cheio de fumaça até que Black Carrie, a *hostess* alta e curvilínea do clube, se lançava na pista. Ela levantava o vestido apertado para expor os joelhos, sacudia o cabelo longo para frente e para trás e rodopiava o corpo em círculos eróticos lentos, levando o público quase ao pandemônio. À medida que a exibição ficava mais intensa, gritavam: "Isso, Carrie, dance! Ai, caramba, é agora que cê num vai pro céu, não mermo!".[40]

Mais adiante na rua Beale, o P. Wee's Saloon, de propriedade do imigrante italiano Viglio Maffi ("Peewee") era "uma casa de inverno para vagabundos que iam lá passar as noites frias ao lado do forno fumegante".[41] Alguns desses "vagabundos" eram músicos de blues itinerantes, pois "pianistas e violonistas gostavam de se reunir" no clube de Peewee e tocavam enquanto os jogadores compulsivos apostavam em carteados. O P. Wee's foi um dos primeiros lugares onde W. C. Handy ouviu o blues.[42] Tantos músicos se reuniam no P. Wee's que Handy, mais tarde, se recordaria: "Não era possível entrar [no depósito de instrumentos] por causa dos contrabaixos. A sala estava *sempre* abarrotada de instrumentos".[43] Violonistas percorriam a rua de cima a baixo e músicos cegos tomavam seus lugares nas esquinas favoritas para entreter os passantes com *spirituals*, blues e canções populares.

Rua Beale e P. Wee's Saloon por volta de 1900.
Sala dos Condados de Memphis e Shelby da Biblioteca Pública de Memphis

Entre os muitos músicos da rua Beale que Robert quase com certeza viu ou ouviu estava Frank Stokes, dos Beale Street Sheiks, pois as *jug bands**, como os Sheiks, eram atrações proeminentes em Memphis[44].

Will Shade e Furry Lewis também estavam entre os músicos que lá tocavam, e o violonista Jim Jackson era tão popular na rua Beale que, em 1919, já tocava no interior do afamado e exclusivamente branco hotel Peabody. Gus Cannon, com Noah Lewis e Ashley Thompson, formava o Cannon's Jug Stompers e tocava em festas e nas ruas de Memphis. Qualquer um que morasse perto da rua Beale recebia uma dose diária da música desses artistas. Os sons rodeavam Robert — até mesmo em sua casa na avenida Court. O meio-irmão dele, Charles Melvin Leroy, o ensinou alguns fundamentos de violão e piano.

A prática de hodu e *rootwork*** também prosperava na comunidade negra em Memphis. Raizeiros, feiticeiros e as lojas que atendiam a eles eram abundantes. O hodu tem raízes em práticas tradicionais da África, do Brasil, do Caribe e de outras localidades de onde negros escravizados foram levados para a América do Norte, e essas práticas foram sincretizadas. Para alguns, o hodu era visto como resistência cultural: um meio de os negros pobres criarem uma agência que a cultura, a sociedade e a política brancas lhes negavam.[45] Para Robert, o hodu era uma parte sedutora da cultura de Memphis, que ele depois usaria nas letras de suas canções quando adulto.

Desde a década de 1860, relatos de Memphis tratavam de homens de *obi* ou *obeah*, referência a praticantes de magia, feitiçaria ou religião populares entre os escravizados da África Ocidental. O *Memphis Daily Appeal* os descrevia como "africanos, sempre nativos", que usavam todo tipo de

---

* Estilo de bandas originárias nas zonas urbanas do Sul dos EUA cuja história se relaciona à evolução do blues. Tocando uma mistura de blues, ragtime e jazz, as primeiras *jug bands* eram geralmente compostas de músicos afro-americanos de *vaudeville* e shows itinerantes. A denominação vem do uso de jarras ("*jugs*") e outros utensílios e objetos utilizados como instrumentos, por vezes adaptados ou modificados, em conjunto com instrumentos convencionais. (N. do T.)

** Curandeirismo com raízes e ervas, sendo os raizeiros os curandeiros adeptos dessa prática. (N. do T.)

Charles M. L. D. Spencer e
esposa (data desconhecida).
© *Delta Haze Corporation*

material – "penas de cores variadas, sangue, dentes de cães e gatos, argila de sepulturas, cascas de ovos, contas e pedaços de vidro quebrado" – para obter resultados.⁴⁶ Não havia dificuldade de acesso a suprimentos de hodu em Memphis na época da infância de Robert. A rede de drogarias Pantaze (havia várias na rua Beale) vendia uma profusão desses suprimentos relacionados ao hodu. No famoso armazém A. Schwab, na rua Beale, a uma curta distância a pé da casa dos Spencer, era – e ainda é – possível comprar tudo o que se precisasse em termos de suprimentos de hodu e feitiçaria.

A. Schwab na rua Beale, por volta de 1876.
Sala dos Condados de Memphis e Shelby da Biblioteca Pública de Memphis

Perto dali também ficava a rua Beale leste – um local sinistro, sombrio, pantanoso –, lar dos praticantes de hodu de Memphis, feiticeiros que se sentavam diante de caldeirões efervescentes para preparar misturas estranhas. Eram capazes de fazer o que você precisasse para curar uma doença ou espantar espíritos malignos. Porém a especialidade deles era fazer saquinhos de *mojo* de flanela vermelha que protegeriam quem os usasse dos inimigos ou trariam boa sorte. Esses pacotes continham *snakeroot, devil's shoestring, John the Conqueror root** e outros ingredientes tradicionais. Magia para afastar pessoas indesejadas e outras formas de hodu também eram amplamente conhecidas por toda a comunidade negra de Memphis até os anos 1930 e além.

Essa cidade portuária fluvial, uma sociedade urbana e acelerada que ainda mantinha suas tradições populares, propiciava a Robert experiências que uma criança que antes vivia numa *plantation* mal poderia imaginar. Centro urbano sulista, Memphis recebia visitas regulares do circo dos irmãos Ringling, do Buffalo Bill's Wild West Show e de artistas como os irmãos Marx, George M. Cohan, o mágico Harry Houdini e outros notáveis da cultura popular de massa. Robert não poderia evitar ser exposto à presença deles e à excitação que esses artistas criavam. Mesmo sem ter dinheiro para ir ao circo, ele certamente deve ter observado da rua, com centenas de outras crianças, o grandioso desfile de animais e palhaços quando os espetáculos chegavam à cidade.

Ao longo do período que Robert passou em Memphis, os Spencer – ele então usava Spencer como sobrenome, tendo adotado a família como sua por completo – continuaram a viver no nº 898 da avenida Court, com acesso a pé não só à rua Beale, mas à praça Court (um dos principais parques

---

* Da flora estadunidense: respectivamente, *Ageratina altíssima* ("raiz de cobra" – no entanto, se trata de uma erva, usada para prevenir a entrada do mal em casa), *Nolina lindheimeriana* ("cadarço do diabo" – acreditava-se que essa raiz seria capaz de fazer o diabo tropeçar, pois daria um nó nos cadarços de seus sapatos) e *Ipomoea jalapa* ou *Ipomoea purga* ("raiz de João, o Conquistador" – espécie de *Ipomoea* relacionada à glória-da-manhã e à batata-doce, cujo nome remonta a John, ou João, o Conquistador, personagem do folclore afro-americano, usada como amuleto, em feitiços sexuais ou para a boa sorte no jogo). (N. do T.)

Anúncios de espetáculos no *Memphis Commercial Appeal*, 1918.
Sala dos Condados de Memphis e Shelby da Biblioteca Pública de Memphis

de Memphis). Os estímulos de Robert, porém, não se limitavam à cultura, à música e ao entretenimento populares, pois ele entrara para a escola por volta de 1916. Seu amigo de infância da região de Robinsonville, Mississippi, R. L. Windum, disse que Robert lhe contou ter frequentado a escola em Memphis.[47] Na verdade, não havia como Robert *não* ter ido à escola enquanto morou em Memphis, já que naquela época a cidade era o campo de batalha da grande defensora da educação dos negros: Julia Hooks.

Hooks era uma musicista, educadora e assistente social negra formada na faculdade Berea, no Kentucky, a primeira faculdade do Sul a ser integrada. Ela se mudou para Memphis antes da virada do século e se tornou ativa em diversas empreitadas musicais e igrejas, tocando órgão e regendo corais e grupos vocais. Também lecionava música e seus alunos se apresentavam anualmente no Zion Hall, na Igreja Batista da rua Beale. Hooks também atuava como professora e diretora de escolas municipais. Mais tarde, se tornou oficial de justiça juvenil, ao passo que seu marido, Charles, assumiu a tarefa de fiscalizar e encontrar alunos evasivos. No entanto, depois que Charles foi assassinado em 1917, ela começou a patrulhar as ruas de Memphis por conta própria, à procura de crianças negras errantes que não estavam na escola. Seus dois filhos, Henry e Robert, se tornaram fotógrafos e abriram o famoso estúdio de fotografia Hooks Brothers, na rua Beale. Anos depois, Robert Johnson teve seu hoje célebre retrato tirado por eles.

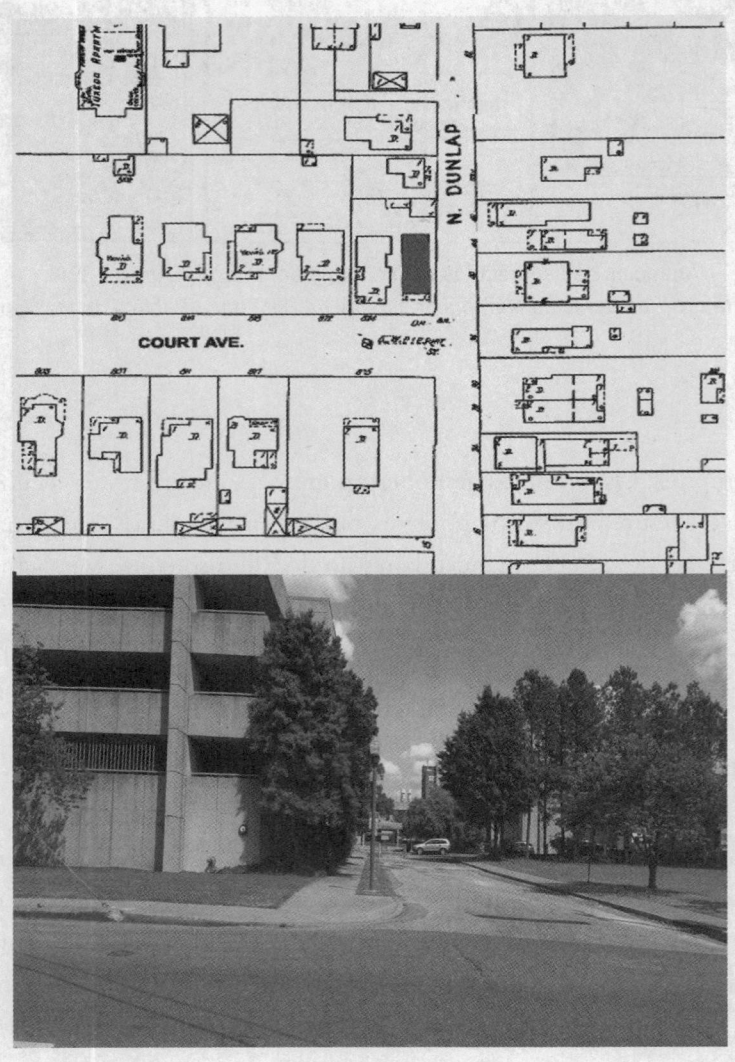

Mapa da localização original da casa dos Spencer e vista atual.
Bruce Conforth

Os arquivos do conselho escolar do condado de Shelby verificaram que, por morar onde morava, Robert quase com certeza teria sido matriculado na Escola Carnes Avenue para Pessoas de Cor, originalmente uma construção de madeira com duas salas para estudantes negros, no nº 942 da avenida Peach, em Memphis. A escola ficava a apenas cinco quarteirões da casa dele.[48]

A meia-irmã mais velha de Robert, Carrie, se lembra de caminhar com ele até a escola, segurando sua mão enquanto percorriam os poucos quarteirões, para receber educação. Ter frequentado qualquer escola, em especial uma numa zona urbana, o distinguia de outros músicos de blues de sua era. A habilidade de ler e escrever de Robert Johnson era atípica.[49] A maioria de seus contemporâneos musicais era em geral de analfabetos funcionais, simplesmente porque foram crianças negras em *plantations*.

Um relatório de 1919, *The Public School System of Memphis, Tennessee* (baseado num estudo realizado em 1917), apontou que até mesmo em escolas para alunos negros (a Escola Carnes especificamente foi mencionada) as disciplinas oferecidas incluíam leitura, língua inglesa, artes industriais (embora nas escolas mais pobres isso talvez tenha se limitado a atividades com tesouras e cartolina), aritmética, música, geografia e educação física. O relatório também revelou que "as escolas para negros se sobressaem nos padrões de todos os anos e superam as escolas brancas nos terceiro, quarto e quinto anos".[50] Parece claro que a nova família de Robert pretendia que ele fosse mais do que apenas um trabalhador agrícola. Afinal, Charles Spencer era um carpinteiro talentoso e, portanto, Robert deveria pelo menos aprender um bom ofício. Por esse motivo, quando o problema de visão dele ficou aparente, Carrie, cerca de dez anos mais velha do que o irmão, o ajudou a conseguir um par de óculos.

De 1913 até 1919, Robert morou com os Spencer – lar que continha muitas vantagens para o menino.[51] Memphis era repleta de atrações empolgantes que seus contemporâneos do Delta nunca veriam ou vivenciariam. A urbanidade e sofisticação da cidade se tornaram a norma do jovem Robert. Porém, sua temporada de formação em Memphis chegou ao fim quando Julia retornou à vida dele. Em outubro de 1916, ela se casou com um arrendatário, Will "Dusty" Willis, e, depois de passar dois anos indo de fazenda em fazenda, os dois enfim se estabeleceram numa *plantation* no Arkansas. Em 1919, Robert e Carrie caminhavam pela rua Front quando viram Julia. Enquanto ele olhava surpreso, a irmã gritou "É a mamãe!". Julia fora a Memphis para levar o filho de volta para o Arkansas a fim de que ele ajudasse na fazenda. O jovem Robert foi mais uma vez desenraizado.

Depois de ter sido abandonado pela mãe com um grupo de estranhos em uma cidade estranha, ainda que empolgante, ele então era tomado, contra sua vontade, da única família que conhecia e forçado a ir embora com uma mulher que não lhe era familiar, para um lugar muito diferente daquele com o qual se acostumara. Longe da cidade, dos circos, da música e da escola, deveria se aclimatar ao novo ambiente das *plantations* e dos campos de algodão sem fim.

No entanto, a nova região para onde Julia o levava tinha, *sim*, algo único a oferecer: um tipo diferente de música daquele encontrado na urbana Memphis. A música centrada no violão conhecida como *cotton-field blues* era tocada nos *juke joints* em todas as *plantations* aos fins de semana. Esse novo som falava com Robert de maneiras que ele não esperava. Era visceral e cheio de sentimento, provavelmente como as emoções que o garoto poderia estar vivenciando. Talvez nem tudo fosse tão ruim em sua mudança de Memphis. Os novos amigos que ele faria no Delta profundo o ajudariam a percorrer esse período da vida e encontrar a nova música que o cercava.

de volta ao delta

Robert Johnson encarava os campos infindos das *plantations*, do lado oposto das barragens que os protegiam do rio Mississippi. Era algodão por toda parte. A vida que ele conhecera já não mais existia. Agora só havia terra – estradas de terra, chão de terra e terraplanagem – até onde conseguia enxergar. Não havia escolas para alunos negros. Esse lugar, Lucas Township, era vasto e vazio. Um menino de nove anos inteligente e urbanizado havia sido desenraizado e colocado num ambiente estranho: o Delta do Mississippi-Arkansas.

A fazenda para onde Robert foi levado ficava em Horseshoe Lake, no condado de Crittenden, Arkansas, a uns cinquenta quilômetros a sudoeste de Memphis, na margem do rio Mississippi oposta a Penton, Lake Cormorant, Clack, Commerce e Robinsonville – localidades do Mississippi que, mais tarde, serviriam como marcos importantes na vida de Robert. Horseshoe Lake ostentava várias *plantations,* e foi numa delas que o novo marido de Julia decidira tentar a sorte. Muitas se tornaram lendárias, entre elas a de propriedade de J.O.E. Beck, que arrancou todas as árvores e secou o pântano, criando um sistema de *plantation* imenso, o qual se estendia de Hughes, no condado de St. Francis, até o condado de Lee, a oeste.[52] Posteriormente, ficaria conhecida como Sadie Beck's Plantation, quando o folclorista Alan Lomax gravou lá em 1942.

A *plantation* Snowden, no lado noroeste do lago, abrangia 404 hectares com um armazém, a Baugh Store, que contou com o primeiro sistema de estoque de comida congelada da região.[53] A *plantation* Rodgers ocupava as ilhas do lago Horseshoe e a terra abaixo dele. Já que o censo dos EUA de 23 de janeiro de 1920 indica que Willis (22), Julia (45) e

Robert (erroneamente registrado como tendo sete anos de idade) viviam no meio da região, a *plantation* Rodgers é a candidata mais provável para a residência deles.[54]

Willis era conhecido na comunidade como um homem de raciocínio lento e foi apelidado de "Dusty" – "Poeirento" – por seu hábito de caminhar rapidamente pelas estradas de terra, deixando uma nuvem de poeira por onde passasse. Dusty não sabia ler nem escrever, já Robert, por outro lado, sabia ambas as coisas, o que criava uma lacuna cultural entre o menino e seu padrasto.

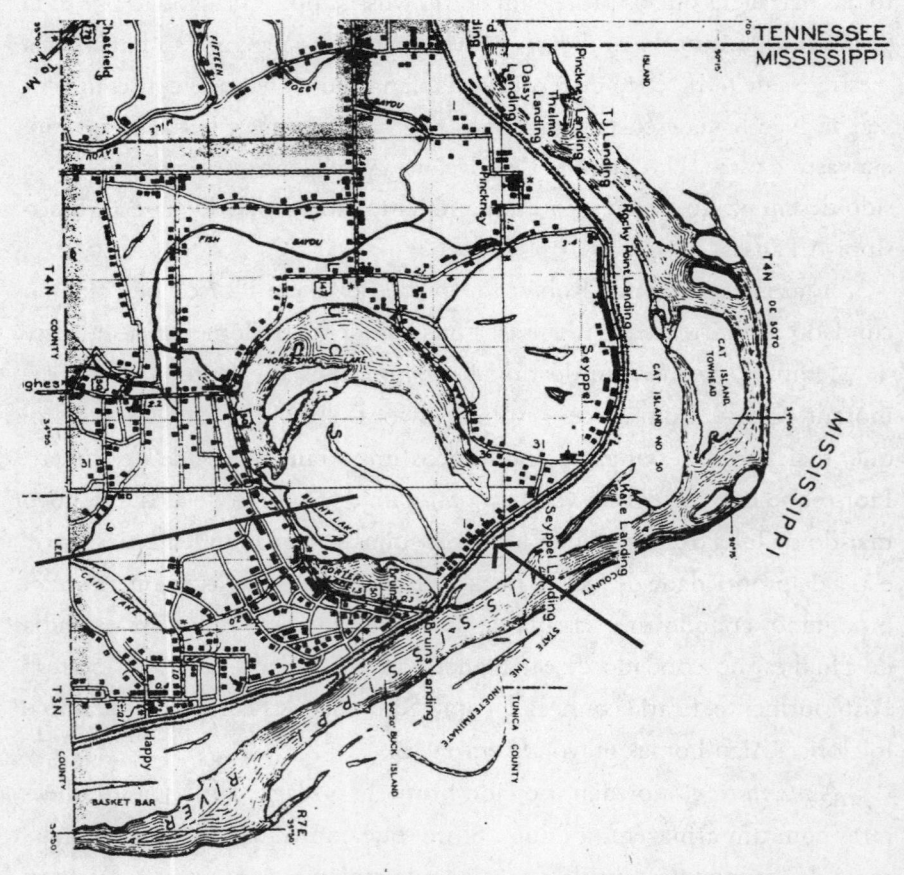

Mapa de 1924 de Lucas Township. Os quadrados pretos são as casas dos arrendatários; as linhas grossas entre essas casas e o rio são barragens.
Bruce Conforth

O novo lar de Robert era uma moradia típica de arrendatário: rústica e simples, nada como a vida no apartamento que ele experimentara em Memphis. Um casebre de arrendatário era geralmente uma casa sem pintura feita de madeira não aplainada, com teto de manta asfáltica ou lata, e dois ou três cômodos. Quando o interior era de fato revestido, páginas de jornais ou revistas eram usadas como papel de parede, exatamente como na casa em que ele nascera em Hazlehurst. A única exceção à decoração espartana das moradias nas *plantations* eram as casas que abrigavam os *jukes* aos sábados. Essas, em geral, eram pintadas de verde para facilitar a identificação.

Quisesse ou não, Robert foi forçado a aprender como viver numa *plantation*. Trocou os livros escolares por uma enxada e um saco de juta e descobriu que seus dias eram determinados por aquilo que os donos das *plantations* chamavam de sistema do "dia do fornecimento" ao invés do ano escolar. O dia 1º de março de cada ano era o dia do fornecimento: um dólar por mês era fornecido a cada arrendatário para cada hectare cultivado. Porém, não era em dinheiro vivo; e sim na forma de um título que só poderia ser trocado no armazém da *plantation*. Nesse sistema, os arrendatários pareciam estar mais em condição de servidão por contrato do que de trabalhadores agrícolas livres. Os donos das *plantations* se certificavam de que os arrendatários raramente – ou nunca – terminassem o ano no azul.

Robert detestava trabalhar no campo. Dizia aos amigos que sentia saudades da cidade e de tudo o que ela oferecia. Enquanto o resto de seus novos amigos se contentava em levar uma vida de arrendatário, ele dizia a todo mundo que não queria essa vida, e sim ir à escola e aprender sobre o mundo a seu redor. Plantar e colher algodão era trabalho duro. Depois que seu novo padrasto preparava o solo com o arado puxado por mula, Robert então o ajudava a plantar as sementes de algodão. À medida que as plantas cresciam, talhar o algodão – remover as ervas daninhas que cresciam entre as plantas com enxadas, picaretas, pás e rastelos – lhe dava calos e dores nas mãos. Porém, a pior tarefa, a colheita, começava no fim de agosto ou início de setembro.

Cada colhedor carregava um longo saco branco: sacos de três metros e meio eram o padrão para um homem adulto. Como criança, Robert só

Casebre de arrendatário no condado de Crittenden, década de 1920.
Acervo de Margaret Elizabeth Woolfolk

deveria carregar um saco de 1,8 ou 2,4 metros, mas ainda era um trabalho pesado e sofrido, e as folhas pontiagudas dos capulhos de algodão machucavam suas mãos enquanto colhia o prêmio branco da casca. Depois de encher o saco, ele o carregava até uma carroça que ficava à espera, onde o conteúdo era pesado e descarregado, e então começava tudo de novo. Um bom colhedor adulto enchia de quatro a cinco sacos grandes por dia – por alto, 160 quilos de algodão. Robert tinha sorte se colhesse cerca de 45 quilos, e até nos dias mais quentes precisava usar uma camisa de manga comprida e um chapéu para se proteger do sol. Em Memphis, ele ficava na escola da manhã até a tarde. Na fazenda do padrasto, trabalhava "do claro ao escuro": do amanhecer, tudo claro, ao anoitecer, tudo escuro. Tudo isso para ajudar a nova família a ganhar não mais do que US$ 200 em "dinheiro de *plantation*".[55]

Contudo, Robert, Julia e Dusty não ficaram por muito tempo na *plantation* no Arkansas. Pouco depois do censo de 1920, eles se mudaram para o outro lado do rio Mississippi, para a *plantation* Abbay & Leatherman, em Commerce. Lá, se estabeleceram num casebre ao lado da barragem próxima a uma seção chamada Polk Place.[56] A mudança foi provavelmente precipitada pela drástica queda no preço do algodão, de 38,5 centavos por libra* para 9,5 centavos por libra.[57] Como outros arrendatários que só passavam uma estação numa fazenda, Willis esperava que se mudar para uma *plantation* maior e mais afluente no Mississippi lhe traria uma vida melhor. Mais uma vez, a vida de Robert mudou.

Armazém/escritório da *plantation* Abbay & Leatherman, ainda de pé.
Bruce Conforth

---

* Uma libra equivale a 453,5 gramas. (N. do T.)

Em 1832, Richard e Anthony Abbay compraram terras do povo indígena Chickasaw em ambos os lados do rio Mississippi. As terras no lado do estado do Mississippi seriam usadas para criar a *plantation* Abbay & Leatherman, uma das mais prósperas do Delta. Parece haver pouca dúvida de que Dusty Willis saberia das melhores condições lá oferecidas, e foi para essa nova fazenda que ele se mudou com Julia e o jovem Robert. E, por causa da proximidade com Robinsonville, a nova *plantation* rendeu ao garoto algumas experiências familiares. A primeira foi ter sido mais uma vez exposto a músicos: cantadores, cantores de canções folk mais antigas e a nova geração de músicos de blues do Delta. Robinsonville era uma fortaleza desses últimos, e era inevitável que Robert os ouvisse e ficasse fascinado pela música e pelo estilo de vida deles.

Famoso por seu solo extremamente fértil e infame pela desolação e pelas enchentes frequentes do rio Mississippi (apesar das tentativas de construção de barragens protetoras), o Delta em que o jovem Robert se encontrava era dividido em duas áreas diferentes – sul e norte. O sul do Delta começava em Yazoo City e Vicksburg e se estendia para além de Greenwood e Greenville até Clarksdale. A área daí para cima, o condado de Coahoma sentido Memphis, era nomeado de norte do Delta por aqueles que lá viviam. As ferrovias ajudavam a dividir ainda mais a região. A ferrovia Columbus & Greenville (C&G, ou "Southern") percorria de Columbus, na parte leste do estado, a Greenville, no rio Mississippi. Outra ferrovia histórica, a Yazoo & Mississippi Valley (YMV), comumente chamada de "Dog", usava duas rotas para percorrer de Yazoo City, onde o Delta começava, a Clarksdale. Uma dessas rotas passava por Moorhead e a outra seguia por Indianola, para além da penitenciária Parchman até Tutwiler, onde as duas se encontravam novamente. W. C. Handy, o "pai do Blues", escreveu que foi numa estação ferroviária dessa segunda rota que ele ouviu pela primeira vez um violonista tocar *bottleneck**, no início

---

* Cilindro de vidro, metal ou cerâmica, hoje popularmente conhecido também como *slide*, que é deslizado sobre as cordas do violão (ou da guitarra) e bastante característico do blues. Nesse período, utilizava-se basicamente um gargalo de garrafa cortado, daí o nome *bottleneck*. (N. do T.)

dos anos 1900, o que o inspirou a começar a escrever blues para partituras e gravações. Estudiosos de Handy supõem que o violonista que ele ouviu pode ser sido Henry Sloan, mentor de Charley Patton e residente da *plantation* Dockery.

O longo intervalo entre o início de dezembro até a primavera, quando o plantio recomeçava, permitia aos músicos ir e vir pela região e ganhar dinheiro fácil tocando em bailes e festas. David "Honeyboy" Edwards disse que a "folga" dava aos músicos uma oportunidade de "se reunir e tocar. O Mississippi e o Arkansas tinham o maior grupo de músicos. Eles não tinham nada pra fazer além de se reunir por aí, tocar e beber aquele velho *moonshine**. Não trabalhavam nos campos de algodão".[58] A música e os estilos de vida desses músicos calhavam muito bem a Robert. A proximidade de Robinsonville também lhe permitiu renovar outro hábito que começara em Memphis: ir à escola. Os registros escolares de 1924 do condado de Tunica documentam que Robert Spencer assistia às aulas na escola Indian Creek, em Commerce.[59]

Esse registro escolar também aponta que ele ainda usava o sobrenome Spencer – adotado de seu primeiro padrasto. Julia ainda não havia lhe contado sobre seu pai biológico, Noah Johnson, e Robert assinou o registro de frequência escolar como seu próprio guardião – Robt. Spencer. Todos os colegas de sala tinham pais ou guardiões que assinavam em nome deles. Comparado a figuras como Son House ou Charley Patton, ele teve escolaridade considerável e deu continuidade a um hábito singular que estabelecera em Memphis: escrever suas ideias e letras num caderno.

Lembranças da educação de Robert variam muito. Johnny Shines, que só foi conhecê-lo na vida adulta, em 1937, acreditava que ele tinha pouca escolaridade. "Até onde eu sabia, Robert não tinha educação alguma. Nunca o vi ler ou escrever, nem o próprio nome. Era um gênio nato, mas definitivamente 'antieducação'."[60] Shines ficou surpreso quando viu a as-

---

* Como eram – e ainda são – conhecidas bebidas destiladas de alto teor alcoólico produzidas de forma ilícita, em geral com mosto de milho. (N. do T.)

sinatura de Johnson, muitos anos depois, e confessou: "Robert tinha uma caligrafia muito bonita. Parecia a caligrafia de uma mulher".⁶¹ Gente como R. L. Windum, com quem Robert frequentou a escola em Commerce, tinha uma compreensão bem diferente da educação dele. "Conheci Robert Johnson quando éramos garotos. E íamos àquela escola St. Peter's. Tínhamos uns quatorze anos, mais ou menos, e éramos colegas de escola."⁶²

Contudo, por mais crível que seja a recordação de Windum, há confusão entre pesquisadores anteriores a respeito do que era ou onde ficava a escola St. Peter's. Nunca houve em Commerce uma escola identificada oficialmente por esse nome. Para tornar as coisas mais confusas, havia uma escola St. Peter's em Memphis, e alguns pesquisadores sustentam que foi essa que Robert frequentou. Porém, a St. Peter's de Memphis não aceitava alunos negros, e hoje se sabe que ele frequentou a Escola Carnes Avenue naquela cidade. A localização da escola mencionada por Windum era um mistério, mas recordações de seus amigos de infância ajudaram a solucioná-lo. Segundo Windum, a família de Robert morava num casebre em Polk Place, perto de um lago de pesca.⁶³ Israel "Wink" Clark deu mais credibilidade a esse relato ao afirmar que ele e Robert se conheceram por meio da escola, da igreja e da pescaria. "A mãe dele e a minha mãe iam pescar juntas. Isso nos aproximou e nós íamos – tínhamos de ir – ao lago encontrá-las, porque elas pegavam no nosso pé para acompanhá-las na pescaria."⁶⁴ Mapas de arquivo mostram Polk Place na ponta leste da *plantation* Abbay & Leatherman, e havia uma pequena igreja de um cômodo, a St. Peter's, também na estrada Polk. Ao lado da igreja, havia um pequeno afluente, o riacho Indian. Ambas as localidades ficam a menos de um quilômetro e meio do lago Fish. A Escola Indian Creek obviamente tinha esse nome por causa de sua localização próxima ao afluente. Wink Clark forneceu a primeira pista real para a identificação da escola de um cômodo ao apontar que ela se tratava, de fato, da "pequena igreja de madeira".⁶⁵ A localização e identificação da escola St. Peter's foi, finalmente, verificada pelo dr. Richard Taylor, diretor do Museu Histórico do Condado de Tunica.⁶⁶

Robert estava acostumado a receber uma educação bastante completa em Memphis, e a Escola Indian Creek não se parecia em nada com a Escola Carnes Avenue frequentada por ele. A principal função da escola era ensinar aos alunos as habilidades mais básicas de leitura e escrita das quais os arrendatários ou outros trabalhadores precisariam – Robert já tinha mais escolaridade do que a maioria dos colegas jamais receberia. Não obstante, ele tirou vantagem de toda oportunidade que lhe aparecia para desenvolver ainda mais seus hábitos educacionais e intelectuais, tornando-se um leitor voraz no processo. Seu futuro amigo musical e "enteado", Robert Lockwood, falou com carinho sobre o quanto Robert amava ler. "Preciso dizer que ele estudou bastante na vida. Lia muito e coisa e tal. Lia praticamente qualquer coisa que pudesse."[67]

Polk Place hoje. A Igreja St. Peter's/Escola Indian Creek ficava imediatamente à direita, e a casa dos Willis ao fundo, à esquerda. O lago Fish se encontra abaixo do castelo d'água.
Bruce Conforth

O lago Fish, onde Robert pescava com seus amigos de infância.
Bruce Conforth

Voltar à escola apresentou Robert a novos amigos como Windum e Clark, e eles passavam os dias como muitos outros jovens do Delta: pescando e brincando juntos. "Tudo era muito suave", recordou-se Clark. "Nós corríamos por aí, pescávamos, brincávamos. Minha mãe e a mãe dele eram grandes amigas e foi assim que crescemos juntos, nos tornamos adolescentes. Pescávamos por esse rio todo, e a mãe dele morava [na *plantation*] lá trás, perto da barragem, e foi onde eu e ele tomamos muitas palmadas, bem ali."[68]

Seja lá qual fosse o motivo de Clark levar palmadas, os castigos de Robert em geral eram decorrentes de sua relutância em trabalhar no campo. Na época, ele detestava esse trabalho mais do que nunca, e seu jeito de evitá-lo era fugir com frequência para sua família em Memphis. Já tinha idade suficiente para viajar sozinho – e se encontrava perto o bastante da velha rodovia 61 para começar a abandonar Dusty Willis e o trabalho agrícola e retornar aos Spencer. R. L. Windum disse que Robert, com frequência, passava longos períodos longe do Delta precisamente para visitar a família Spencer.[69]

Nessa época, Robert ainda considerava Charles Dodds Spencer, em Memphis, seu pai biológico, em especial já que Julia ainda não lhe contara a respeito do verdadeiro pai biológico dele, Noah Johnson. Robert via em Charles um exemplo bem melhor do que Dusty Willis. Até o apelido deste ia contra os melhores instintos do garoto. Por que ele iria querer ser um trabalhador agrícola poeirento? Robert queria ser alguma coisa especial, e Charles Spencer entendia isso. Assim, Robert continuou a usar o sobrenome do padrasto, pelo menos por mais algum tempo. "Sempre o conheci por Spencer", afirmou Windum. "Foi assim que eu o conheci. Não sabia nada desse Johnson até a música de Robert sair. Só conhecia a mãe, a irmã e o irmão dele. E que a mãe dele se chamava Julia."[70] Willie Mason teve recordações parecidas: "Nós o chamávamos de Robert Spencer e, depois, de Robert Johnson, não sei de onde saiu esse Spencer, se o nome era Robert Johnson Spencer ou sei lá o que, mas o pessoal o chamava muito de Robert Spencer".[71]

Uma vez que Julia informou Robert de que seu pai biológico era de Hazlehurst, o garoto, confuso, de repente passou a ter dois sobrenomes. "Ele se chamava de Spencer e de Johnson", explicou Clark. "Robert Spencer e Robert Johnson, as duas coisas. [A mãe de Robert] teve uns três maridos diferentes. Então eu não sei [quem era o pai dele], mas o conheci como Robert Johnson."[72]

Elizabeth Moore era uma das vizinhas na *plantation* Leatherman e se recordou de Robert usar uma variedade de nomes no período em que ela o conheceu. "Ele tinha três nomes. Às vezes o chamavam de 'Dusty' [por causa do padrasto – Robert deixava claro que detestava isso], mas, na maior parte do tempo, parece que gostavam de chamar ele[*] de 'Sax'. Não sei por que chamavam ele assim, mas ele tinha três nomes quando me mudei para Robinsonville e foi quando o conheci. Ele me foi apresentado como Robert Johnson, veja bem, como o nome dele, mas eu ouvia também de outras pessoas, tipo a gente que chegava para buscar ele para tocar nas noites de sábado. 'Cadê o Robert Sax?', e eu respondia 'Não conheço. Tem um violonista aqui, mas o nome dele é Robert Johnson'. 'Bom, é ele! É ele!'. Ou então ouvia alguma outra pessoa dizer: 'Cadê o Robert Johnson?'."[73] O uso de apelidos como "Dusty", "Sax" ou "Son" eram pre-

---

[*] Nesta e em outras passagens semelhantes, optamos por manter o tom coloquial da linguagem falada/oral quando presente no texto original. (N. do T.)

valentes nas zonas rurais do Sul, tanto na cultura negra quanto na branca. Também era considerado rude, ou até ameaçador, contestar o apelido de alguém. Muitos músicos nem sabiam o sobrenome de seus parceiros de palco. Nunca perguntavam.

Porém, as recordações de Elizabeth revelam muito mais do que só a confusão em relação ao nome de Robert, porque ela fala de gente à procura dele para tocar violão em festas. Isso contradiz o conhecimento convencional baseado quase que exclusivamente na recordação de Son House de que, quando ele conheceu Robert, o "garoto" não sabia tocar. Tanto Elizabeth quanto Willie Moore afirmaram repetidas vezes que Robert não só tocava violão como também se apresentava em público já em 1928, quando tinha apenas dezessete anos. Se essa informação for correta, ele já tinha dado os primeiros passos para se tornar um músico profissional anos antes do que se acreditava anteriormente. Robert não era só um garoto que vivia numa *plantation* em Robinsonville. Já estava a caminho de desenvolver o próprio estilo musical.

5
raízes musicais e identidade

Em 1926, Robert Johnson se tornou músico. Ele tinha quinze anos, vivia na segunda *plantation* de sua vida e dividia seu tempo entre Memphis e a casa no Delta. As viagens para visitar a família em Memphis o faziam ter ainda mais certeza de que não tinha interesse em trabalhar no campo; seu principal interesse era *música*. No início da adolescência, Robert já desenvolvera talento na gaita e no berimbau de boca* e já sabia tocar um pouco de violão e piano (ambos aprendidos com seu meio-irmão mais velho, Charles, em Memphis). Então, sua meia-irmã Carrie se mudara de Memphis para se juntar à família do Delta, trazendo o filho, Louis, para se tornar vizinha dos Willis em Polk Place, perto de Robinsonville. Embora a maioria dos amigos de Robert ainda estivesse interessada primordialmente em brincadeiras e pescaria, ele descobriu que compartilhava um interesse musical com R. L. Windum: ambos tocavam gaita. "Tocávamos juntos", recordou-se Windum. "Quando nos juntávamos, tocávamos gaita como os rapazes que naquela época faziam isso pra se virar."[74] Uma gaita era barata, pequena e fácil de carregar. Era possível tocar tanto notas avulsas quanto acordes, imitar o apito de um trem ou de um barco a vapor e sua natureza percussiva propiciava um ritmo intenso para os *jukes*. E Robert também era bom nisso, mas seu principal interesse musical era o violão.

---

* "*Jew's harp*": pequeno instrumento que é segurado entre os dentes e tocado batendo-se o dedo numa lingueta de metal. (N. do T.)

Garoto tocando *diddley bow* num casebre.
Biblioteca do Congresso – Johnson

Dusty Willis, por outro lado, tinha como único interesse que o garoto trabalhasse no campo. A ideia de o enteado tocar violão ao invés de trabalhar estava fora de questão. Entretanto, apesar da oposição do padrasto, Robert, assim como muitos músicos de blues antes e depois dele, recorreu à construção do próprio instrumento de corda.

Wink Clark se recordou das primeiras tentativas musicais de Robert: "Ele construiu um numa parede, com três fios de arame. E foi assim que começou, com três fios de arame e três garrafas. Martelou três pregos na parede e amarrou o fio de um prego até o outro prego... depois colocou uma garrafa por baixo, uma [por cima] e apertou como se afinasse um violão. E ele conseguia tocar o que cantava, mas pra mim nunca fazia sentido [*risos*]."[75] O instrumento descrito por Clark é um *diddley bow*: um instrumento simples de corda, às vezes construído numa parede ou como uma peça avulsa. Podia ser construído numa tábua, num cabo de rastelo ou em qualquer pedaço de madeira disponível.

A música consumia a vida de Robert. Willie Mason disse que quando Robert não podia tocar o *diddley bow* ou, mais tarde, o violão, tocava gaita, mesmo quando estava trabalhando no campo. Wink Clark corrobora: "A gente trabalhava junto na fazenda e uma vez o chefe disse pra ele ir embora, porque todo mundo tava talhando algodão, e [Robert] correu para dentro de casa e pegou arame, arame de enfardamento, e amarrou no pescoço para segurar a gaita na boca".[76] Robert tinha criado o próprio suporte caseiro para gaita, que lhe permitia tocar o instrumento mesmo enquanto trabalhava. Invariavelmente, tocar deixava seu trabalho mais lento e sua produtividade na fazenda sofria, o que o levava a receber repetidas surras de Dusty. Porém, nem todo mundo da família no Delta se opunha a sua música ou suas ambições. Carrie – que cuidou de Robert quando ambos moraram em Memphis, comprou óculos quando ele precisou e o levava à escola todos os dias – estava mais uma vez presente para ajudar o meio-irmão mais novo.

Então vivendo com o irmão de Wink Clark, Leamon, Carrie viu que Robert de agricultor não tinha nada e que os interesses dele estavam na música.[77] Ela sabia o que Memphis e a cultura da cidade significavam para o garoto. Vivia na casa dos Spencer quando ele fugia para lá em busca de refúgio no ambiente de sua infância. Assim como estivera ao lado dele antes, estaria pelo resto da vida, e se Robert quisesse tocar violão, ela o ajudaria nisso. Embora nem ela nem Robert tivessem dinheiro para comprar sequer um violão barato, Carrie o ajudou a passar do *diddley bow* na parede do casebre para a segunda melhor opção: uma *cigar-box guitar* caseira. Montaram uma usando arame de enfardamento da fazenda, um toco de madeira para o braço e uma caixa de charutos do pai de Wink Clark. Enquanto Robert praticava nesse instrumento, tanto ele quanto Carrie começaram a economizar qualquer trocado que conseguiam acumular para alcançar o objetivo: um violão. No início de 1927, conseguiram entrar numa loja e comprar o prêmio: um velho violão de madeira com duas cordas faltando.[78]

Robert tocava aquelas quatro cordas muitas e muitas vezes, deixando loucos todos que pudessem ouvi-lo praticar, até que enfim foi capaz de juntar alguns centavos para comprar as duas cordas que faltavam. Ter um violão de verdade não só começou a melhorar a habilidade de Robert, como também o ajudou a amadurecer e deixar para trás as coisas que seus outros amigos ainda consideravam interessantes. Wink Clark falou de como essa mudança se manifestou: "Íamos até a barragem, até a beira de alguma estrada e jogávamos bolinha de gude, [mas] ele tocava violão".[79] Pelo resto da vida, Robert e o violão seriam inseparáveis.

O pai de Wink Clark, que ajudara a montar a *cigar-box guitar*, em seguida ajudou a tornar Memphis mais acessível a Robert quando comprou um Ford Modelo T. Robert, então com dezesseis anos, e Carrie começaram a pegar carona com Clark para fazer visitas regulares a Charles Spencer, sua esposa Mollie e as duas novas filhas do casal. Em vez de pedir carona na estrada, o melhor que podia, Robert passou a percorrer de carro o curto trajeto de 51 quilômetros a cada poucas semanas. E como sempre fizeram, essas viagens à cidade só serviam para intensificar as diferenças entre ele e os amigos do campo, à medida que se transformava de menino em homem.

Para Robert, uma das lições mais transformadoras de sua vida foi aprender a beber. "Se ele bebia?", indagou Clark. "Você tem que perguntar o quanto ele tentava beber. Ele tentava beber todo aquele uísque de milho que era feito, mas nunca ficava bêbado demais para tocar violão, porém com certeza bebia. Bebia de monte. Bebia a noite toda. Bem do jeito que você vê essas mulheres bebericando Coca-Cola. É assim que ele fazia com uma garrafa de uísque."[80]

À medida que amadurecia, Robert também evoluía como músico. Seu crescimento musical recebera um enorme empurrão apenas um ano antes, quando um de seus primeiros mentores, um violonista que tocava havia dez anos, se mudou para Robinsonville. O nome dele era Willie Brown.

Brown era conhecido como um violonista extremamente talentoso e chegou até a ensinar Memphis Minnie quando vivia perto de Lake Cormorant, Mississippi. Por mais talentoso que fosse, porém, foi mais conhecido por tocar violão acompanhando Charley Patton e Son House. Brown

Carrie Dodds Spencer Harris.
© *Delta Haze Corporation*

nasceu provavelmente perto de Perthshire, Mississippi, por volta de 1897, e tocou música desde a *plantation* de Dockery, perto de Cleveland, por todo o caminho até Tunica. Antes de chegar a Robinsonville, morou na *plantation* de Arthur Peerman, a nordeste de Cleveland. Willie Moore, que o conheceu em 1916, explicou a amizade de Brown com Patton. "Ele [Brown] me disse que tinha um camarada com quem tocava pela estrada; me disse que era um camarada que ficava aqui em Hollendale. E disse 'Cara, você tem que ouvir ele tocar! A gente toca junto!'. Ele tava falando do Charley Patton!"[81] Brown aprendeu bem, pois se equiparava facilmente a Patton tanto em musicalidade quanto em excentricidade, algo que era chamado de "palhaçada" no violão. "Ele batia o pé, descalço. Dizia 'Me dá esse *Pônei*!'", explicou Moore. "Bate nesse violão, rapaz, atrás, dizia, 'Vai que vai!'. Só tocava num estilo próprio o tempo todo."[82] O estilo próprio de Brown incluía tocar o violão por trás da cabeça. E seu repertório era diverso o bastante para que ele pudesse tocar tanto para públicos negros quanto brancos, incluindo canções populares como "You Great Big Beautiful Doll" ou "What Makes You Do Me Like You Do Do Do?". Seus trabalhos com Son House ou Patton em geral consistiam em apresentações únicas por *jukes* e festas em casas da região. Robert Johnson começou a sair escondido para ver Brown tocar nessas ocasiões e os dois rapidamente se tornaram amigos. Brown deu ao músico mais jovem pelos menos algumas dicas no violão, como confirmou Elizabeth Moore. "[Robert] não precisava falar [de Willie Brown], ele o conhecia. Podia falar sobre ele porque tocava com ele. Ele [Robert] sabia tocar muito bem. Imagino que tenha algumas coisas que ele aprendeu com Willie Brown, mas tocava muito bem. Andava por aí com os dois [Willie Brown e Son House]."[83]

Robert logo se deu conta de que poderia evitar o trabalho no campo, atrair mais atenção de jovens mulheres e ganhar alguns trocados tocando violão. Porém, para fazer isso de forma bem-sucedida, tinha de melhorar, então se tornou uma esponja musical: absorvia dicas de como tocar de todos que lhe dedicassem um pouco de tempo, não importava o quão talentosos fossem. "Ele vinha à casa onde eu morava com meu marido perto de Robinsonville", disse Elizabeth Moore. "Morávamos na mesma *plantation*,

Foto que se alega ser de Willie Moore, Willie Brown e Fiddlin' Joe Martin ou Billy Dickson. Encontrada perto de Pritchard, Mississippi, e identificada por contatos locais e comparações com outras fotos.
Acervo de Randy Meadows

nos arredores de Robinsonville. Aí meu marido sabia tocar uma música velha, sabe, e [Robert] nos visitava direto para aprender essa música. Senhor amado, eu enjoei de ouvir essa velha canção, 'I'm Gonna Sit Down and Tell My Mama'." Por fim, ela contestou o comprometimento do marido para com o jovem aventureiro. "Eu dizia, 'Amigo, por que você não larga esse violão velho?'. E ele dizia, 'Senhora Harvey [o nome de casada dela na época], não diga isso'. Ele queria aprender a fazer notas. E eu dizia, 'Bem, vocês estão me incomodando'. Eu ia pra cama e deixava eles na varanda e ele ficava lá dedilhando aquele violão velho. Blém, blém, blém. Meu marido só sabia tocar aquela música velha, que tinha aprendido nas colinas [antes de se mudar para o Delta]. Era, antes de tudo, pianista."[84]

Willie e Elizabeth Moore.
Gayle Dean Wardlow

Depois de aprender o básico, Robert fez o que jovens músicos sempre fizeram: buscou aprovação. No caso dele, essa aprovação viria de arrendatários mais velhos que praticamente só tinham a música ao vivo como entretenimento. Robert ia de casa em casa e, sempre que encontrava alguém disposto a ouvir, dava um show improvisado. Quase sempre recebia uma resposta gentil: "Vá em frente, garoto, só vá em frente". A essa altura, ele já tinha dado as costas a tudo que não fosse a música. Dusty Willis ainda esperava ajuda na lavoura, mas Robert não queria saber. "Ele largou o trabalho na lavoura. A mãe dele e os outros trabalhavam no mesmo lugar que a gente, todo mundo colhia, sabe", recordou-se Elizabeth Moore. "Bem, ele chegou ao ponto em que num queria mais saber de algodão."[85]

A insolência de Robert tornou a relação com Dusty mais insuportável, o que aumentou a frequência de surras que tomava. Cada discussão entre os dois sempre acabava do mesmo jeito: Dusty insistia para que Robert fosse para o campo e trabalhasse, e Robert pegava o violão e ia embora. As brigas eram intensas a ponto de Elizabeth Moore conseguir ouvir Dusty esbravejar: "Eu te falei pra ir trabalhar! Como é que você não fez o que te mandei? Precisa me ajudar a trabalhar!". Ela também conseguia ouvir as respostas de Robert: "Não quero trabalhar. Tô tentando aprender como ganhar a vida sem colher algodão. Tenho música na cabeça pra esse violão velho e quero aprender mais disso".[86] E, de fato, num determinado momento dessa época, segundo Mack McCormick e Steve LaVere, ele de fato aprendeu mais com Ernest "Whiskey Red" Brown, amigo de Willie Brown e Charley Patton.

Em 1928, apenas dois anos depois de fazer um *diddley bow* na parede do casebre onde morava e apenas um ano depois de adquirir seu primeiro violão, Robert já estava tocando profissionalmente em pequenos bailes e festas da região. Em pouco tempo, já ia para Tunica, alguns quilômetros ao sul de Robinsonville e sede do condado, para tocar nas estalagens locais, depois para outra localidade, para enfim voltar a Robinsonville.[87] Nat Richardson, cujo pai era o dono de um *juke* onde Robert se apresentava, recordou-se de que "gente de todo canto" ia até lá para ouvir Robert tocar, "até gente de Memphis".[88]

Segundo Hayes McMullan, músico do Delta que morava numa *plantation* perto de Sumner, primeiro as pessoas davam festas em casa, ou "*frolics*"

– "brincadeiras", em que não eram servidas bebidas alcoólicas. Quase sempre, o dono da casa vendia comida. Quando o álcool foi acrescentado e as festas se tornaram um lugar para beber e dançar, o termo "*juke*" passou a ser amplamente usado. Tocar num *juke* era bastante lucrativo para os padrões do Delta. Um músico chegava a receber cinco dólares, além de comida e uísque de graça. Isso era mais dinheiro do que Dusty ganhava na fazenda, fato que só o alienou ainda mais do enteado. Durante o inverno, o pagamento era menor, mas, enquanto as pessoas gostassem de relaxar depois de uma longa semana de trabalho nos campos, continuariam a buscar esse alívio. Violonistas como Robert sempre providenciavam o entretenimento perfeito. Além do dinheiro, havia um benefício que ele considerava especialmente interessante: a atenção que recebia de jovens mulheres. Estava se tornando um conquistador e tanto.

Wink Clark afirmou que, ao final da década de 1920, Robert, que ainda não completara vinte anos, já viajava para Lake Cormorant, Pritchard, Banks e, ocasionalmente, para o Arkansas a fim de tocar.[89] A essa altura, já apresentava ao público uma variedade de talentos musicais: gaita, berimbau de boca, piano, órgão e violão. À medida que Robert ficava melhor ao violão, Clark o via cada vez menos. "Ele começou a ficar profissional e passou a viajar e dormir fora. Tentava me convencer a ir – ia e vinha, passava a noite toda com alguma dona... Em qualquer lugar nos arredores de Robinsonville, Tunica, Banks, Pritchard – quando faziam um grande piquenique ou uma grande festa de sábado ou domingo à noite, chamavam Robert."[90]

Willie Moore, músico que se transformou em "apostador de *juke house*" e tocara na Handy's Orchestra, de Memphis, se juntou a Robert no final dos anos 1920 como "violão complementar". As lembranças de Moore são importantes: atestam não somente as habilidades musicais de Robert, como também quão cedo elas se desenvolveram. Moore jurou que o companheiro já era um músico relativamente talentoso quando os dois se conheceram. "Conheci Robert antes da grande cheia [a enchente do Mississippi de 1927]. Ele ainda não tinha vinte anos."[91]

A primeira vez que se apresentaram juntos foi numa tarde de sábado, quando os arrendatários iam fazer a compra da semana e socializar em Robinsonville, uma típica cidade de *plantation*. Robert tocava violão na

Hayes McMullen.
Gayle Dean Wardlow

única rua pavimentada. Moore o viu pela primeira vez "no mercado do chinês – o chinesinho nos seguia o tempo todo. Ele [Robert] estava lá e tinha me visto com um violão. Eu ia tocar num baile, e ele me perguntou: 'Diz aí, você sabe tocar solos ou só isso aí?'. Eu respondi: 'Bem, te digo o seguinte, eu mal sei tocar solos, toco sozinho'. 'Deus sabe que preciso demais de um [acompanhamento]', disse ele. 'Tem um menino, mas ele não sabe fazer o si bemol. Não sabe fazer o si bemol, coloca os dedos lá, mas não sabe fazer a introdução.' Eu disse: 'Ele deve ter aprendido sozinho. Eu aprendi na escola; sei fazer um si bemol facinho'. 'Bem, olha só, você tem tempo de ir ali atrás?', ele perguntou. Demos a volta e ensaiamos ali na rua, bem do lado do mercado do chinês, e o povo não podia passar, tivemos que parar. [Tínhamos] dois violões. Eu tinha o meu e ele foi buscar o dele".[92]

Robert e Willie passaram horas na frente do mercado de donos chineses até ganharem dinheiro o suficiente para comprar bebidas e comida. Esses mercados eram comuns no Delta. Robinsonville, onde tocavam, tinha uma população de pouco mais de trezentos habitantes, mas contava com três mercados desse tipo.[93] Logo depois da Guerra de Secessão, os agricultores do Mississippi começaram a recrutar trabalhadores chineses como possíveis substitutos para os negros libertos. No entanto, rapidamente ficou óbvio para os chineses recém-chegados que o trabalho em *plantations* não seria um meio de obter sucesso econômico, então muitos abriram mercados. Esses mercadinhos vendiam carne, farinha de milho, melaço e outros itens básicos – exatamente os itens que os agricultores negros pobres que trabalhavam nas *plantations* precisavam.[94]

Robert apresentava uma combinação de canções folk e *standards* que haviam se infiltrado nas comunidades negras: canções que ele ouvira outros músicos da região tocarem. Ainda não começara a compor as próprias músicas. Segundo Moore, as primeiras canções de Robert incluíam "Captain George", "Make Me a Pallet" e "President McKinley". "'Capitão George, seu dinheiro chegou? Capitão George, o seu dinheiro chegou?' ['*Captain George, did your money come? Captain George, did your money come?*'], e então ele dizia, 'Só estou perguntando porque quero pedir um pouco emprestado' ['*Reason I ask you, I wanna borrow me some*']. Essa foi a primeira música que ouvi Robert cantar. O que ele tocou em seguida foi 'Make Me Down', mas nunca cantava '*Make me down a pallet*' ['Deite comigo nesse palete'], e sim '*Flung me down [a pallet] on your floor, and make it so your man would never know*' ['Jogue-me nesse palete no chão, de um jeito que o seu homem nunca fique sabendo']."[95]

Robert usava um *bottleneck* enquanto cantava sobre o assassinato do presidente William McKinley em Buffalo, Nova York, em 1901. A canção incluía um verso padrão empregado por músicos dos primórdios, como Blind Lemon Jefferson: "*Rubber-tire buggy and a decorated hat / They carried McKinley to the cemetery, but they didn't bring him back*" ["Charrete de pneu de borracha e um chapéu decorado / Carregaram McKinley para o cemitério, mas não o trouxeram de volta"]. Muitas das primeiras composições de Robert eram pontuadas por versos tirados de blues mais antigos ou da tradição oral, porque foi isso o que ele aprendeu. Porém, uma de suas canções ficou marcada para Moore como particularmente especial. Ela parecia tratar do próprio conceito de vagar sem rumo, que Robert em pessoa abraçaria. "Toquei com ele muitas vezes, mas, sabe, tinha uma música que ele cantava o tempo todo, 'Black Gal Why Don't Ya Comb Your Hair', mas a que ele mais tocava era '*He walked all the way from East St. Louis with a lousy dime*' ['Ele veio caminhando desde East St. Louis com um tostão furado']."[96]

Outras composições incluíam "You Can Mistreat Me Here But You Can't When I Go Home" (talvez uma versão inicial do que, mais tarde, se tornaria "Dust My Broom"), "East St. Louis Blues" e uma versão de "Casey Jones" no *bottleneck* que ele renomeou "A Thousand and Five on the Road Again". Robert começou a ganhar uma pequena reputação como violonista de habilidades modestas, mas divertidas. Sua notoriedade e seu estilo, embora em geral atraíssem o tipo de atenção que ele de fato queria – dinheiro, bebidas e mulheres (não necessariamente nessa ordem) –, às vezes atraíam atenções que ele não queria: encrenca com gente que estava até acima de seu padrasto. Numa ocasião, Willie Moore e Robert foram para a cadeia porque citaram o nome do xerife de Robinsonville numa canção.

"O sr. Woolfolk era o xerife. [A gente cantava] '*Mr. Crump don't like it, Mr. Smith ain't gonna have us here*' ['O sr. Crump num gosta, o sr. Smith num quer saber da gente aqui']. A gente tava em Robinsonville [e] inventou uma música, entende? Eu não sabia; Robert, até onde sei também nunca tinha ouvido. Houve toda uma confusão sobre o sr. Smith num gostar e o sr. Woolfolk num querer saber. Ele colocou a gente direto na cadeia, te digo. Não ficamos muito tempo, umas duas horas, o cara soltou a gente, sabe?"[97]

Metido ou não em encrenca, Robert estava focado em divulgar sua música. Queria ficar conhecido e causar uma impressão, e queria ser querido. Para parecer moderno e exibido, comprou um violão de corpo de madeira com imitação de *resonator* para projetar mais volume. Violões *resonator* legítimos* estavam apenas começando a ser fabricados, e muitas empresas, como a Regal, lançavam imitações: violões de madeira comum com uma placa de metal falso ao estilo dos *resonators* no tampo. Robert jurava a todos que ouvissem que a placa de metal (que, na verdade, não fazia nada) aumentava o volume do instrumento e que, com esse novo violão, ele deixaria os velhotes para trás. "Perguntávamos muitas vezes a ele, 'Por que você tem esse negócio no violão?'", relatou Willie Moore. "Ele dizia: 'Bem, deixa o meu violão mais alto, veja. É colocado aqui para fazer um som mais alto'. Não tinha nada elétrico."[98] Robert não era o único violonista a tentar impressionar as pessoas com tal trucagem musical. Anos depois, um B. B. King muito jovem moldou uma placa de *resonator* falsa com um pedaço velho de lata e o posicionou no tampo de seu violão. Assim como no instrumento de Robert, a placa não fazia nada, mas dava ao violão uma aparência especial e singular.[99]

Robert e Willie Moore se tornaram parceiros musicais regulares por um breve período. Sempre que precisava encontrar Moore para tocar nos *jukes*, Robert se valia do estilo interiorano de "acordar junto" para achá-lo. "Do tipo, se ele precisasse me encontrar, pegava uma carroça ou montava numa mula ou num cavalo, uma coisa ou outra, ou arrumava um carro e vinha me buscar para irmos tocar."[100] Moore morava na *plantation* Black,

---

* Em linhas gerais, instrumentos que contam com um cone de metal dentro do corpo, também de metal, o que, num *resonator* legítimo, de fato projeta mais volume e traz um timbre característico. (N. do T.)

perto de onde o padrasto de Robert era arrendatário, ao sul. Ele, porém, nunca foi à casa de Robert; sabia que Dusty reprovava o fato de o enteado tocar música ao invés de trabalhar na lavoura.

À medida que seus talentos cresciam, Robert queria parecer mais profissional, e, numa das viagens a Memphis, gravou um disco particular de cinco dólares para impressionar os amigos. "Ele nos falou do disco na época – em que dizia ter registrado uma de suas primeiras gravações", recordou-se com carinho Elizabeth Moore. "Dizia ele que foi numa pequena casa de ópera. Gravou aquele negocinho para si mesmo e saía carregando por aí entre a gente de cor, onde estivesse."[101] O disco recebia exatamente a atenção que Robert queria. "Ele mostrava para as pessoas, se sentava e colocava para tocar. Sabe, as pessoas diziam: 'Ah, rapaz, não é que soa bem?', 'Rapaz, você gravou isso? Soa muito bem'." Robert tinha o incentivo de que precisava. "Diziam, 'Rapaz, continue'. A fazer música, sabe? E ele continuou."[102]

A vida e a música que Robert buscava poderiam ser encontradas na região de Robinsonville, que depressa se tornava um centro para o blues no norte do Delta. A bebida corria tão livremente quanto a música, e Wink Clark acreditava que esse era um bom motivo para Robert ter passado a tocar cada vez mais naquela cidade. "Acho que o que mais tinha era uísque de milho, era feito muito na região de Robinsonville. E a maioria do povo, você sabe, assim como hoje, seguia o uísque."[103] Robert, contudo, não apenas seguia o uísque, e seus hábitos de bebedeira continuavam a crescer.

Porém, ainda buscava algo que parecia se esquivar dele. Dividia a vida entre Memphis e o Delta. Usara vários nomes diferentes. Embora tivesse dois padrastos, ainda não conhecia o pai biológico. Robert Johnson já tinha passado por muitas mudanças na vida e começou, então, a buscar a própria identidade: quem era ele e o que faria da vida?

O folclorista Mack McCormick o chamou de fantasma, espectro. Na realidade, Robert estava mais para um camaleão que encontrava meios de se tornar quem precisasse ser, sempre que fosse adequado, desde que pudesse tocar sua música. Contudo, ele encararia mais tristeza e decepção nos meses seguintes. As mudanças que estavam por vir alterariam sua vida para sempre.

6
matrimônio, morte e o blues[*]

Imaginemos uma cena de verão na comunidade negra de New Africa.

Um jovem de baixa estatura se esforça por trás de seu cavalo e arado. Ele tenta cuidar de um pequeno campo, mas claramente não está acostumado às ferramentas que usa. Os vizinhos observam seus esforços com certa curiosidade, mas o jovem também parece estranhamente familiar. Já o viram antes, mas não atrás de um arado. Estava tocando violão num *juke* da região havia poucas semanas. É aquele jovem músico de quem tanto gostam: Robert Johnson. Robert está trabalhando no campo! E enquanto ele sua no cultivo, sua jovem esposa trabalha no casebre deles: costurando, cozinhando e cuidando de outras tarefas domésticas. Os vizinhos surpresos achavam que ele era de Robinsonville e músico de profissão. O que ele está fazendo aqui com um arado nas mãos de músico? Robert é, afinal, um favorito da região, toca violão em *jukes* e festas e diverte qualquer público com sua música. E ele gosta dessa vida: da música, da bebida, das mulheres. Porém, algo mudara.

Robert, na verdade, estava se divertindo horrores ao tocar violão e colher os frutos da atenção que isso lhe trazia. Tocava por toda a região do norte do

---

[*] Muitas das informações contidas neste capítulo foram publicadas originalmente no artigo "The Death of Robert Johnson's Wife – Virginia Travis", de Bruce Conforth, na revista *Living Blues* 226, vol. 44, nº 4 (agosto de 2013).

Delta, em qualquer lugar aonde pudesse chegar com facilidade partindo de Robinsonville. Dois lugares que ficavam a uma curta distância dessa cidade eram as pequenas comunidades algodoeiras de Clack e Penton, no condado de Desoto, Mississippi. Essas duas vilas, perto do rio Mississippi na velha rodovia 61, ficavam próximas de várias *plantations* de algodão e tinham casas e mais casas de arrendatários. O único mercado delas servia a um propósito duplo: fornecer comida e ser um grande ponto de encontro para os festeiros de sábado à noite. Ao final de 1928, Robert já tocava ali regularmente.

O mercado de Clack.
Gayle Dean Wardlow

A presença dele naquele mercado em Clack mudaria sua vida de formas que a música nunca faria, pois foi ali que ele se sentiu atraído por uma garota de quatorze anos chamada Virginia Travis. Ela morava ali perto com a família e Robert foi conquistado quase que de imediato pela beleza e doçura da garota. Usou suas melhores canções para cortejá-la e, em pouco tempo, os dois eram um casal. Poucos meses depois – no dia 17 de fevereiro de 1929, um domingo –, se casaram em Penton. Assim como no dia de fevereiro em que sua mãe se casou com Charles Dodds cerca de quarenta anos antes, o tempo estava limpo, porém fresco, com máximas pouco abaixo dos 20 ºC e a promessa da primavera que logo chegaria. O casamento aconteceu na casa da avó arrendatária de Virginia, Lula Thomas, em Penton. Naquela comunidade pequena e fechada, foi um acontecimento digno de nota, e Robert até providenciou um pouco de música para a festa que se seguiu à cerimônia.

Como Virginia era muito jovem, tanto a noiva quanto o noivo mentiram na licença de casamento[*]. Robert alegou ter vinte e um anos, morar em "Leathers", na *plantation* Abbay & Leatherman, ter como endereço futuro Robinsonville e, como ocupação, agricultor. Virginia alegou ter dezoito anos. Nascida em Lamont, Mississippi, era uma de vários filhos de Jessie Travis e Lula Samuels.[104] Como testemunha de Robert assinou Dave Phillips, e de Virginia, Johnson Smith. O reverendo W. H. Hurley oficializou o matrimônio. Hurley era um pregador com uma congregação numa pequena igreja perto dali, que contava também com um cemitério.[105]

Algo profundo de fato acontecera na vida de Robert: ele estava apaixonado e, embora isso fosse de encontro a suas inclinações naturais, incaracteristicamente concordou em colocar as ambições musicais de lado para se tornar arrendatário e sustentar a jovem esposa. Foi preciso o amor para que Robert aceitasse, pelo menos por um período, o trabalho agrícola que Dusty Willis quis por tanto tempo que ele fizesse.

---

[*] Não se trata ainda da certidão de casamento, e sim de um documento obtido previamente ao casamento que autoriza o casal a concretizar a união. (N. do T.)

Licença e certidão de casamento de Robert e Virginia.
Cartório do Condado de Tunica, Tunica, Mississippi

É provável que o casal tenha começado a vida conjugal morando com a meia-irmã de Robert, Bessie, e o marido dela, Granville Hines, na *plantation* Klein/Kline, logo a leste de Robinsonville, em Penton. Infelizmente, em outubro, a Grande Depressão começou e os preços das colheitas desabaram até 60%.[106] Esse desastre econômico chegou assim que a região do Delta começava a se recuperar da devastação da grande enchente de 1927 do rio Mississippi, que cobriu mais de quarenta e três mil quilômetros quadrados, desabrigou mais de vinte mil habitantes negros e matou mais de quinhentas pessoas.

Porém, se Robert e Virginia de fato moraram na *plantation* Klein/Kline, logo se mudaram para outro lugar. Nos registros do censo dos EUA de 12 de abril de 1930 para o condado de Bolivar, Mississippi, consta que Robert Johnson, de dezoito anos, e sua esposa Virginia, de quinze anos, moravam no lote 3, distrito 24, a cerca de 110 quilômetros de Penton. Os mesmos registros citam Granville e Bessie Hines como seus vizinhos.[107] Portanto, um ano depois que Robert e Virginia se casaram, moravam com parentes na comunidade exclusivamente negra de New Africa, no condado de Bolivar, ou perto dela.[108]

New Africa era uma comunidade só de negros. Em 1900, dois terços dos proprietários ali eram agricultores negros. Tratava-se de um ambiente hospitaleiro para um jovem casal negro cujo marido detestava trabalho agrícola e preferia tocar música.

De acordo com a pesquisa conduzida por Steve LaVere, a vida dos dois juntos era de felicidade e amor e, em algum momento no fim do verão de 1929, Virginia engravidou do primeiro filho. Robert se tornou um marido orgulhoso e protetor. Certa vez, quando os dois casais passeavam no carro de Granville, passaram por um trecho irregular da estrada que levou o automóvel a sacudir de maneira brusca, ao que Robert gritou: "Cuidado, cara! Minha esposa está transpirando!".[109]

No ano seguinte, com o nascimento da criança se aproximando, Virginia buscou o conforto e a proteção da casa de sua família. Decidindo partir para a segurança de um lar familiar e viajar muitos quilômetros ao norte até Clack e Penton, deixou Robert para trás a fim de que ele trabalhasse na lavoura enquanto ela dava à luz. Porém, com a esposa longe, a sedução do violão e dos *jukes* foi forte demais para que ele continuasse a resistir.

Tentativas de encontrar onde Jessie ou Mattie Travis, pai e mãe de Virginia, moravam foram infrutíferas – não se descobriu registro algum com nenhum dos nomes. Virginia, porém, não foi para a casa dos pais, e

Registro de Virginia Johnson no censo de 7 de abril de 1930.
Departamento do Comércio, Serviço de Censo. Estado: Mississippi. Condado: DeSoto; lote 3 (parte); Distrito de Enumeração 17-10, Folha 3-A, 7 de abril de 1930

Certidão de óbito de Virginia Johnson.
Secretaria de Saúde do Estado do Mississippi

sim retornou à casa da avó. Outro registro do censo, este de segunda-feira, 7 de abril de 1930, mostra-a como hóspede de uma *plantation* de algodão em Clack, com sua avó Lula Thomas e cinco outros netos dela.[110]

Virginia começou a ter dificuldades durante o trabalho de parto e o dr. G. M. Shaw, de Robinsonville, a visitou na quarta-feira, 9 de abril, para tentar auxiliá-la. Porém a condição dela piorou e Virginia morreu ao dar à luz às 2h da manhã seguinte, na casa da avó. Shaw registrou a causa da morte como "nefrite aguda (parto)" e "eclamsia" [*sic*]. Menos de 72 horas depois de ter sido registrada no censo de 7 de abril, ela e a criança estavam mortas. Não se sabia do paradeiro de Robert.

A data de falecimento de Virginia em 10 de abril, porém, entra em conflito com o registro do censo de 11 de abril, em que ainda consta que ela vivia com Robert.[111] Quem quer que tenha fornecido essa informação não sabia que a jovem havia morrido dois dias antes. Embora tecnicamente correta – Virginia e Robert viviam naquela localidade –, no momento em que o censo foi feito parece que nenhum dos dois estava na residência. Se a informação estava equivocada a respeito da presença de Virginia, poderia também estar a respeito de Robert? A resposta é, quase certamente, sim, pois informantes contaram ao pesquisador Mack McCormick que Robert

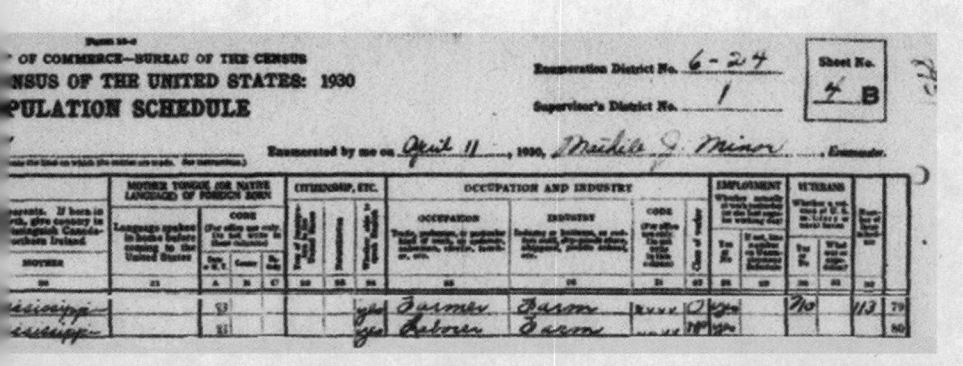

Registro do censo de 11 de abril de 1930 para Robert e Virginia Johnson, condado de Bolivar. Departamento do Comércio, Serviço de Censo. Estado: Mississippi. Condado: Bolivar; lote 3 (parte); Distrito de Enumeração 6-24, Folha 4-B, 11 de abril de 1930

Memphis Slim.
Greg Johnson: Acervo de Blues da Universidade do Mississippi

tirara vantagem do tempo em que Virginia esteve distante para tocar seu violão em diversos *jukes* pela rodovia 1. Na verdade, várias semanas se passaram até que Robert, ainda sem ciência da morte da esposa e do bebê, apareceu à porta da família, de violão em punho. Isso parece corroborar a versão de que ele passou aquele meio-tempo em todos os *jukes* ou festas que pôde encontrar.

Talvez haja evidências da ausência dele em outro registro do censo, o que responderia onde ele estava e por que se atrasou tanto para o nascimento do filho. O censo dos EUA de 12 de abril de 1930 registra um homem negro de nome Robert Johnson, dezenove anos, hospedado na pensão da sra. Ophelia Morgan, em Rosedale.[112] Obviamente, Robert Johnson é um nome muito comum e, se a coincidência parasse por aí, não seria uma pista que valeria a pena seguir. No entanto, há outras casualidades curiosas que a fazem digna de mais uma olhada.

O Robert Johnson de Rosedale informou que era agricultor, exatamente como o músico Robert Johnson informara em sua licença de casamento e como ele foi descrito no registro de 12 de abril com Virginia. A designação de um Robert Johnson de dezenove anos como "trabalhador agrícola" é de particular interesse, porque, das mais de trezentas pessoas enumeradas nas páginas do censo de Rosedale naquele dia, este Robert Johnson é um dos três únicos indivíduos que se identificam dessa forma, e os outros dois viviam com suas famílias. Por que alguém que se identificava como trabalhador agrícola seria hóspede numa pensão, quando todos os seus vizinhos se identificavam como operários, marceneiros, pescadores ou mercadores? Poderia Robert Johnson, o músico, estar apenas de passagem por Rosedale ao cruzar o Delta para tocar? Teria esse registro do censo capturado sua aparição temporária em Rosedale, de forma semelhante ao registro do censo de 7 de abril que capturou Virginia enquanto ela estava temporariamente em Clack? Se Virginia fora enumerada em dois lugares diferentes, o mesmo não poderia acontecer com Robert? Rosedale, afinal, desempenhava um papel importante o bastante na vida dele para cantá-la em "Traveling Riverside Blues": "*Lord, I'm goin' to Rosedale, gon' take my rider by my side / We can still barrelhouse baby, 'cause it's on the river side*"

["Senhor, estou indo para Rosedale, vou levar minha amante a tiracolo / Ainda podemos encher a cara, *baby*, porque fica à beira do rio"]. Deve ser considerada a possibilidade de Robert Johnson, marido de Virginia, ter estado em Rosedale quando ela morreu. A provável intenção dele era seguir tocando pela rodovia 1 enquanto a esposa dava à luz e se recuperava com a família, parando onde quer que houvesse um *juke* ou uma festa para ganhar algum dinheiro.

Quando chegou à casa dos Thomas, em Penton, ficou horrorizado com a notícia da morte de Virginia, mas seu pesar e sua culpa não acabaram ali. Segundo a pesquisa de Mack McCormick, a família e os amigos dela, ainda atordoados com a tragédia, condenaram Robert por estar ausente quando ela morreu. E, ao ver seu violão, acreditaram que a busca dele por um estilo de vida ímpio como "músico maléfico" contribuíra para a morte dela. Concentraram a raiva naquele instrumento e caíram em cima dele em relação ao motivo de ele ter levado o violão e demorado tanto tempo para chegar: foi parando no caminho para tocar em *jukes* e festas. Alegaram que a morte de Virginia e a do bebê se deviam a Robert sair por aí "tocando a música do diabo".[113]

Os amigos de Robert disseram que ele passou acreditar que *tinha* culpa pela morte dela e deu as costas à igreja e a Deus. Começou a blasfemar tão intensamente quando bebia que aqueles ao redor saíam de perto, com medo de serem abatidos pelo Todo-Poderoso.[114] O pianista Memphis Slim (John Len Chatman) fez uma observação sobre o comportamento de Johnson: "E ele era basicamente um dos homens mais maléficos. Robert Johnson, sempre que bebia, xingava Deus. Começava a xingar Deus e esvaziava um recinto bem rápido. Porque ninguém queria ficar perto dele. Tinham medo. Ele chamava mesmo Deus dos piores nomes que você já ouviu. Depois, olhava ao redor e estava sozinho, sem ninguém por perto. Todo mundo dizia: 'Sai de perto daquele tolo, porque Deus vai dar nele – e Ele pode me matar também'".[115] Tal comportamento transformou Robert num homem marcado, conluiado com forças de outro mundo.

Pesquisas anteriores só apontaram que Virginia foi enumerada em casa com Robert pelo censo em 12 de abril no condado de Bolivar. Porém, por meio da nossa pesquisa e de um pouco de sorte, a contagem dela na casa da avó no condado de Tunica também foi encontrada. Os dados levaram à descoberta de sua certidão de óbito e à informação de que ela estava enterrada no cemitério Dark Corner. Contudo, isso levantava outro mistério: onde ficava o cemitério? Não há cemitério com esse nome hoje em dia, e tampouco ele é mencionado em registros específicos.

O dr. Richard Taylor, diretor do Museu de Tunica, encontrou um coveiro idoso na cidade que foi capaz de nos dar uma resposta. Ele se re-

Registro do censo de Rosedale de 12 de abril de 1930 relativo a Robert Johnson.
Departamento do Comércio, Serviço de Censo. Estado: Mississippi. Condado: Cidade de Rosedale; Distrito de Enumeração 6–8, Folha 21-A, 12 de abril de 1930

cordou de que o cemitério Dark Corner ficava logo atrás da atual Igreja Batista Missionária Rising Sun, na estrada Green River. É a mesma igreja que o reverendo Hurley usava como congregação. Fica numa saída da velha rodovia 61 em Penton, logo depois da fronteira entre os condados de Tunica e DeSoto, a menos de três quilômetros de Clack. Hoje, não há nenhuma lápide que indique o túmulo de Virginia.

Cemitério Dark Corner.
Bruce Conforth

7
a música começa

Robert Johnson, então um rapaz de dezenove anos que acabara de perder esposa e filho, recaiu em seus velhos hábitos. Visitou a família em Memphis para compartilhar o pesar e, em maio de 1930, ainda devastado, voltou a morar com a mãe, Julia, e o padrasto, Dusty Willis. Era uma pessoa totalmente diferente de quando foi embora da casa deles, e a vida no lar dos Willis havia mudado. Dusty e Julia haviam se mudado para Tunica, a cerca de vinte quilômetros da *plantation* Abbay & Leatherman, e tinham uma inquilina, uma mulher chamada Dove Jones. Porém, Willis ainda esperava que o enteado, agora adulto, trabalhasse com ele e continuava a lhe dar surras quando isso não acontecia. Robert encontrava todas as oportunidades de sair e passar noites, ou até dias ou semanas, nas casas de vizinhos mais simpáticos ou na casa dos Spencer em Memphis.[116] Quanto mais Willis batia nele, mais Robert viajava. Willie Moore reiterou essa percepção da vida de Robert naquela época: "Ele era jovem. Não conseguia dar um côro no velho, de jeito nenhum. Tinha acabado de chegar. [Hospedava-se] com qualquer um. Quando alguém deixava, ele ficava duas ou três semanas com a pessoa, ia embora e ficava mais duas, três semanas na casa de outra pessoa. [Tocar música] – é isso o que ele fazia".[117]

Parece estranho que Robert continuasse a viver com a mãe e o padrasto sob tais condições. Ele poderia facilmente ter ido para a casa da família em Memphis, com quem seu relacionamento era melhor. Porém, foi a proximidade de músicos como Patton, Brown e Moore que o manteve no Delta. Alguns meses antes, Charley Patton se mudara para a *plantation* Joe Kirby, perto de Lula, e, depois de vê-lo se apresentar na região, Robert reconheceu o enorme talento dele, mesmo que criticasse as palhaçadas.

Além dos dois Willies – Brown e Moore –, tinha um verdadeiro artista fonográfico a quem assistir e com quem aprender, já que Patton havia gravado quase quarenta canções. Sempre que podia, Robert ia vê-lo tocar e até começou a emular algumas daquelas técnicas de palhaçada, batendo no violão e os pés no chão. E, pelo menos por um tempo, continuou a seguir os passos de Patton ao contar com Willie Brown para acompanhá-lo ao violão. "Quando Robert tocava, queria tocar solos o tempo todo. Te digo que tocávamos, [mas] às vezes eu passava um ano sem vê-lo. Eu ia embora e ele ficava lá. Eu saía, voltava, e ele estava lá."[118]

Já considerado um músico profissional pelos padrões do Delta, Robert então afiava suas habilidades musicais e, mais uma vez, começou atrair jovens mulheres aos montes. Moore recordou que as garotas ficavam tão empolgadas com o blues que Robert precisava ser protegido delas. "Vou te contar um negócio. Ele não era doido, mas te digo que aquelas meninas pulavam em cima dele o tempo todo. A gente tocava e precisava colocar proteção em volta. Olha, aquelas meninas pulavam pra cima."

Ao mesmo tempo que Robert ganhava mais fama na região, Eddie "Son" House Jr. era solto da penitenciária Parchman. Depois de cumprir cerca de dois anos de pena por ter matado um homem chamado Leroy Lee, supostamente em legítima defesa, House se mudou para Robinsonville em junho de 1930 para trabalhar nas *plantations* Tate, Cox e Harbert, onde Willie Brown já vivia.

Robert ficou empolgado ao saber que House e Brown iriam tocar num lugar perto dali. Estava ansioso para aprender tudo o que pudesse, de quem pudesse, e isso explica, em parte, as histórias a seu respeito que House mais tarde contaria. Porém, House tocava um estilo bem diferente daquele com o qual Robert estava acostumado. Robert tocava principalmente canções folk tradicionais, e House tocava canções autorais dançantes, viscerais e rudes no *bottleneck*. As pessoas não queriam ouvir as canções antigas que Robert tocava, queriam mandar ver na farra, e era isso o que o estilo de *bottleneck* de Son oferecia a elas: música agressiva e suarenta que trazia um necessário alívio catártico após uma semana de trabalho duro.

Son House, 1964.
Foto de John Rudoff

House era um homem conflituoso. Também se atraía pela pregação, e a batalha entre essa vocação e o blues seria travada ao longo de toda a sua vida. Originalmente, ele não queria ter nada a ver com a música, em especial com uma música tão secular como o blues. Com apenas quinze anos, começou uma carreira de pregador. Porém, em 1928, se interessou pelo *bottleneck* ao violão e passou a tocar blues. Em Commerce e Robinsonville, tentou equilibrar os dois mundos e deu início à própria congregação. Elizabeth Moore o considerava um grande pregador. "Ele cantava *muito* bem e pregava *muito* bem. Foi batizado quatro vezes em quatro igrejas diferentes." No entanto, a reputação de beberrão, mulherengo e cantor de blues acabou com a carreira religiosa. Como Moore se recordou, "os membros lá o deixaram sem trabalho".[119]

Depois de ser enxotado do trabalho de pregador – embora continuasse a temperar suas performances com sermões improvisados –, House, juntamente com Brown, se tornou um artista frequente no Oil Mill Quarters, um *juke joint* em Robinsonville tocado por Nathaniel Richardson, que era bootlegger*. Robert fugia escondido do olho atento de Dusty Willis e ia ouvir os dois homens tocarem juntos. Já conhecia Brown e queria usar essa familiaridade para se tornar parte da cena musical deles.

Muitos anos depois, House relatou suas primeiras lembranças de Robert: "Tocávamos nos bailes de sábado à noite e um garotinho aparecia lá. Era Robert Johnson. Era só um garotinho na época. Tocava gaita e era muito bom nisso, mas queria tocar violão. A mãe e o padrasto dele não gostavam que ele fosse para esses bailes de sábado à noite porque os caras eram barra-pesada. Mas ele se esgueirava mesmo assim. Às vezes, esperava até a mãe ir dormir, saía pela janela e ia até onde estivéssemos. Chegava aonde Willie e eu estávamos, se sentava no chão mesmo, de olho em um e depois no outro. E quando queríamos dar uma pausa e descansar um pouco, colocávamos os violões num canto e íamos tomar um ar".[120]

Exceto pelo fato de que Robert não era um "garotinho", a primeira parte da recordação de House é bastante precisa, e a maioria dos pesquisadores de

---

* Fabricante de uísque caseiro e clandestino. (N. do T.)

Charley Patton.
Do acervo de John Tefteller e Blues Images. Usada sob permissão, www.bluesimages.com

blues a aceita como verdadeira. Porém, ao descrever o que acontecia quando Robert aparecia nos trabalhos deles, a história começa a perder credibilidade. Ele alegou que, durante pausas que faziam, Robert *tentava* tocar os violões deles, mas só fazia barulho. "Robert olhava para onde tínhamos ido e pegava um dos violões. Fazia uma das maiores barulheiras que você já ouviu. As pessoas ficavam bravas, sabe? Saíam e diziam: 'Por que cês não vão lá e tiram aquele violão daquele menino?! Ele tá deixando o povo doido'. Eu voltava e dava uma bronca nele. 'Não faça isso, Robert. Está deixando as pessoas doidas. Você não sabe tocar nada. Por que não toca gaita para elas?' Mas ele não queria saber de tocar gaita. Mesmo assim, não se importava de eu ficar no pé dele. Fazia de qualquer forma." Apesar do suposto incômodo de House com Robert, ele cedeu e mostrou alguns refrões de violão. "Ensinei coisa minha a ele. Começou quando a gente morava, ah, a nem três quilômetros um do outro. Ele morava com a mãe e o pai."[121]

House, no entanto, estava errado em várias de suas afirmações. Robert não era um garotinho; era um viúvo de dezenove anos. Além disso, não fazia barulho ao violão, tampouco era iniciante. Já tocava com outros músicos em *jukes* havia pelo menos dois anos.

As alegações posteriores, que menosprezavam as habilidades do músico mais novo, são compreensíveis, porque um ano depois do ponto em que seu relato termina, Robert retornou e os impressionou com sua habilidade. Ele literalmente tomava o assento de House. O arquétipo de um músico mais jovem que substitui o mestre, mais velho, é tanto icônico quanto mítico, e House deve ter se ressentido por Robert ter tirado seu posto. Era o show de Son House, não de Robert. Os trabalhos nos quais acusou Robert de ter feito apenas barulho eram, *de fato*, apresentações de House e Brown, afinal, e isso pode ter pesado na interpretação dele da habilidade de Robert. O público daqueles *jukes* estava ali para ouvir os dois homens, não Robert. Depois de se deleitarem com a música sacolejante tocada pelos dois músicos mais velhos, as canções populares e folk tradicionais do músico mais novo, não importava quão bem ele as tocasse, *não* eram o que aquelas pessoas estavam ali para ouvir. Poderiam muito facilmente se incomodar com qualquer coisa distinta.

Porém, apesar do que possa ou não ter acontecido, Robert afiava suas habilidades ao violão sempre que tinha chance. Quando não estava praticando, nunca deixava passar uma oportunidade de tocar com outras pessoas. Tocou com uma mulher de West Helena e o primo de Son House, Frank, num *juke* em Bowdre, Mississippi. Também experimentou tocar com um pianista, Punk Taylor, de Lost Lake, perto dali.[122]

Além da música, havia uma outra constante na vida de Robert: sua família em Memphis. Não importava quão focado estivesse em tocar violão, sempre achava um tempo para ajudar os familiares da maneira que pudesse. Naquele verão, Charles Spencer decidiu se mudar com a família de Memphis para Eudora, Mississippi, a leste de Robinsonville. Tinha sucesso como carpinteiro em Memphis e talvez só estivesse à procura de um intervalo para fazer uma colheita para o inverno. Chamou Robert para ajudá-los, que respondeu prontamente. Sua "irmã mais nova", Annye (que não era sua parente de sangue e sim filha de Charles e da esposa, Mollie), disse que mesmo depois de dar uma mão na mudança, ele voltou várias vezes para ajudar o pai com o arado. Não ajudava Dusty Willis com o trabalho agrícola *dele*, mas não via problema em auxiliar sua primeira e longeva figura paterna. Porém, os Spencer não ficaram muito tempo naquela *plantation*, pois retornaram a Memphis no outono para morar num apartamento na rua Hernando com a meia-irmã de Robert, Carrie, e o marido dela, Louis Harris. Mais uma vez, ansioso por ajudar, Robert pegou carona de Clarksdale com um amigo de Carrie que tinha uma caminhonete e auxiliou na mudança.[123]

Por mais que as coisas parecessem estar se assentando, Robert encarava mais uma encruzilhada na vida. Se continuasse o caminho musical, teria de encarar certas realidades. "O *bluesman* era de uma classe inferior. Ele não poderia se misturar com as pessoas", observou H. C. Speir, dono de uma loja de discos em Jackson e produtor fonográfico. "[Ele] cheirava meio mal e precisava beber antes de tocar. Era do tipo que chamamos de barril de carne. Bessie Smith apareceu e [as gravadoras] deram uma emperiquitada. Jogaram um pouco de perfume no jeito de cantar dela. Tiraram do barril de carne... Ele não ia trabalhar; não ia manter um emprego fixo. Só queria tocar na rua e recolher uns trocados."[124] Robert queria esse estilo de vida. Queria ficar no "barril de carne" e só tocar música. Nunca voltaria a ser arrendatário.

Infeliz morando com Dusty e Julia, Robert precisava de um respiro do ir e vir de Memphis. Desde que Julia lhe contara que seu pai era Noah Johnson, Robert se perguntava quem seria o homem, e em quem isso lhe transformara. Então, assim que os Spencer já estavam seguros de volta a Memphis, partiu para o sul em busca do pai biológico e de, possivelmente, estabelecer uma relação com ele. (Não foi embora, como afirmava Son House, porque se cansou de House e Brown o mandarem embora de suas apresentações.)

Assim, partiu para o sul, para Hazlehurst, no condado de Copiah. O que de fato encontrou foi seu mais importante mentor ao violão, morando perto das pequenas comunidades de Martinsville e Beauregard, um músico que não tinha nenhuma reputação fora dessa região. Em breve, tudo na vida de Robert mudaria mais uma vez.

8
lá vem o cara do violão

Robert Johnson estava de volta a Hazlehurst pela primeira vez desde que ele e sua mãe, Julia, foram embora quando ele era bebê. Viera em busca do pai biológico, Noah Johnson, e não fazia ideia de onde começar a procurar. Na rua, observando os arredores estranhamente familiares, começou a fazer a única coisa em que conseguiu pensar: entrar em todas as lojas e perguntar se alguém conhecia um certo Noah Johnson. O nome soava familiar para muita gente, mas ninguém o via nem ouvia falar nele havia anos. Robert foi de loja em loja e de *plantation* em *plantation*, mas não obteve informação alguma. Não se sabe por quanto tempo ele prosseguiu com essas interrogações, mas, por fim, acabou decidindo que suas tentativas seriam em vão e desistiu da busca.

O que aconteceu com Noah Johnson é um mistério até hoje. Embora existam registros de indivíduos com o mesmo nome em outras localidades, ele não aparece em nenhum do condado de Copiah depois de 1910. Muito possivelmente, depois de ter se separado de Julia, Noah deixou a região para começar outra família num lugar onde não tivesse nenhuma história, onde pudesse começar do zero. Se o pai biológico de Robert é um dos outros Noah Johnsons que apareceram em registros de censo posteriores dos condados de Bolivar, Madison ou Pike, no Mississippi, ou se ele morreu sem deixar vestígio é uma pergunta que provavelmente ficará sem resposta. Qualquer que seja a verdade, Robert havia percorrido quase 400 quilômetros de Robinsonville a Hazlehurst em busca de um pai que não pôde encontrar. Porém ele não estava apenas à procura do pai, mas também em busca da própria identidade. Tinha dezenove anos, era viúvo e um bom músico. Ou assim pensava.

Incapaz de encontrar o pai, Robert recorreu ao que sabia fazer melhor – tocar violão e ganhar uns trocados. Tocava sempre que tinha oportunidade, e tocou até para um grupo de trabalhadores na rodovia. Nos primeiros meses de 1930, uma equipe começou a construir o leito para a rodovia 51 ser asfaltada. As obras trouxeram muita gente nova para Martinsville, Hazlehurst e as cidades ao redor. Como disse uma moradora da região, Eula Mae Williams, "Sabe, gente estranha ia e vinha".[125] Robert Johnson era uma dessas pessoas.

Para quase todo mundo daquela cidadezinha, ele parecia ser apenas mais um violonista moderadamente talentoso que calhava de estar de passagem por ali. Nessa "passagem", Robert caiu na pequena comunidade de Its, logo ao sul de Hazlehurst, mais uma das muitas cidadezinhas do Mississippi que não existem mais: dela só resta um armazém abandonado. Uma via de terra pequena e circular entra e sai na frente do armazém e de volta para a estrada principal. Moradores da região disseram que o lugar também era conhecido como *juke*. Ao ouvir a música e olhar o público, Robert não pôde deixar de entrar para ver quem estava tocando e o que estava acontecendo.

O homem que tocava violão era melhor do que qualquer um que já tinha visto. Ele tinha de conhecer aquele homem – Ike Zimmerman, um dos trabalhadores da rodovia. Loretha Zimmerman, uma das seis filhas de Ike, se recordou do primeiro encontro dos dois. "No meu entendimento, Robert voltou a Hazlehurst para encontrar o próprio pai. Ao invés disso, encontrou o meu pai."[126]

Mas quem *era* Ike Zimmerman?

"Não tenho certeza... não quero declarar nada a respeito disso porque o nome não me é estranho, mas não quer dizer muita coisa. Zimmerman pode ter sido o nome de outra pessoa,"[127] disse Henry Townsend.

Willie Mason nunca ouviu falar nele: "Não. Nunca ouvi nada a respeito dele". Wink Clark alegou que Johnson nunca o mencionou: "Não, ele nunca me falou nada [de Zimmerman]". E Johnny Shines ficou ainda mais confuso: "Quem?".[128]

Isaiah "Ike" Zimmerman nasceu em 27 de abril de 1898 no pequeno vilarejo de Grady, no Alabama. Outrora cheia de arrendatários, Grady, assim como tantas outras cidades do Delta, é hoje praticamente inexistente.

Loretha Zimmerman.
Bruce Conforth

Os bisavós de Ike se mudaram da Virginia para o Alabama antes da Guerra de Secessão. Os registros do censo de 1870 mostram que eles eram agricultores no período pós-guerra. Ruth Sellers Zimmerman, esposa de Ike, era de Montgomery, Alabama, logo ao norte de Grady. Casaram-se no fim da década de 1910 ou no início dos anos 1920.

Ike e Ruth tiveram sete filhos, um menino e seis meninas, criados numa "casa espingarda" na cidadezinha de Beauregard, Mississippi. Uma casa espingarda – "*shotgun house*" – é uma construção estreita, retangular, com não mais de três metros e meio de largura e os cômodos dispostos um atrás do outro. Essa disposição dos cômodos e das portas, uma em cada ponta da casa, levou ao ditado de que "é possível disparar uma espingarda na porta da frente e a bala sair pelos fundos sem acertar nada". Quanto ao formato, não era tão diferente da casa alforje em que Robert nasceu. A principal diferença era que a casa espingarda tinha mais cômodos.

Fisicamente, Ike era baixo como Robert, mas "um homem forte, um bom homem, que queria que tudo corresse tranquilamente". Sua filha disse que ele era um homem generoso, bem-humorado e sempre proveu bem à família. "Era muito bondoso e não me lembro de ele ter levantado a voz para mim, exceto por uma única vez, quando me casei. Ele não queria que eu fizesse isso. Mas quando era pequena, eu tinha cabelo comprido e ele penteava, fazia tranças, essas coisas todas. Minha mãe dizia que ele fazia tranças demais em mim, elas ficavam batendo no meu rosto. Ela dizia isso a ele e tinha muito trabalho para desfazê-las. Mas eles [meus pais] se davam muito bem. Eu nunca, nunca o vi fazer nada de errado conosco, de jeito nenhum. Nunca nos faltou nada!"

Ike tocava violão desde que sua filha conseguia se lembrar, mas as origens musicais dele são incertas. Nem Loretha nem o neto de Ike, James, têm ideia de como ou onde ele aprendeu a tocar violão. Seu irmão Harmon tinha um violão e tocava algumas canções simples, mas claramente não foi mentor de Ike: "[Harmon] não sabia tocar, mas sabia fazer um ou dois acordes. Ele tocava alguma coisa, cantando '*Chicken, Chicken, you can't fly too high for me*' ['Galinha, galinha, você não consegue voar alto demais para mim']. Mas era só o que conseguia fazer, só isso. E Ike começou com esses dois acordes e foi em frente. Aprendeu sozinho. Quando vim ao mundo, ele já carregava um violão por todo lado. Tentei achar alguém que fosse melhor que o meu pai. B. B. King não chegava nem perto. Não sei, era como se o meu pai tivesse dedos elétricos."

Como o dinheiro que Ike ganhava na rodovia era melhor do que o pagamento médio de um arrendatário, ele pôde comprar um bom violão. A maioria dos arrendatários só conseguia pagar por instrumentos mais baratos vendidos por correspondência: Stellas, Regals etc. Loretha se lembrou de que Ike comprou um violão Gibson, mais caro. Musicalmente, o repertório ia do blues a canções populares, mas em casa ele só tocava blues.

"Ele tocava blues", recordou-se Loretha, "porque eu me lembro de ele tocar uma canção sobre 'ir'. Ir para a estrada, sabe, tratava disso, tinha uma estrada... Uma viagem, partir para algum lugar, ele ia, e uma das canções era sobre isso... Depois que cresci, ele sempre foi uma pessoa espiritual, mas, quando eu era pequena, as músicas eram as mesmas que ele ensinava a Robert. Era isso o que ele tocava [o blues]. [Ele inventava] muitos. Acho que papai inventou aquele: '*Going, going away and baby don't you wanna go. But going, going away and baby don't you want to go*' ['Estou indo, indo embora, e, *baby*, você não quer ir? Mas estou indo, indo embora, e, *baby*, você não quer ir?']. Papai inventou essa."

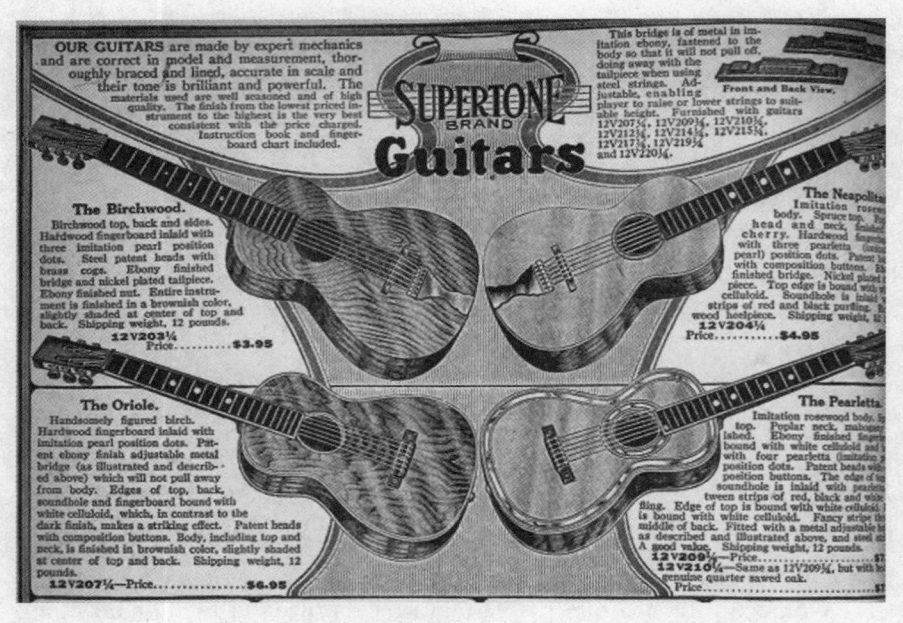

Catálogo de violões Supertone da década de 1920.
Bruce Conforth

Ishman Bracey

Ishmon Bracey.
Foto usada no catálogo de discos da Victor

Mais tarde, Ike abandonou o blues e se devotou à igreja e às canções gospel, como muitos outros *bluesmen* fizeram. Talvez fosse o jeito deles de expiar o fato de terem tocado a música do diabo. Son House, pregador e *bluesman*, na velhice, não podia tocar blues em casa.[129] Ishmon Bracey, Rube Lacey e Robert Wilkins foram músicos de blues que também passaram da música do diabo para os *spirituals* religiosos na idade avançada. "[Ike] tocava blues naquela época", lembrou-se sua filha, "mas mais tarde acabou tocando músicas de igreja. Foi depois de Robert que eu o ouvi tocar músicas de igreja".

Zimmerman alternava dedilhado e *bottleneck slide* – seu *slide* era caseiro, feito de osso. Também era um gaitista habilidoso, como o jovem Robert Johnson. E Ike sabia como comandar um público. Era um *showman* como Charley Patton e tocava com o violão por trás da cabeça, entre outras acrobacias.[130]

Assim como Patton, Ike usava suas habilidades musicais e performáticas para conseguir mais do que dinheiro. "Bem, ele fazia isso sim [tocar violão para conquistar mulheres]! Fazia sim! Meu pai era um conquista-

Última foto de que se tem conhecimento de Ike Zimmerman tocando violão.
Loretha Zimmerman

dor", admitiu Loretha. "Era mesmo." Robert não precisava de incentivo algum para ir atrás de mulheres, mas observar o mentor usar o talento musical para impressioná-las só poderia dar ao jovem aprendiz mais incentivo para usar o instrumento como ferramenta de sedução.

A generosidade de Ike ficou aparente quando ele convidou Robert para viver com sua família. "Ele [Robert], até onde eu sei, como te falei, se encaixou na nossa família e tinha de ser agradável, porque meu pai era um homem forte e teria... ele fazia tudo correr tranquilamente, então não teria perdido tempo com alguém que não fosse boa pessoa." Robert e Ike formavam uma dupla tão boa que, para a filha de Ike, ele parecia parte da família. "Ele era da família. Eu pensava que era mesmo! Pensava mesmo! Robert morava com mamãe e papai aqui. Por muito tempo, achei que ele fosse parente. Achei mesmo! Por muito tempo, parecia que era um parente aqui conosco, ele se encaixou muito bem."

Encontrar um mentor e uma família depois da busca infrutífera pelo pai deve ter sido muito reconfortante para Robert. Embora fosse como um parente na casa, Loretha não se lembrou de quanto tempo ele de fato ficou por lá. "Nem pude pensar em quanto tempo foi, porque, como eu disse, ele morava lá." Na verdade, Robert morou lá por menos de um ano, mas, nesse tempo, deixou memórias felizes para a garotinha. "Ainda me lembro do meu pai quando, ah, bem, eu devia ter uns cinco anos, e ainda me lembro dele me enrolando num lençol e colocando o violão por cima de mim, sentado naquela cadeira, e veja bem, eu me lembro de Robert porque ele ficava naquela outra cadeira. Veja, quando papai me segurava no colo, eram ele e Robert. E meus pés encostavam no chão. Não sei *por que* ele me segurava? E eles mandavam ver no violão, feito… soava tão bem, como se estivessem competindo. Meu pai estava ensinando ele." Quando Loretha acordava, lá estavam Ike e Robert enquanto sua mãe preparava o café da manhã e servia a família, até que Ike tivesse de sair para trabalhar. Assim que ele retornava, os dois homens voltavam a tocar juntos, e naquele meio-tempo Robert tinha o dia inteiro para explorar os novos arredores e se fazer conhecido para a comunidade, em especial as mulheres.

Eula Mae Williams, outra moradora de Martinsville, se recordou de conhecer Robert pouco depois de ele chegar à região. A primeira aparição dele foi marcante para ela. "Ele chegou de algum lugar. Não disse de onde vinha. [A primeira vez que o vi,] chegou andando lentamente do outro lado daquele campo, vindo em direção à casa. Chegou na varanda, se convidou para subir e se apresentou como 'R. L.'. Não era um cara grande. Não tinha mais de um metro e setenta. Não pesava mais do que 60 quilos. Parecia que tinha um olho menor que o outro."[131] Porém, Robert a impressionou por outro motivo. "Eu nunca vi ele, nem uma vez, sem aquele violão. Andava com aquele negócio [correia de couro] no peito prendendo o violão. Sempre estava com aquele violão velho." Mais tarde, ela e a irmã sempre diziam quando o viam: "Lá vem o cara do violão".[132]

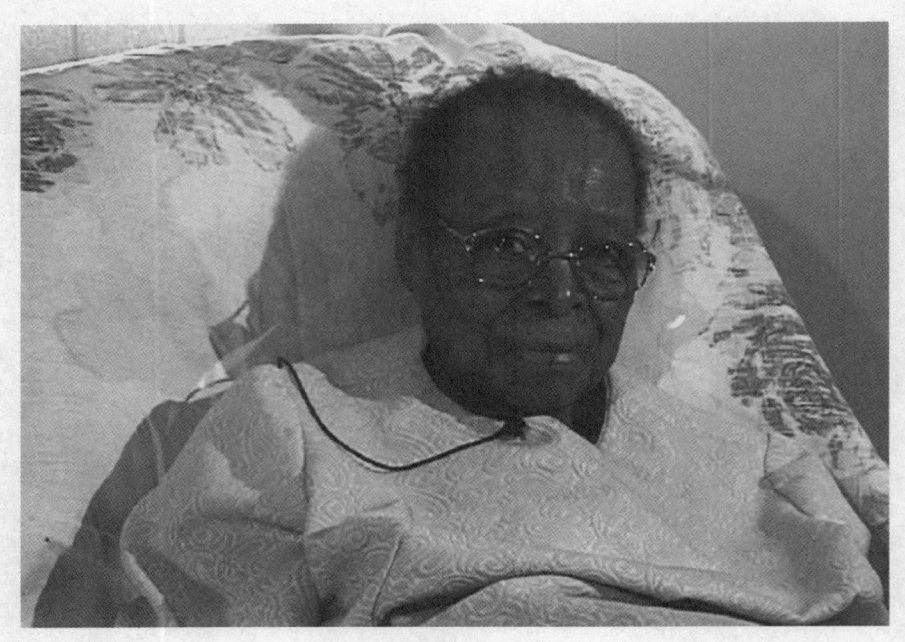

Eula Mae Williams.
Gayle Dean Wardlow

Robert também carregava diversos instrumentos menores e era bastante adepto de entreter com todos eles. Tocava piano se tivesse acesso a um. "Tinha um negocinho engraçado que colocava na boca [berimbau de boca] e tocava com esse dedo. Se apresentou para mim e minha família e, depois de se sentar um tempo conosco, foi embora. R. L., era como a gente o chamava. Ele nunca disse que seu nome era Robert. Sempre se chamava de R. L." Mas era o violão que Robert levava a sério, e sabia que poderia usá-lo para impressionar as damas. "Andava com o violão pendurado no pescoço... Punha nas mãos e fazia cantar tipo – [ele] sabia fazer o violão cantar e tal."[133]

Eula Mae logo descobriu que Robert tocava em festas na região de Martinsville, perto de onde os Zimmerman moravam. "Era um pequeno bairro. Oito ou dez casas em círculo. Numa das casas em especial, na sexta-feira, no sábado e no domingo, eles tiravam todos os móveis de um cômodo. E vendiam peixe e cachorro-quente e coisas diferentes, e Robert e

Ike tocavam. Chamavam o povo de todas as outras casas e outros lugares." Eula Mae caminhava até essas festas com a amiga Virgie Jane Smith e o tio de Virgie, Clark Williams. Como amiga da família, ela também ouvia Robert tocar na casa dos Zimmerman e confirmou que Ike foi "quem ensinou muito de música a ele", e que Robert "se hospedava principalmente" com a família Zimmerman.[134]

Estivesse apenas tímido quanto a seu histórico familiar, envergonhado por não ter conseguido encontrar o pai ou apenas tentando criar uma nova identidade, Robert passaria os próximos anos se apresentando como R. L. a todos que conhecia. No Delta, ele fora Robert Spencer, Robert Johnson, Robert Sax e até chamado de, a contragosto, "Little Dusty". Naquele momento, queria ser apenas R. L. "Ele tinha um apelido porque acho que o nome dele era Robert Lee", recordou-se Loretha Zimmerman, "[mas] nós nunca o chamávamos de Robert."

Ike e Robert podem ter tocado em casa para entreter a família, mas o lugar onde o violonista mais velho adorava tocar, o único lugar em que ele dizia que se poderia aprender a tocar de verdade o blues, era no cemitério à noite. A crença sulista negra no hodu, em especial em regiões rurais tão próximas a Nova Orleans, era particularmente aceita, já que "médicos de duas cabeças"* ou "curandeiros" eram, com frequência, os únicos recursos médicos e psicológicos disponíveis. Ike era adepto dessas crenças e sempre alegava que aprendera a tocar o blues sentado em lápides à meia-noite.[135] Tal noção certamente fomentou as histórias que ligam músicos de blues ao diabo ou ao sobrenatural. A filha de Ike confirmou, de fato, que o pai praticava violão no local. Ike chegou até a usar o cemitério da cidade para instruir R. L. Entretanto, ao mesmo tempo que validou a história do cemitério, ela também descreditou o mito da encruzilhada. "Eles saíam e iam pro cemitério. Tem umas lápides velhas, sabe, algumas novas, mas [iam] para as velhas. Ficavam lá sentados. Não tinha encruzilhada nenhu-

---

* Na tradição do hodu, indivíduos que conseguem ver o futuro e têm conhecimento dos espíritos e do desconhecido. (N. do T.)

ma. [Era] só um caminho. Não tinha encruzilhada. Eles só cruzavam pro outro lado da estrada [*risos*]. Porque é preciso atravessar a estrada pra ir pra aquele cemitério. Eles iam pra lá e se sentavam nas lápides. Exatamente. E lá ficavam. Sentados, tocando."

Alguns dos atuais habitantes do condado de Copiah acreditavam que Ike tocava no cemitério de Hazlehurst, mas essa informação está incorreta. O cemitério onde Ike e R. L. praticavam ficava, como indicou Loretha, em Beauregard. "Ora, eu acabei de ler o [jornal] que minha neta me trouxe e me disse que um homem esteve em Hazlehurst, fazendo perguntas, dizendo que Robert Johnson era seu ídolo e tirando fotos. Colocaram isso no jornal. E ele foi ao cemitério em Hazlehurst, e quando eu vi isso, quando li isso, só dei risada. Ele foi ao cemitério errado. Disse que tinha ido mesmo ao cemitério em Hazlehurst onde Robert aprendeu a tocar. E mencionaram meu pai, mas eu sabia que aquele não era o cemitério [certo]."

Embora Loretha tenha, de início, zombado de qualquer relação com o sobrenatural, dentro da casa e da família Zimmerman esse conceito não era totalmente fora de questão. "Meu pai não é nenhum diabo", disse Loretha, rindo. Porém, seu filho James, neto de Ike, se mostrou menos disposto a descartar a ideia de forças ocultas em ação no blues: "Não sei, esse negócio da encruzilhada, [um jornalista] disse que, hum, Robert vendeu a alma ao diabo na encruzilhada. E tia Kimberly [irmã de Loretha] disse, 'Bem, você sabe que o papai andava por aqui falando dessas coisas'".[136] Protetora em relação ao pai, Loretha rapidamente repreendeu o filho, mas ainda deixou aberta a possibilidade de que houvesse algo mais nessa história do que *apenas* prática de violão: "Não quero saber o que Kimberly diz. Papai sempre assustava as pessoas e dizia que ia tocar violão e as assombrações[*] apareciam

---

[*] O termo usado no original é *haint*: um tipo de fantasma ou espírito maligno presente nas crenças e nos costumes do povo Gullah-Geechee, descendentes de africanos escravizados que vivem predominantemente na região do Low Country da Carolina do Sul e em ilhas nas costas das Carolinas, da Georgia e do norte da Flórida. Seu uso, no entanto, não se restringe a essas áreas e está presente em diferentes regiões do Sul dos EUA, com especificidades de tradição que podem variar de estado para estado. Na tradição hodu, pode ser, ainda, uma criatura semelhante a uma bruxa que persegue suas vítimas. (N. do T.)

no cemitério". Será que Ike só queria espantar as pessoas ao "falar dessas coisas", ou ele de fato acreditava? Segundo Loretha, o pai gostava de tocar no cemitério porque era um lugar silencioso e ele sabia que lá ninguém iria lhe atrapalhar. Porém, ao explicar o raciocínio dele, suas lembranças apontam para motivos mais profundos. "Ele voltava e [nos] dizia que tinha tocado para as assombrações." E, segundo o neto, James, era sempre à meia-noite: "Essa coisa nunca consegui entender, quer dizer, eu sabia que ele ia ao cemitério, desde que eu era garotinho; era essa a história que ele nos contava, crescemos com ela. Era isso que nosso avô fazia. Sempre à meia-noite".[137] Loretha, mais uma vez, concordou, mas se manteve firme na crença de que era mais natural do que sobrenatural: "Quando todo mundo estava dormindo. Acho que porque era silencioso e ninguém passava por ali para interferir. Ele nunca tinha medo, mas também não ia se encontrar com o diabo".

Em pouco tempo, R. L. progrediu o suficiente nas aulas para Ike começar a levá-lo em sua rota costumeira de apresentações, locais onde as pessoas tinham dinheiro para gastar: acampamentos madeireiros com serrarias (provavelmente na região de Piney Woods, do condado de Copiah), fritadas de peixe e *jukes*. Os dois violonistas percorriam as estradas rurais de cima a baixo até o próximo trabalho. "Iam a todo lugar naquelas cidadezinhas. E caminhavam muito. Caminhavam *muito*. Mesmo", recordou-se Loretha, rindo. "Na época, você sabe, eles não ganhavam muito dinheiro. Era pouco, mas algum dinheiro eles ganhavam." R. L. também se aventurava sem a companhia de Ike. "Ele ia embora e depois voltava", apontou Loretha.

R. L. fez pelo menos uma viagem de Hazlehurst a Memphis para ver a família, que ainda morava na rua Hernando. Era sempre divertido quando Robert voltava à cidade. Carrie talvez desse uma festa onde ele pudesse tocar, ou ele passava um tempo entretendo os filhos pequenos de Charley e Mollie e os amigos deles. Sua irmã caçula, Annye Spencer, se recordou de como ele os entretinha: "Ele se sentava na janela. [Havia] crianças demais para entrar na casa. Mas ele se sentava na janela e tocava. E a escada ficava cheia de crianças, porque, quando ele vinha, eu juntava todas as crianças e ele tocava canções para nós".[138]

Sepulturas onde Ike Zimmerman e Robert Johnson tocavam violão.
Bruce Conforth

Verdadeiro em sua devoção à família em Memphis, Robert foi até lá de novo no início de março de 1931 para ajudar na mudança do apartamento da rua Hernando para a avenida Georgia leste, 285, onde moraram até a morte de Charles Spencer, em 28 de novembro de 1940, aos setenta e três anos, e a de sua esposa, Mollie, em 12 de março de 1942, aos quarenta e sete anos. Robert usaria esse endereço de contato pelo resto da vida. Se alguém precisasse encontrá-lo, poderia fazê-lo mandando um bilhete ou um telegrama para lá, ou indo pessoalmente à residência. Carrie vivia a menos de dois quilômetros de distância, na rua Texas, 1219. Em meados de março, depois de ajudar na mudança, ele retornou a Hazlehurst para tocar todos os sábados na escadaria do fórum do condado de Copiah, onde Eula Mae Williams o via quando ia à cidade com parentes. "Ele nunca tocava acompanhado na rua. Só tinha um chapéuzinho que colocava no chão para que as pessoas jogassem moedas. Mas não juntava multidão. As pessoas passavam, paravam e ouviam, mas não vinham vê-lo quando ele tocava lá."[139]

Inicialmente, Robert tentou cortejar a irmã mais nova de Eula Mae, Johnnie Pearl, mas a reputação de classe inferior que um músico tinha o expulsou de perto da família Williams. "Ele vinha cortejar a minha irmã, e a minha avó o enxotava daqui. Ele não era da igreja, porque tocava blues. Minha avó sabia disso, então não o deixava vê-la. Ela sabia o que ele queria."[140] Sem sucesso com Johnnie Pearl, Robert ficou de olho na amiga de Eula Mae, Virgie Jane Smith, de dezesseis anos. "Eu e minha amiga Virgie Smith saíamos escondidas para ouvir todo mundo tocar nas noites de sábado. Não entrávamos, ainda éramos meninas e nossos pais não nos deixavam entrar. Então ficávamos do lado de fora ouvindo a música."[141] Porém, assim como a família de Eula Mae o tinha afastado por tocar a música do diabo, ele também encontrou resistência da parte dos pais e avós de Virgie. "Éramos cristãos e eles não nos deixavam ficar onde o blues era tocado."[142]

Porém não era só a música do diabo que deixava algumas pessoas receosas quanto a Robert; havia também traços de personalidade que o pessoal local achava bem estranhos. Eula Mae sempre o via sozinho e o considerava "temperamental". "Ele ficava sozinho sentado por um tempo, então se levantava e ia embora. Não se despedia. Só se levantava e ia."[143] Que Robert exibisse tais traços não é difícil de compreender. Ele passara por uma série de mudanças traumáticas de vida e, quando chegou a Hazlehurst na esperança de encontrar o pai e pelo menos uma pista de quem ele era, fracassou. A vida lhe fora cruel, mesmo para um jovem negro no Mississippi dos anos 1930. Além do comportamento social incomum, Robert não tentava mudar para impressionar as famílias tementes a Deus das jovens que lhe interessavam. Ele não queria saber de religião ou igreja. "Nunca ouvi ninguém falar que R. L. ia à igreja. Ele nunca cantava nenhuma música da igreja. A única coisa que o ouvi cantar foi o blues",[144] recordou-se Eula Mae.

Apesar das oposições a ele como pessoa, a música de Robert ainda servia como um canto de sereia para as jovens da região, e tanto Eula

Mae quanto Virgie ficavam do lado de fora das festas na casa de Callie Craft, que comandava um *juke* em Martinsville. Virgie queria conhecê-lo e convenceu o tio de Eula Mae, Clark, a apresentá-la. Robert, à procura de alguém para substituir sua falecida Virginia, aproveitou a atenção de Virgie e os dois depressa se envolveram romântica e, por fim, fisicamente. Saíam andando pelas estradas rurais à noite enquanto ele usava todos os talentos para encantar a jovem colegial.

No fim de março ou início de abril, Robert e Virgie encontraram Eula Mae e o namorado caminhando pela estrada de Martinsville. Virgie confessou: "Vamos aprontar esta noite". Eula Mae, mais tarde, testemunhou que os dois casais ficaram se beijando na mata e, depois, assistiram um ao outro fazer sexo. "R. L. e Virgie se deitaram no chão. R. L. ficou por cima dela."[145] O casal continuou a fazer sexo por várias semanas. Às vezes, Robert até se encontrava com Virgie "no caminho para a escola" para fazer sexo perto da casa da tia dela.

Em abril ou maio, Virgie contou um segredo a Eula Mae: "Minha menstruação está atrasada. É de R. L. e eu não sei o que fazer agora. Porque vamos ser pegos". Eula Mae se recordou de que "ela só nos disse que estava grávida. E eu falei que isso ia nos dedurar. Assim, Clark [tio de Virgie] perguntou a R. L., 'Bem, o que você vai fazer?'. Ele respondeu: 'Bem, o que ela quiser fazer'. E ela: 'Bem, eu não sei, porque estou com medo'. E Clark: 'Bem, você vai ter de ir para a casa da Irmãzinha'. Era assim que chamávamos a mãe dela. E ela estava com medo, mas achava que tinha de ir. E em pouco tempo, a mãe veio buscá-la. R. L. não falou nada, perguntou o que ela ia fazer, e ela disse que não sabia. Ele disse que faria o que ela quisesse".[146]

Robert queria que Virgie fosse embora com ele, grávida, para Memphis. Desta vez, ele não iria perder outra esposa em potencial nem outro filho. Porém, fato que deve tê-lo deixado de coração partido, Virgie decidiu não se casar, nem ir embora. Mais uma vez, Robert se via diante de uma perda profunda porque tocava a música do diabo. A decisão de Virgie pesou fortemente sobre ele e, talvez numa tentativa de deixá-la com ciúme ou superá-la, Robert voltou suas atenções para a muito mais disponível

Callie Craft. Uma mulher mais velha e encorpada, com três filhos, Callie comandava o *juke* caseiro onde ele tocava em Martinsville. Era a casa de um *bootlegger* chamado O'Malley. Lisonjeada com a atenção dispensada a ela pelo jovem violonista, Callie tentava agradar Robert de todo jeito: dançava com ele, se sentava em seu colo, levava-lhe café da manhã na cama.

Talvez como uma reação a ter sido rejeitado por Virgie, na segunda-feira, 4 de maio de 1931, Robert e Callie se casaram numa cerimônia civil no fórum de Hazlehurst. Robert informou ter vinte e três anos de idade (embora mal tivesse vinte) e Callie afirmou ter vinte e oito (embora fosse, na verdade, mais velha).

Pouco depois do casamento, partiram para Vicksburg para uma breve lua de mel, mas Robert não conseguia parar de pensar em Virgie e no bebê e fazia todos os esforços para vê-los.

Ele e Callie, por fim, seguiriam para o norte, para o Delta, mas, antes da partida, Robert agiu pelas costas da esposa e tentou uma última vez levar Virgie consigo para Memphis. O resultado de seus esforços para ganhar a mão dela foi uma resposta que ele já ouvira muitas vezes: ele tocava blues, "a obra do diabo", e os pais religiosos de Virgie se recusaram a deixá-la ir. E, além disso, Virgie ficara sabendo que R. L. estava casado com Callie, e ela não ia fugir com um homem casado, não importava quem fosse.[147]

Robert nunca pareceu demonstrar afeição verdadeira por Callie. Para ele, ela era essencialmente um tíquete-refeição e alguém que o mimava. Quando Virgie se recusou a ir embora, desta vez alegando que o motivo era ele estar casado, Robert se ressentiu ainda mais da nova esposa.

Claud, o filho de Robert e Virgie, nasceu em 12 de dezembro de 1931.

Depois que Virgie o rejeitou, Robert voltou para o Delta com Callie a tiracolo, acompanhado também por Ike Zimmerman, que viajou com seu aluno para incrementar a confiança musical dele. "Ficaram [em Vicksburg] por um tempo, depois seguiram para o Delta", recordou-se Eula Mae.[148] Robert, Callie, os filhos dela e Ike se estabeleceram em Clarksdale por um tempo.

"Penso que papai sempre quis incentivá-lo", alegou Loretha. "Não acho que se importava ou queria de fato gravar. Acho que ele só incenti-

Caletta "Callie" Craft.
© Delta Haze Corporation

Licença de casamento de Robert Johnson e Callie Craft, 4 de maio de 1931. *Fórum do Condado de Copiah, Hazlehurst, Mississippi*

vava Robert. Incentivou mesmo. Acho que foi esse o motivo de ele ter ido até lá [a região do Delta]. Imagino que tenha ficado só nos bastidores. Me dizem que ele voltou para tocar aquele violão e arrebentou… mas, como eu disse, meu pai o ensinou muito bem. Porque papai era um verdadeiro músico de blues. Era um grande violonista."

Porém Loretha se recordou também de que Ike logo voltou para Hazlehurst, em vez de ficar no Delta. Ela achou que esse retorno foi o que arruinou qualquer possibilidade que ele pudesse ter de gravar. "Se tivesse ficado por lá, sabendo o que sabia, estaria no lugar certo" para ser descoberto e gravado.

No condado de Copiah, Eula Mae ficou sabendo que, em dezembro de 1931 ou no início de 1932, Callie adoeceu seriamente. Robert, desinteressado em qualquer um ou qualquer coisa que não fossem sua música e família em Memphis, a abandonou, primeiro por períodos curtos, depois para sempre. A doença logo causou a morte dela no início de 1933, sem nunca ter retornado ao condado de Copiah. "Ouvimos falar que ela tinha morrido lá. Nunca mandaram o corpo dela de volta. Ela era minha prima, sabe?",[149] disse Eula Mae. Callie morreu sem o marido a seu lado.

Era a segunda vez que Robert perdia uma esposa com quem era casado no papel enquanto estava fora tocando blues. Porém, ao contrário de quando Virginia morreu, ele parecia não se importar com o que acontecera com Callie, e nem cuidou dela na doença ou prestou atenção à morte dela. Tinha uma tarefa mais importante nas mãos: encontrar Son House e Willie Brown e mostrar a eles como suas habilidades ao violão haviam melhorado.

Virgie Jane Smith e seu filho, Claud Johnson.
Espólio de Robert Johnson e Robert Johnson Blues Foundation

9

vagando pela encruzilhada

Quando Robert retornou a Robinsonville, ouviu falar que Son House e Willie Brown tocariam num *juke* perto dali numa noite de sábado, então, com Ike, fez planos de ir mostrar suas novas habilidades a eles. Quando chegaram, os dois músicos mais velhos e renomados tocavam para um público desordeiro, beberrão e fanfarrão. O casebre estava iluminado como nas festas de fim de ano, com velas em todas as janelas e um tambor cheio de madeira ensopada de querosene, em chamas, que trazia calor para os homens que fumavam, bebiam e falavam palavrões do lado de fora. Robert podia ouvir as mulheres gritando e outros homens rindo. E, em meio a todo aquele ruído extra, podia ouvir o *slide* de House e o acompanhamento de Brown no outro violão, que levavam o público a um frenesi.

Robert já estivera em muitos *jukes* como aquele, mas nunca tivera tanto a provar. Esta seria a hora *dele*, não a de House ou Brown. Com o violão nas costas, passou pelo público do lado de fora e parou por um segundo na porta, querendo dar uma boa olhada nos rivais. Ambos os músicos eram tão bons quanto ele se lembrava e, quando House cantava, jogava a cabeça para trás, virava os olhos e era completamente possuído pela canção. Ainda eram, pelo menos pelos minutos que se seguiram, os melhores que aquele público já vira ou ouvira, e Robert sabia que tinha trabalho a fazer. Retornara para exibir as habilidades superiores que havia aprendido desde que partira do Delta quase um ano antes, e fez uma pausa por um momento, para se perguntar se era realmente tão bom assim. Porém, Ike Zimmerman, que ainda estava com ele, o empurrou pela porta e falou apenas três palavras: "Eu te ensinei".[150]

Robert atravessou o salão e parou diante dos dois músicos. Foi a primeira vez que ele achou que poderia "cortar a cabeça de alguém" – estava ali para superar os concorrentes. Son House se lembrou bem daquela noite quando questionado a respeito dela em 1964.

Lembrava-se de que Robert estivera fora por um tempo. Então, "Willie e eu estávamos tocando de novo num lugarzinho a leste de Robinsonville, chamado Banks, Mississippi. Tocávamos lá numa noite de sábado e, de repente, alguém passou pela porta. Quem era, se não ele! Tinha um violão nas costas.

"'Bill!', eu disse.

"'Hein?', respondeu ele.

"'Olha quem passou pela porta.'

"Ele olhou e disse: 'Pois é. O pequeno Robert'.

"'E ele está com um violão.' E Willie e eu rimos disso. Robert enfim atravessou o povo e chegou até onde estávamos.

"'Bem, garoto, você ainda tem um violão, hein?', perguntei a ele. 'O que você faz com esse negócio? Não sabe fazer nada com isso aí.'

"'Bem, vou te mostrar', retrucou Robert.

"'O quê?'

"'Me deixe sentar aí por um minutinho.'

"'Tá certo, e é melhor você fazer alguma coisa com esse violão mesmo', falei, e dei uma piscada para Willie.

"Ele então se sentou e enfim começou a tocar. E cara! Era bom demais! Quando terminou, estávamos todos boquiabertos. Falei: 'Ora, se isso não foi rápido! Já era!'"[151]

Depois de impressionar House, Brown e todo mundo naquele *juke*, Robert se recostou e sorriu satisfeito. Havia cortado a cabeça deles e, literalmente, tomado o assento do mestre. Tocou mais algumas músicas antes de deixar House voltar a seu lugar ao lado de Brown e fechar a noite, mas as atenções ainda estavam voltadas para si.

House, *bluesman* mais experiente, o chamou de lado nos dias que se seguiram e tentou dar alguns conselhos a ele, tentou alertar sobre os perigos que ele encararia. "Ele ficou na área por pouco mais de uma semana, e eu lhe dei algumas instruções. 'Agora, Robert, você vai tocar por aí nesses bailes de sábado à noite. Precisa tomar cuidado, porque você é bem maluco por mulher. Quando, nesses bailes, as garotas encherem a cara de uísque de milho e misturarem com rapé e você tocar uma música da boa e elas gostarem, se aproximarem e te chamarem de papaizinho e te pedirem pra tocar de novo – bom, não deixe isso subir à cabeça. Pode acabar te matando'." Robert, porém, ainda entorpecido pelo sucesso em cortar cabeças, pareceu fazer pouco-caso desses alertas. "Ele só deu risada, sabe? Falei: 'Você precisa ter cuidado, porque é muito comum elas fazerem isso; e elas têm um marido ou um namorado bem ali no canto. Você se empolga com elas e não sabe o que está fazendo. Vai se dar mal'. Dei a ele as melhores instruções. Ele só disse 'OK'. Por fim, foi embora, pra outro lugar, com o violão."[152]

⟵⟶

Embora o relato muito citado de House viesse, depois, a atingir proporções míticas e resultar em muitas inverdades a respeito de Robert, os fatos básicos permanecem corretos. Infelizmente, alguns autores que escrevem sobre blues, ao inserirem as próprias crenças pessoais, insinuaram que os comentários de House indicavam uma crença de que Robert havia se valido de forças sobrenaturais para obter aquelas notáveis habilidades ao violão. Essas conclusões, e não os comentários de House (posto que ele nunca fez tal afirmação), foram os primeiros passos na construção da duradoura lenda da encruzilhada: o conto mais famoso de toda a história do blues. O que torna essa confiança mítica naquilo que House teria dito a respeito de Robert ainda mais absurda é o fato em geral despercebido de que House também passara por uma transição parecida: um ano depois de comprar o primeiro violão, já estava tocando profissionalmente. Seu biógrafo, Daniel Beaumont, descreveu o desenvolvimento rápido: "Depois que House começou a aprender violão, o que aconteceu em seguida foi [...] surpreendente – a rapidez com que sua nova carreira progrediu. Em questão de semanas, ele já estava tocando sozinho em festas".[153] Uma evolução musical tão rápida certamente não era menos notável no caso de House, porém o feito dele nunca foi associado com um pacto na encruzilhada, como se fez com Robert. Para a comunidade que o conhecia, Robert era um músico que foi de "bom tocador de canções antigas" a "um músico excelente de canções de própria autoria". De algum modo, o progresso dele permitiu que as superstições sulistas se entremeassem à realidade. Como isso aconteceu é um estudo de caso de criação folclórica.

Tanto o folclore africano quanto o europeu contêm histórias de pactos feitos numa encruzilhada. Em ambas as tradições, a encruzilhada é um lugar sobrenatural, com poderes singulares. De forma parecida, a barganha faustiana era um tema muito familiar na tradição afro-americana, anterior ao desenvolvimento do blues popular. O estudioso do blues Julio Finn defende que "a tradição de fazer um pacto na encruzilhada com o intuito de obter habilidades sobrenaturais não é nem uma criação afro-americana, nem uma invenção do folclore do blues, mas se originou na África e é um ritual de adoração vodu". E, de fato, as raízes africanas da versão afro-americana dessa crença parecem incontestáveis.[154] Como foi adotada por muitos membros da comunidade negra estadunidense e sincretizada com crenças religiosas ocidentais na figura do diabo, a ideia da venda da alma ou de um pacto com um "Grande Homem Negro" ou o diabo se tornou um tema comum em narrativas e canções populares. A chave para entender a prevalência de tal crença é compreender o momento e o lugar em que essa narrativa existia e o povo afro-americano majoritariamente rural para quem ela tinha significância. A cultura era repleta desse folclore.[155]

Em 1926, Niles Newbell Puckett reuniu crenças a respeito de fazer um pacto na encruzilhada em *Folk Beliefs of the Southern Negro*.[156] O Projeto Federal de Escritores (1935-1939) coletou ativamente histórias de conjuração na comunidade negra. Em 1931, Zora Neale Hurston publicou "Hoodoo in America" no *Journal of American Folklore*[157] e, em 1935, *Mules and Men*, em que descreveu sua iniciação pessoal no vodu/hodu.[158] Entre 1935 e 1939, o folclorista Harry Middleton Hyatt coletou dezenas de versões populares dessa crença, todas de conteúdo similar: um indivíduo iria a uma encruzilhada à meia-noite e faria um acordo com o diabo ou com um "grande homem negro"[159]. Em seu livro de 1939, *After Freedom: A Cultu-*

ral Study in the Deep South, Hortense Powdermaker argumentou que uma conexão entre o cristianismo e o vodu/hodu não era contraditória: "Com frequência, porém, aqueles devotadamente religiosos também são crentes devotos nas superstições populares correntes e não enxergam o cristianismo e o vodu como conflitantes, de forma alguma... Para uma grande parte das classes média e baixa, elas [as superstições] ainda têm significância. A geração mais velha é a que adere com mais força às superstições, mas também há jovens que creem".[160]

Quando questionada a respeito da lenda décadas depois da morte de Robert, Willie Mae Powell, uma de suas namoradas e prima de Honeyboy Edwards, acreditou naquilo que Edwards supostamente contou a ela: "Ele [Robert Johnson] disse a Honeybear [Honeyboy Edwards] que tinha se vendido, no cruzamento da estrada, à meia-noite. Honeybear diz que é verdade! Ele me falou. Falou mesmo! Ele queria ser um músico nato, do tipo que toca qualquer coisa".[161] Outra namorada de Robert, "Queen" Elizabeth, também de Quito, Mississippi, foi ainda mais assertiva a respeito de Robert ter feito um acordo na encruzilhada. "Ele foi mesmo para a encruzilhada e aprendeu, foi lá e começou a tocar. Foi o que eu ouvi. Perguntei a ele. Se quero saber, eu pergunto. Bem, é onde você tem que tocar! Vendeu a alma ao diabo."[162]

É importante lembrar que essas declarações foram feitas nos anos 1980, quase cinquenta anos depois da morte de Robert e vinte anos depois que o relançamento de sua música o transformou num ícone cultural. É incerto, portanto, se essas "recordações" podem de fato ser atribuídas ao próprio Robert ter feito essas afirmações ou se elas são o resultado de uma criação folclórica-icônica: pessoas dizendo aquilo que acreditam que os outros querem ouvir. Uma coisa *é* certa: a crença hodu sobrevivia na comunidade negra na época em que Robert tocava e gravava. Porém, como Queen Elizabeth indicou, não apenas o mito da encruzilhada era culturalmente importante, a crença num diabo personificado também o era.

O reverendo Booker Miller, um ex-*bluesman* de Greenwood, explicou: "O pessoal das antigas acreditava que o diabo ia te pegar por tocar blues e viver daquele jeito".[163] O diácono Richard Johnson, pastor da Igreja Batista Payne, em Quito, Mississippi, ecoou as reflexões de Miller: "Meu pai me contava de cantores que haviam feito pactos com o diabo ao vender a alma. É o que diziam a respeito de Robert Johnson. Acho que ele escreveu uma canção sobre isso. Meio que me lembra da velha história do Genro do Diabo [Peetie Wheatstraw]. Aquele garoto doido achou que o diabo tinha uma filha bonita".[164] Henry Townsend, músico de blues de St. Louis que conheceu e viajou com Robert, refletiu sobre o poder da crença no diabo no folclore sulista: "Essa palavra, diabo, você se surpreenderia com o quanto ela é eficaz".[165] O blues e sua associação com a música do diabo criaram uma grande divisão nas famílias negras do Sul. Um autor aponta que "avós e pais alertavam que cantar blues garantia uma viagem rápida para o inferno".[166]

Robert se vira cara a cara com essas crenças. Presumir que ele não tivesse ciência de que fora implicado por aqueles ao redor nas mortes de duas esposas, como parte de sua associação à música do diabo, seria ignorar o senso comum. O guitarrista de blues Jimmy Rogers confirmou que também recebeu tal alerta: "Minha vó me criou, e ela era uma mulher cristã, que ia à igreja, e cara, eles são muito contra a música, o blues, ponto-final".[167] Uma história muito parecida foi relatada pelo violonista John Cephas: "Diziam que [o blues] era a música do diabo, e até hoje, minha mãe ainda é viva, e ela sempre me pede para tirar um tempo para a igreja e parar de cantar blues. Ela ainda diz isso, sabe?".[168]

Os primórdios do blues são repletos de gente que usava a associação ao diabo como uma ferramenta de marketing ou o mencionava nas letras. Em 1924, Clara Smith cantava "Done Sold My Soul to the Devil":

> *I done sold my soul, sold it to the devil, and my heart done turned to stone,*
> *I've got a lot of gold, got it from the devil, but he won't let me alone.*
> *He trails me like a bloodhound, he's slicker than a snake,*
> *He follows right behind me, every crook and turn I make.*
> *I done sold my soul, sold it to the devil, and my heart done turned to stone*[169]*.*

["Vendi mesmo a minha alma, a vendi para o diabo, e o meu coração virou pedra,

Tenho muito ouro, ganhei do diabo, mas ele não me deixa em paz.
Ele me persegue como um cão de caça, é mais liso que uma cobra,
Ele me segue bem de perto, a cada desvio e curva que faço.
Vendi mesmo a minha alma, a vendi para o diabo, e o meu coração virou pedra"]

Na canção de Smith, seu pacto foi retribuído com riquezas em ouro, mas, em troca, o diabo transformou o coração dela em pedra. O cão de caça – "*bloodhound*" – que a segue é sem dúvida similar ao uivo de Robert Johnson "*I got hellhounds on my trail*" ["Tenho cães do inferno* no meu encalço"].

Peg Leg Howell, *bluesman* de Atlanta, cantou "*I cannot shun the devil, he stay right by my side*" ["Não consigo espantar o diabo, ele fica bem do meu lado"] em sua gravação de 1928 "Low Down Rounder Blues".[170] "Blue Spirit Blues", de Bessie Smith, em 1929, declarava: "*Evil spirits, all around my bed / The devil came and grabbed my hand / Took me way down to that red hot land* "[171] ["Espíritos malignos ao redor da minha cama / O diabo veio e pegou a minha mão / Me levou lá para baixo, para aquela terra escaldante"]. Em 1931, J. T. "Funny Paper" Smith, *bluesman* do Texas e de Oklahoma, cantou: "*You know this must be the devil I'm serving, I know it can't be Jesus Christ*"[172] ["Você sabe que devo estar servindo ao diabo, sei que não pode ser Jesus Cristo"]. Também na década de 1930, o pianista e violonista Peetie Wheatstraw se anunciava tanto como "o Alto Xerife do Inferno" quanto "o Genro do Diabo".

Sem dúvida, a crença popular num diabo personificado, no hodu e no poder da encruzilhada já existia bem antes de Robert Johnson. Entretanto, também sem dúvida, o Robert Johnson que retornou ao Delta era um homem mudado. Como músico, era um violonista e letrista melhor, que na época tocava canções autorais. Na vida pessoal, se tornara um in-

---

* De acordo com as notas da transcrição da letra de "Hellhound On My Trail" no livreto que acompanha a caixa *The Complete Recordings*, o dicionário Webster define "*hellhound* " como "um cão do inferno, como Cérbero na mitologia greco-romana, cão de três cabeças que guarda os portões de Hades". (N. do T.)

Curandeiro afro-americano usando flanela e um cordão com noz-moscada.
*Cedida em nome de Newbell Niles Puckett, Biblioteca Pública de Cleveland,
Departamento do Acervo de Belas-Artes e Coleções Especiais*

divíduo beberrão, mulherengo e blasfemo que preferia ser solitário. Independentemente de qual lado da transformação de Robert as pessoas viam, ele era um homem pronto para ganhar a vida tocando a música do diabo. E independentemente das palavras de alerta de House, embarcava numa nova fase de sua carreira que, por fim, o levaria a algum grau de fama – e, depois, à morte.

⟷

Depois de retornar a Clarksdale, Robert começou a fazer planos para usar os novos talentos. Ike Zimmerman, ao ver o sucesso do jovem aprendiz, voltou para a família e o trabalho em Beauregard. Robert começou a usar todas as novas habilidades para se apresentar no máximo de *jukes* e festas, e atrair o máximo de mulheres que conseguisse.

Um dos pequenos *jukes* que frequentava era o de Elizabeth Moore, em Friars Point. "Ele vinha e tocava para mim", recordou-se ela, sem se lembrar de quanto pagava a ele. "Eram poucos dólares", disse. E sempre que Robert lhe dizia que um dia gravaria discos e se tornaria famoso, ela só ria. Não tinha ideia de que estava recebendo uma futura lenda. Era só mais um amigo da casa com quem adorava farrear e ouvir tocar "aqueles blues lamacentos". Ela preferia a música de Robert à dos mentores dele, House e Brown, a quem ouvira inúmeras vezes nos *jukes*. "Olha, esse Robert Johnson estava acima de Son", acreditava ela.[173]

Gerenciar um *juke* era uma tarefa perigosa e nada fácil. Joe Callicott, *bluesman* de Hernando que gravou em 1930, recordou-se de um incidente em que "um homem foi morto a tiros e o outro levou tanta facada e foi largado para morrer que deve ter morrido" numa festa em uma cidade perto dali. "Era preciso ficar de olho aonde você ia e para quem tocava", alertou Callicott. Ele e o amigo Garfield Akers (também conhecido como Garfield Partee), com quem gravou em 1929, sempre se apresentavam um de frente para o outro. "Eu ficava de olho no que estava atrás dele, e ele ficava de olho no que estava atrás de mim. Assim, ninguém conseguiria chegar de surpresa pelas costas e tentar nos matar."[174] Booker Miller sempre andava com um revólver calibre 38 no cinto e dizia que "teria matado qualquer um" que tentasse fazer mal a Charley Patton quando os dois tocavam juntos em *jukes*, de 1930 a 1934. O marido de Elizabeth, Willie, dizia que os porteiros dos *jukes* de cidades como Memphis sempre recolhiam armas na porta ("facas e armas de fogo") para refrear a violência. Porém, um *juke* rural era diferente. Cabia ao anfitrião fornecer proteção, bebida e comida ao músico.

Pete Franklin, antigo *juker* que cresceu no Cinturão Negro do Alabama, relembrou uma noite de sábado típica do fim dos anos 1930 num *juke* no condado de Marengo, Alabama. "Começava umas cinco horas e durava a noite toda. Eram vinte e cinco centavos para entrar, vinte e cinco centavos por meio *pint* de *moonshine* e vinte e cinco centavos por um sanduíche de peixe. Contanto que tivesse dinheiro, você poderia ficar a noite toda, até que o sol nascesse na manhã de domingo. Um ou dois caras tocavam para as pessoas dançarem."[175] Por mais perigosos que pudessem ser esses *jukes*, Robert se deleitava em se apresentar neles. Esses lugares representavam a vida que ele amava: música, bebida e mulheres. As únicas coisas que ele queria mais do que esse estilo de vida eram Virgie e o filho Claud.

Em maio de 1932, Robert retornou ao condado de Copiah para tentar uma reconciliação com a mãe de seu filho, mas, mais uma vez, foi rejeitado. Os pais e avós de Virgie eram muito religiosos e se opunham à mera presença de Robert na propriedade: primeiro porque ele havia engravidado a filha deles, e segundo porque sua música era "a obra do diabo".[176] Por fim, em agosto, Robert tentou, pela última vez, levar Virgie e o filho, Claud, para Memphis, mas Virgie novamente se recusou a ir. Ele deu vinte ou trinta dólares a ela para ajudar com o menino. Foi a última vez que os viu: "Quando Claud tinha cinco meses", relatou Virgie, Robert "passou na casa da minha mãe, e depois, quando tinha oito meses, passou de novo. Depois, me pediu para ir ao Tennessee com ele. Foi a última vez. Mas eu recusei. Então foi embora e eu nunca mais o vi".[177]

Embora profundamente desapontado por ter sido renegado mais uma vez por causa de sua música, Robert tinha outros parentes que moravam perto de Virgie, em cujos lares poderia encontrar aleento. Tanto os Majors quanto os Dodds eram famílias grandes, e ele tinha parentes em ambos os lados, espalhados por todo o Mississippi, alguns dos quais nem chegara a conhecer. Um desses parentes era sua tia Clara Majors Rice, irmã mais nova de Julia, que morava em Hazlehurst. Robert provavelmente não a conhecia quando visitou a cidade pela primeira vez à procura do pai, mas sua mãe pode ter lhe contado a respeito dela quando ele retornou a Robinsonville. Nem os Zimmerman nem Eula Williams se lembraram dela, então é improvável que Robert a conhecesse naquela época. Quando enfim se conheceram, ele disse a sua tia Clara que se tornara músico porque "não queria trabalhar por cinquenta centavos o dia" na lavoura.[178]

Daí em diante, sempre que estava por perto de Hazlehurst, passava na casa de Clara. O filho dela, Howard, se recordou de Robert demonstrar uma variedade de habilidades musicais. Chegava com o violão "atravessado nas costas com uma capa de colchão velha – uma capa de colchão listrada. Não acho que fabricam mais aquilo. Uma capa de colchão listrada azul e branca. Carregava num saco. E, quando ia embora, simplesmente colocava nas costas".[179] Porém, não era só o violão que Robert levava. A capa de colchão azul ia cheia de roupas que precisavam ser lavadas. "Ele vinha nos visitar e, se tivesse roupa para lavar, [Clara] lavava. E ela cozinhava e dava comida para ele. E ele ficava um ou dois dias, depois provavelmente seguia viagem."[180] A música que tocava durante essas visitas fazia dele um herói para os parentes mais jovens. Assim como entretinha a irmã caçula e os amigos dela em Memphis, Robert ficava contente em entreter as crianças por ali também. Talvez fosse a maneira dele de compensar pelos dois filhos que perdera. "Bem, íamos até a mata e tal e ele tocava violão", seu primo se lembraria, "e a gente tinha outro instrumento, um harmônio, de fole, que era preciso bombear. Ele sabia tocar. Também sabia tocar piano. Então tocava e cantava. Ele era nosso ídolo, sabe? O ídolo de uma criança.[181]"

Embora pudesse ter a roupa lavada e entreter os parentes em Hazlehurst, Robert escolheu fazer da cidade de Hattiesburg, bem maior, seu novo lar. Lá havia mais pianistas do que violonistas que trabalhavam nas ruas e nos *jukes* e, com suas habilidades superiores ao violão, ele não teria concorrência de verdade. Na rodovia 49, a 140 quilômetros ao sul de Jackson e Hazlehurst, Hattiesburg tinha uma população de mais de dez mil habitantes. Robert poderia viver melhor a vida tocando num local desse tamanho do que na pequena comunidade de Hazlehurst. Duas ferrovias – a Norfolk & Southern e a Gulfport Ship Island – passavam pela cidade. Se Robert quisesse, poderia usar qualquer uma das duas para chegar a Gulfport, ao sul, ou a Jackson, ao norte. Era o lugar perfeito para um músico de blues em ascensão.

Robert logo passou a percorrer as ferrovias, de Hattiesburg a Jackson, onde conheceu outro jovem *bluesman*, Johnnie Temple, que morava na rua Jefferson sul e crescera ouvindo músicos na casa do padrasto. O *bluesman* Tommy Johnson, que morava em Crystal Springs (entre Jackson e Hazlehurst), e o padrasto de Temple, Lucien "Slim" Duckett, tocaram juntos por muitos anos. Pode ter sido por essa associação que Robert ficou sabendo do suposto pacto de Tommy Johnson na encruzilhada e decidiu que esse mito se encaixava na própria vida. "Ele chegou aqui em uma tarde de sexta-feira, num trem de carga, e eu trombei com ele. Disse que seu nome era R. L. Foi o que me disse. E que era de Hattiesburg." Temple não tinha motivo para duvidar do jovem músico e, logo depois do encontro, Robert deu início a uma rotina semanal: nas tardes de sexta-feira, pegava um trem de carga de Hattiesburg a Jackson. Em seguida, os dois iam "até West Jackson para tocar na sexta à noite e ele pegava outro trem de lá, no sábado de manhã. Subia até o condado de Sunflower [mais 160 quilômetros ao norte de Jackson]. Passava de novo por aqui na segunda-feira de manhã e seguia para Hattiesburg. Fez isso por uns dois meses. Nunca mais o vi depois que fui embora para Chicago".[182]

Hattiesburg, Mississippi, por volta de 1926.
Bruce Conforth

Robert ficou em Hattiesburg até pelo menos o fim de 1933 ou o início de 1934, segundo Temple. Alguns historiadores do blues postularam que foi Temple quem ensinou Johnson a tocar o baixo marcado, gravado por Temple pela primeira vez em "Lead Pencil Blues", em maio 1935. No entanto, Temple admitiu abertamente que foi R. L. quem *lhe* ensinou a linha. "Ora, vou te dizer, no que diz respeito a essa batida aí [a linha de baixo de *boogie*], R. L., o garoto de quem lhe falei, [foi] o primeiro que ouvi usá-la, e fui eu quem a levou para Chicago. E fui eu quem popularizou essa batida. Era parecida com um baixo de *boogie* ao piano. Mas foi R. L., o garoto, quem me ensinou, sim, senhor, aprendi de R. L. em 32 ou 33. Fui a primeira pessoa a levar esse baixo marcado para Chicago", vangloriou-se. "Aprendi com aquele garoto R. L."[183] Essa levada *boogie* em particular se tornou um dos mais importantes *riffs* do blues. Embora Temple tenha entrado em um estúdio um ano antes de Robert, admitiu honestamente que aprendeu a linha de baixo com ele pelo menos dois anos antes disso. Em troca, mostrou a afinação aberta em mi menor que aprendera com Skip James. Robert lançou mão dessa afinação uma única vez em estúdio, em "Hellhound On My Trail". A gravação de Temple de "Lead Pencil Blues" deve ter incomodado Robert quando ele a ouviu, pois com isso perdera a chance de ser o primeiro a gravar seu som de violão novo e dinâmico. Isso pode ajudar a explicar por que, mais tarde, tenha se tornado tão reservado quanto a seu jeito de tocar.

A essa altura, Robert já tinha estabelecido um itinerário regular de viagem. Aos sábados, pegava o trem de Jackson até o condado de Sunflower. A linha Yazoo & Mississippi Valley o levava direto a Moorehead – onde a Sulista encontra o Cachorro –, que também ficava perto de Indianola, Holly Ridge, Itta Bena e outras cidadezinhas com *jukes*. Ele retornava a Hattiesburg e repetia o mesmo roteiro semana após semana.

Contudo, o comportamento curioso que Eula Mae Williams notara em Robert ainda em Hazlehurst logo retornou: mais uma vez, ele aparecia em algum lugar, ficava por um curto período e, sem se despedir, simplesmente desaparecia. Depois de tocar com Temple por vários meses, Robert sumiu de novo. Dessa vez, voltou para o Delta. Seus dias itinerantes estavam apenas começando.

Johnnie Temple.
Gayle Dean Wardlow

10

traveling riverside blues

BLUES DAS ANDANÇAS ÀS MARGENS DO RIO

Robert então se encontrava em movimento constante. Nenhum lugar era capaz de segurá-lo depois que ele terminava de tocar e de amar qualquer mulher que conseguisse seduzir. Suas andanças o levavam por toda a extensão do estado do Mississippi e, num desses percursos, ele mais uma vez se deparou com Eula Mae Williams. Ela trabalhava num pequeno café do qual a irmã era dona, na cidade de Shelby, no Delta. Sem que Williams soubesse, Robert fora contratado para se apresentar ali por um breve período. "Ele chegou no café da minha irmã. Sabia quem eu era e ficou meio surpreso em me ver. 'Olá, garota', disse, e eu falei oi de volta."[184]

Eula Mae perguntou se ele planejava voltar a Hazlehurst para ver Virgie e Claud e Robert foi taxativo em dizer que não. Sabia que Virgie havia se casado com um homem chamado Smith e prosseguiu dizendo a Eula Mae que estava "ocupado demais" com a música.[185] Por mais que quisesse levar Virgie e Claud embora, ele não suportaria ser rejeitado mais uma vez. Ficou em Shelby apenas o suficiente para se apresentar, nem procurou uma mulher com quem passar a noite, e foi embora tão depressa quanto chegou.

Logo depois, partiu para o Arkansas, para Helena em particular, onde o blues era uma febre. No fim de 1933 ou início de 1934, Robert conseguiu trabalhos regulares para tocar no *juke* Hole in the Wall. A cidade de Helena da década de 1930 era de bom tamanho, com todas as facilidades de um ambiente mais urbano: um hospital próprio, um centro próspero e um sistema de ônibus. No principal centro do blues do Arkansas, Robert conheceu e tocou com Sonny Boy Williamson II, Robert Nighthawk, Elmore James, Hacksaw Harney, Calvin Frazier e muitos outros que passavam pela cidade à beira do rio.

Helena era a base perfeita para ele, porque, dali, podia facilmente viajar para tocar no *juke* Blue Goose, saindo da rua 8, em West Memphis, e em outro *juke* em Marianna, Arkansas, a uns trinta quilômetros a nordeste. Em Helena, se aliou a um violonista, Wash Hamp, que o acompanhava assim como Willie Brown a Son House. Willie Moore ouviu falar da música dos dois: "[Robert] e um outro rapaz chamado... aquele rapaz, Hamp, de Helena. Wash Hamp. Ele era de Helena, sabe? Fazia o segundo violão para ele. Tocavam juntos".[186]

Além do Hole in the Wall, havia *jukes* e clubes o bastante para que o blues rolasse sete noites por semana. As ruas do centro de Helena – Elm, Phillips, Walnut e parte da Cherry – eram repletas de recintos onde os *bluesmen* tocavam a noite toda para casas cheias. Até as calçadas eram locais populares de apresentação para muitos músicos.

A maioria dos *jukes* pagava à polícia branca por proteção com parte dos lucros. O povo ia aos *jukes* para jogar cartas e jogos de azar, beber e farrear: eram lugares agitados e perigosos. Johnny Shines, que logo conheceria Robert, recordou-se de que a clientela poderia ficar tão fora de controle que certas precauções se faziam necessárias: "A cerveja era servida em copos; o uísque, você precisava beber da garrafa. Não tinha copo para beber uísque, então você bebia da garrafa ou usava o copo de cerveja, geralmente uma lata. Veja bem, não podia haver canecos, porque ia virar um pandemônio, iam abrir a cabeça das pessoas com eles. Esses lugares eram dureza".[187] Os *bluesmen* sabiam que havia um bom dinheiro a ser ganho nos *jukes* de Helena e competiam muito para tocar neles. Para conseguir trabalho em um, um músico tinha de ser não só talentoso, como também sortudo, e Robert era ambas as coisas.

Se o dono de um *juke* ouvisse falar de um músico, em geral o procurava e lhe fazia uma oferta, talvez de um dólar e cinquenta centavos por uma noite, mais gorjetas. As gorjetas eram o que determinava o sucesso de uma apresentação, porque se o público não gostasse de você, ou se você não soubesse tocar os pedidos, ficava só com o dólar e os cinquenta centavos oferecidos pelo dono. Se, por outro lado, soubesse tocar as músicas mais recentes do rádio e dos discos e atender aos pedidos, poderia literalmente tomar um banho de dinheiro. Johnny Shines se recordou de que "às vezes jogavam dinheiro de qualquer jeito, chegavam e enfiavam no violão, qualquer coisa".[188] Robert tinha um ótimo ouvido para as canções mais novas. Apresentava então blues populares, algumas composições próprias (muitas baseadas em gravações anteriores de outros artistas) e *standards* famosos como "My Blue Heaven" e "Yes Sir, That's My Baby". Ele sabia muito bem que, se não fosse capaz de tocar os sucessos mais recentes do dia, não importava quão boas fossem as outras músicas, não ganharia dinheiro o suficiente. As pessoas ainda não queriam ouvir Robert Johnson, queriam ouvir aquilo que escutavam no rádio, e Robert era particularmente hábil em reproduzir essas canções.

Ele ganhava um bom dinheiro para um músico negro de blues e música popular, mas, para ele, o aspecto mais intrigante de Helena era uma mulher da cidade, chamada Estella Coleman, mãe de Robert Lockwood, a única pessoa com quem Robert compartilharia suas técnicas de violão. Estava acostumado a seduzir mulheres com sua música, mas, segundo Lockwood, ele basicamente se convidou para ir morar com Estella e a família dela. "Robert seguiu [minha mãe] para casa e ela não conseguia se livrar dele. Não sei se foi assim que ele a conheceu, mas eu nunca tinha ouvido falar nada desse Robert Johnson até que ele a seguiu até em casa. Acho que ela não sabia nada a respeito dele até aquele dia. Não conseguia se livrar dele."[189] Uma mulher magra e de pele bem clara, Estella era tratada como rainha. Não era só mais uma conquista de *juke joint* para Robert, mas alguém por quem ele tinha sentimentos verdadeiros. Quando não estava tocando violão, a paparicava, gastava dinheiro com a família dela e lhe comprava presentinhos. Robert se incorporou à família, o que deve ter sido um cortejo estonteante para Estella, pois ela passara por uma série de relacionamentos fracassados.

O censo dos EUA de 1920 mostrou que Robert Lockwood e Estella Lockwood moravam originalmente em Big Creek, Arkansas, e, além de seu filho de quatro anos, Robert Jr., viviam com eles dois pensionistas: Milton Staines e Lonzo Williams.[190] No entanto, Robert Sr. e Estella se divorciaram pouco depois desse censo e ela se casou com Staines.

O censo dos EUA de abril de 1930 contém diversas surpresas a respeito de Estella, que, a essa altura, morava num prédio na alameda do hospital em Helena. O registro menciona seu filho, Robert, mas também inclui uma filha, Omega Washington, de dezessete anos, ausente de registros anteriores do censo, e Milton está ausente. Há também dois hóspedes diferentes: Joe Coleman e Cinderella Mattley, acompanhada da filha e de uma prima.[191] Não se sabe o que aconteceu com Milton, mas, no dia 1º de julho, Estella e Joe Coleman se casaram. Ao que parece, os dois se conheciam de Big Creek e, quando ele se mudou para Helena, se reencontraram. Coleman era motorista particular e ganhava uma vida decente sem ter de fazer trabalho braçal. Estella e Joe ficaram juntos por pelo menos três anos, e só então Robert Johnson se tornou íntimo da família.

Todos os registros indicam que Robert Lockwood nasceu em 1915 ou 1916, porém, em diversas ocasiões, ele afirmou ter conhecido Robert Johnson quando menino, com apenas onze anos de idade. Em outras, afirmou que tinha treze anos quando conheceu Robert.[192] Essas idades, contudo, não batem com o que se sabe a respeito de Johnson. Lockwood tinha onze anos em 1926 ou 1927 e, nessa época, Johnson, com dezesseis ou dezessete, ainda morava com a mãe, Julia, na *plantation* Abbay & Leatherman. Quando Lockwood tinha treze anos, em 1928 ou 1929, Robert Johnson estava cortejando e se casando com a primeira esposa, Virginia. Além disso, Lockwood alegou que a primeira canção que aprendeu de Robert foi "Sweet Home Chicago", mas essa música foi baseada em "Old Original Kokomo Blues", de Kokomo Arnold, que foi gravada em Chicago em setembro de 1934. Arnold era firmemente parte da cena de lá e não tinha motivo para viajar ao Delta, e Robert ainda não tinha viajado para Chicago, então é improvável que Johnson tenha ouvido uma performance ao vivo de "Old Original Kokomo Blues", e sim adaptado "Sweet Home Chicago" depois do lançamento do disco de Arnold. Também sabemos que Robert esteve em Hattiesburg e Jackson com Johnnie Temple até pelo menos 1933 e que não se mudou para Helena antes da morte de Callie Craft. Apesar da probabilidade de ter estado em Helena por vários meses antes de conhecer Estella, ele só se tornou parte da família ou conheceu e começou a ensinar violão a Lockwood bem no fim de 1934.

Registro da família Lockwood no censo de 1920 de Big Creek, Arkansas.
Departamento do Comércio, Serviço de Censo

Contudo, antes mesmo de conhecer Robert, Lockwood já começara a tocar piano e órgão. "Eu tinha oito anos quando comecei a tocar piano, e toquei até os doze anos. Meu avô era pregador e nós tínhamos um velho órgão em casa, sabe? Então, quando ele saía, minha avó me deixava tocar blues. Eu tinha uns dois primos que sabiam tocar algumas músicas no piano, e essa foi a minha introdução."[193]

Lockwood também já estava bem familiarizado com o blues antes de Robert entrar na vida dele. Sua família tinha todo um acervo de discos de blues: Blind Blake, Ma Rainey, Ida Cox, Texas Alexander e Blind Lemon Jefferson. No entanto, um artista em particular era seu favorito. "Eu era louco pelo Leroy Carr. Ele tinha uma coisa tão descontraída. Scrapper [Blackwell] e Leroy trabalhavam juntos."[194] Embora o rapaz gostasse de blues, não tinha interesse no violão em particular. Incomodava-se com aquilo que considerava limitações musicais do instrumento. Entretanto, o jeito de tocar de Robert Johnson mudou não só sua opinião sobre o violão, como também, em última instância, sua vida. "Eu nunca tive vontade de fato de tocar violão até Robert Johnson aparecer. Todos os violonistas daquela época – eram sempre dois, um tocava acordes e o outro tocava

Registro de Estella Staines, Robert Lockwood Jr. e
pensionistas no censo de 1930 de Helena, Arkansas.
Departamento do Comércio, Serviço de Censo

melodia, eu simplesmente não gostava daquilo. Robert apareceu tocando tudo sozinho. Para mim, isso foi muito eletrizante. Eu sempre quis tocar algo que não necessitasse de ajuda, sabe? Não achava que aquilo poderia ser feito. E então, quando o vi fazer, decidi que era o que eu queria fazer, sabe, então enchi o saco dele até ele enfim começar a me ensinar."[195]

Robert foi um professor surpreendentemente paciente. Até ajudou Lockwood a construir seu primeiro violão, relembrando como foi quando sua meia-irmã Carrie o ajudara a fazer um, em 1926. "Ele comentou de fazer um violão para mim uma vez, e eu topei. E o ajudei. Pegamos aquela parte fininha de vinil – o acabamento da madeira que colocam em móveis –, tiramos isso da vitrola e foi o que usamos para fazer o violão. Também usamos uma velha caixa de queijo – antigamente o queijo vinha em caixas. Robert esculpiu o braço com madeira, aplainou com uma plaina e colocou trastes. Eu o ajudei a fazer isso. O instrumento ficou inteiro por uns seis, sete meses. Não tínhamos o tipo de cola necessário pra segurar as coisas, sabe? Mas até que durou bem."[196]

Lockwood praticou no violão caseiro com um entusiasmo que deve ter lembrado Robert da própria paixão jovial pelo instrumento e, quando

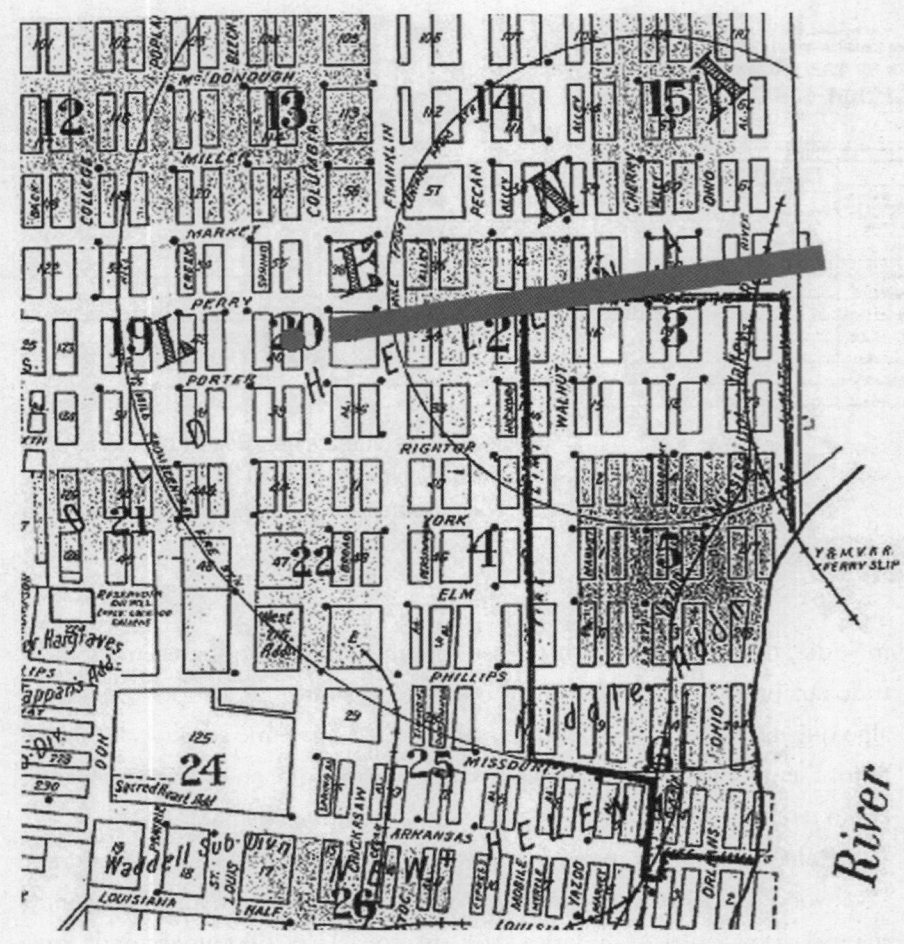

Localização da casa de Coleman e Lockwood, no centro de Helena.
Bruce Conforth

a tia de Lockwood lhe deu um violão de verdade, as memórias de Robert devem ter transbordado para seu primeiro violão comprado numa loja. "Quando [o violão caseiro] desmontou, minha tia me comprou um", recordou-se Lockwood. "Aí *todo mundo* estava frito."[197]

Robert parece ter sentido mais afinidade com o músico mais jovem, que estava apenas começando, do que com qualquer um dos contemporâneos com quem competia. Tudo o que Lockwood se recordou daqueles tempos foram quase reflexos das experiências pelas quais Robert passara ao aprender a tocar. A única diferença é que ninguém surrava Lockwood por preferir o violão ao trabalho no campo.

Com o violão comprado na loja, Lockwood admitiu que estava "aprendendo rápido". "No começo, ele me dizia onde colocar os dedos, mas depois de uns três meses não precisou mais. Quando eu perguntava alguma coisa, ele se sentava e me mostrava. Ele deixava o violão de lado e eu, de fininho, ia lá e pegava. Ia lá pegar. Ele não me ouvia quando eu pegava o violão... Bem, não era difícil aprender – aprendi muito rápido. Aprendi tão rápido que empolguei tanto a ele quanto a minha mãe. Ele me mostrava uma coisa uma vez e, quando via, eu já estava tocando pra burro."[198] Lockwood ainda se recordou: "Eu tocava a noite toda e o dia todo, e a minha mãe tinha de pegar um pedaço de lenha do fogão e sair correndo atrás de mim para me espantar da casa. Eu tocava a noite toda e o dia todo. Quando eu não estava dormindo, estava tocando. Foi assim que aprendi tão rápido. Porque eu dormia com o violão".[199]

Com o tempo, Lockwood se tornou tão associado à música de Robert que muita gente acreditava que ele se chamava Robert Junior unicamente pela relação dos dois. Porém, ser chamado de Junior por esse motivo o incomodava: era Junior desde o nascimento, recebera o nome do pai.

Pela primeira vez desde a morte de sua esposa Virginia, Robert tentou se comprometer pelo menos por algum tempo com alguém. Porém, no fim, nem Estella e o filho foram capazes de parar as andanças e farras dele. Lockwood logo ficou competente o bastante para acompanhar Robert e tocar violão base para ele em apresentações. No finalzinho de 1935, as andanças os levaram a um dos locais tradicionais em que Robert tocava, Tutwiler, Mississippi, onde, num exemplo bastante bizarro de azar, ele foi atropelado por uma caminhonete. Depois de menos de um ano juntos, o acidente fez com que a relação musical e pessoal dos dois chegasse ao fim. "Fui para o Mississippi com Robert naquela vez em que ele foi atingido por uma caminhonete", recordou-se Lockwood, "e nós ficamos em Tutwiler. O atropelamento de Robert foi, em parte, por minha causa, porque eu não ia naquela direção, ia voltar pra casa. E ele deu meia-volta e, de costas, ao se virar, escorregou no para-choque da caminhonete e caiu debaixo dela. Fiquei por ali por três ou quatro dias até ele se recuperar, mas decidi que não ia mais acompanhá-lo."[200] Robert não se machucou muito feio, mas o incidente bastou para ajudá-lo a decidir que preferia ficar na estrada sozinho: vagar por aí por onde e como quisesse.

Estação de trem de Tutwiler.
Departamento de Arquivos e História do Mississippi

Quando retornaram a Helena, Lockwood encontrou um novo parceiro, Sonny Boy Williamson II (Aleck "Rice" Miller). "Quando conheci Sonny Boy Williamson, Robert o levou à casa da minha mãe. Eles se trombavam por aí e coisa e tal. Então ele chegou com Robert em casa certa noite. Os dois chegaram e imploraram à minha mãe que me deixasse ir para o Mississippi com [Sonny Boy]. Ela com certeza não queria que eu fosse. Ele me ouviu tocar em casa. Falou tão bem que ela enfim disse sim. Parti com Sonny Boy em 1936."[201]

Com Lockwood viajando com Williamson para tocar e a ânsia de Robert por andanças crescendo a cada dia, ele deixou Estella e começou a se preparar para alcançar seu objetivo definitivo. Queria gravar discos, mas precisava encontrar alguém que fizesse isso acontecer.

Um sujeito branco em Jackson, Mississippi, lhe traria essa oportunidade.

no jeito para partir

No outono de 1935, H. C. Speir, dono de uma loja de discos, foi contatado por Art Satherly, diretor de gravação da Vocalion/ARC, para procurar artistas para uma sessão a ser realizada no mês de outubro em Jackson. Satherly planejava gravar em Dallas com Don Law, seu gerente de vendas no Texas para as companhias de propriedade da Brunswick, e então fazer uma parada em Jackson na viagem de volta. Speir fora um aliado valioso para encontrar artistas excelentes para outras gravadoras. Satherly começou a trabalhar para a Paramount no início da década de 1920, passou a diretor do selo de gravação da companhia de rolos de piano* da QRS, que durou pouco, então entrou na ARC em 1930 e, em seguida, na Brunswick. Nas fusões da ARC no início dos anos 1930, a Brunswick foi combinada aos selos Vocalion e todas as gravações de música negra e antiga foram colocadas sob o controle de Satherly. Isso implicava que, se Robert fosse ter uma chance de ser gravado, Speir e Satherly seriam seus principais contatos.

Os dois homens vasculharam tanto Nova Orleans quanto o parque Handy, em Memphis, à procura de talentos e fizeram uma breve parada em Helena na viagem de volta, onde encontraram um *bluesman* pianista. Gravaram-no e alguns outros numa sessão de uma semana na rua Farish, no Crystal Palace, um salão de baile no segundo andar. Em Memphis, localizaram dois cantores já gravados anteriormente e providenciaram que

---

* Rolo de papel perfurado que, inserido numa pianola, piano mecânico e instrumentos automatizados similares, controla o movimento das teclas para a reprodução de uma determinada melodia. (N. do T.)

eles participassem de uma sessão. Ambos eram veteranos de sessões de gravação e um deles, o músico de *country blues* Robert (Tim) Wilkins, teve pelo menos cinco discos lançados entre 1928 e 1932. A outra, Minnie Wallace, era cantora de banda de cabaré e contara com alguns membros da Memphis Jug Band em suas gravações para a Victor.[202] Porém, as mais dinâmicas dessa sessão foram do violonista Isaiah Nettles, de Utica, perto dali, no condado de Hinds. Speir se recordou de encontrá-lo próximo de uma estação de trem na pequena comunidade de Rockport, perto de Taylorsville, no sul do Mississippi. "Eu o encontrei recolhendo trocados na estação em Rockport", recordou-se Speir. "Quando chegava numa cidade à procura de artistas, sempre ia primeiro à estação de trem." A versão de Nettles de uma canção de Blind Lemon Jefferson que ele intitulou "It's Cold in China" tinha um ritmo dançante de andamento acelerado, e o uivo agudo dele levou Satherly a lançar seu único disco como "Mississippi Moaner"*, com seu nome verdadeiro impresso embaixo do pseudônimo.

Embora Robert Johnson estivesse fazendo tudo o que sabia para se tornar um artista fonográfico, de algum modo passou batido tanto por Speir quanto Satherly na busca por talentos. Robert sem dúvida sabia da importância de Speir para gravar *bluesmen*. Sua associação com Johnnie Temple em 1934 teria lhe trazido essa informação, assim como vários dos mentores de Temple, incluindo seu padrasto, Slim Duckett, que Speir ajudou a gravar em 1930. Speir não se recordou de Robert ter feito um teste com ele antes de 1936 – se tivesse feito, só teria sido rejeitado pela falta de quatro composições originais. Um repertório autoral era extremamente importante para Speir. Quatro canções originais permitiam às gravadoras lançar um primeiro disco e ter uma reserva para um segundo lançamento, caso houvesse sucesso. Se isso acontecesse, uma nova gravação seria providenciada. As gravadoras não gravavam músicas que já constassem em seus catálogos, nem queriam que um artista novo gravasse um sucesso prévio. A versão de Robert para "My Blue Heaven" pode ser sido fantástica, mas não

---

* Em tradução livre, algo como "O Lamurioso do Mississippi". (N. do T.)

teria lhe rendido um contrato: o *crooner** branco Gene Austin já tivera um sucesso multimilionário com a canção em 1928. De um jovem violonista negro do Mississippi, as gravadoras só estariam interessadas naquilo que consideravam canções de blues de Robert, as quais se encaixariam no catálogo de música negra. Essas empresas consideravam dez mil cópias vendidas um sucesso e trabalhavam numa relação de uma por dez: "Sempre me diziam que era preciso um sucesso para pagar pelos outros nove, era assim que colocavam", apontou Speir. "Estavam sempre à procura de alguma coisa diferente. Para elas, [o *bluesman*] precisava ter algo de diferente dos demais que não vendiam." Ele acreditava de fato que as letras eram importantes, mas também que uma canção tinha de ter algum ímpeto ou um ritmo que a complementasse.

Depois da sessão de 1935, Speir fechou um segundo contrato com a ARC para uma sessão em julho de 1936 no hotel Hattiesburg. Satherly enviou seu diretor de vendas nacional, W. R. "Bill" Calaway, que contara com Speir em 1934 para encontrar Charley Patton e levá-lo até Nova York a fim de gravar para a Vocalion. Além de Patton, Speir também fora responsável pelas gravações de ícones lendários do Mississippi, tais como Son House, Willie Brown, Skip James, Ishmon Bracey, Tommy Johnson, Bo (Chatmon) Carter e Blind Joe Reynolds, *bluesman* da Louisiana. Colocava até anúncios em jornais na tentativa de encontrar talentos.

No fim das contas, Calaway nunca pagou Speir por aquela sessão de julho, que rendeu mais de setenta títulos de música negra dos artistas reunidos por ele; Speir ficou enojado: "Perdi dinheiro à beça naquele negócio. Calaway nunca me pagou um centavo. Decidi nunca mais trabalhar com ele". Também jurou nunca mais trabalhar para Satherly.

Robert, ao ficar sabendo das sessões em Hattiesburg depois que elas já tinham acontecido, apareceu na loja de discos de Speir no início do outono de 1936 para fazer um teste. Deve ter se apresentado com uma

---

* Cantor de músicas populares em tom lamentoso. (N. de E.)

H. C. Speir, década de 1920.
Gayle Dean Wardlow

> **WANTED**
>
> Blues Singers and Old Time Tuners to Make Records AT AN EARLY DATE.
>
> For many years Mr. Speir has been associated with all the leading record companies of America.
>
> Arrangements are underway to record here in Jackson real soon. If you can sing or play any instrument, see
>
> for further details.
>
> **SPEIR'S**
>
> 111 N. Farish Street
> Tel. 985
> Jackson, Miss.

Anúncio de jornal de H. C. Speir à procura de artistas, 1935.
Gayle Dean Wardlow

imagem bem estereotipada, pois Speir se recordou dele como apenas mais um dos incontáveis músicos que vinham de longe, da Geórgia e do Texas, a fim de fazer um teste para um contrato de gravação. Se as primeiras descrições de Robert ainda fossem precisas, ele chegou à loja de Speir com o violão nas costas, talvez até na capa de colchão em que carregava os pertences. No entanto, independentemente de sua aparência, seu estilo de tocar e cantar foram suficientes para impressionar Speir, que gostou do jeito como ele "jogava a voz para cima como Ishmon [Bracey] e Tommy [Johnson] faziam". Depois da audição, em que Speir fez uma gravação teste de "Kind Hearted Woman Blues", Robert se valeu do equipamento para fazer outro disco particular, como o que fizera na casa de ópera em Memphis e colocara para tocar para os amigos em Robinsonville. Pagou cinco dólares a Speir por um disco de alumínio de um lado só, que acabaria por ficar gasto devido a inúmeras rodadas numa vitrola à manivela que usava uma agulha de ponta de aço.

A loja de Speir, na rua Farish norte, 111, era singular para a região, já que ele havia comprado uma máquina de gravação em 1925 e, assim, trouxera a única oportunidade de gravação privada entre Memphis e Nova Orleans. Speir era a única pessoa na região capaz de fazer demos de seus artistas e gravações particulares por um preço razoável. "Acho que lembro daquele rapaz gravar um

Hotel Hattiesburg.
Biblioteca e Acervo McCain, University of Southern Mississippi

disco para si", recordou-se. Porém, ao lidar com tantos músicos itinerantes, Speir desenvolveu uma maneira de proteger seus interesses por meio de um contrato informal, escrito por ele mesmo, que determinava:

> Pelo valor e em consideração neste recibo de US$ 1,00, reconhecido por estimada consideração de boa-fé, venho por meio deste atribuir e conceder a H.C. Speir, gerente da Companhia Fonográfica Speir, Jackson, Mississippi, condado de Hinds, qualquer valor comercial e talento musical que eu possa ter, por um período de um ano, com a opção de renovação por mais um ano adicional. Em outras palavras, designo H.C. Speir como único gerente para assegurar o melhor benefício para meus talentos musicais, função delegada inteiramente a ele.
> Eu, ou nós, li o acordo acima e afirmo que, na presença destas testemunhas, que eu, ou nós, estou mentalmente são e de fato compreendo o acordo acima.[203]

Speir's Music Store, rua Farish, 111, Jackson, Mississippi. H. C. Speir está à direita.
Gayle Dean Wardlow

Trinta anos depois da audição de Robert, Speir não conseguiu lembrar se ele havia assinado ou não o contrato, mas se lembrou, *sim*, de que Robert tinha pelo menos quatro canções originais.

Normalmente, teria enviado um telegrama a Satherly, em Nova York, ou Law, em Dallas. Law começara a gravar artistas do Texas em 1934, tanto em San Antonio quanto num estúdio improvisado no moinho Burrus, entre Dallas e Fort Worth. Porém, por causa do ressentimento pela forma como foi tratado por Calaway, não enviou. Ao invés disso, disse a um empolgado Robert que iria contatar Ernie Oertle, vendedor da Vocalion de Nova Orleans, e que Oertle iria atrás dele se a gravadora se interessasse. Speir tinha, sim, algumas ressalvas quanto ao possível sucesso de Robert. As tendências mais recentes em gravações de música negra começavam a apresentar *bluesmen* de corte mais urbano, tais como Big Bill Broonzy,

Bumble Bee Slim, Washboard Sam, Memphis Minnie e Peetie Wheatstraw. Estes não eram apenas artistas solo, mas músicos que usavam *sidemen* – outros músicos que tocavam piano, bateria, baixo e às vezes até metais em suas gravações em Chicago. "Em meados dos anos 1930, começaram a gravar blues de piano com outros instrumentos e não tinham interesse real nos velhos blues de violão", disse Speir. "Não vendia tão bem quanto antes." Se ele tivesse prestado atenção apenas na mudança de estilos musicais, Robert talvez nunca tivesse sido gravado, mas Speir também se deu conta de que o mercado emergente das jukeboxes talvez fosse o veículo perfeito para as canções do *bluesman*.

Quando a Vocalion recebeu a prensagem teste de Robert, já usavam tanto um hotel em San Antonio quanto a sede da empresa em Dallas para fazer gravações, e assim continuariam até a Segunda Guerra Mundial. Ernie Oertle, o vendedor da Vocalion contatado por Speir, trabalhava na região da Louisiana-Mississippi em Nova Orleans, fornecendo discos a pontos de venda, como lojas de ferramentas e de móveis e drogarias em cidades pequenas. Seu território ia de Nova Orleans a Columbus, Mississippi, na rodovia 62, depois até Greenville e, por fim, Shreveport, no norte da Louisiana.

Speir deu o nome de Robert e o endereço da família dele em Memphis a Oertle quando conversaram na ligação mensal para falar de vendas e, em pouco tempo, chegou àquele lar a notícia de que Robert recebera uma oportunidade de gravar em San Antonio. O *bluesman* mal pôde conter o orgulho e contou a todos os amigos que iria para San Antonio gravar. Até se gabou disso para Elizabeth Moore. "Vou embora. Não sei quando vou voltar, porque vou ficar lá por um bom tempo. Mas vou para o Texas." Elizabeth perguntou: "'Pois é, rapaz, você vai até lá?' E ele disse: 'É, mas vou fazer música enquanto estiver lá'".[204]

No lar da família Spencer na rua Georgia, 285, que também abrigava Carrie e seu marido Louis, houve uma grande empolgação. O filho deles, Louis Jr., que recentemente se alistara na Marinha, estava de licença em casa, em trajes militares. Robert quis uma foto formal como músico profissional, iguais as que já vira de Charley Patton, Blind Lemon Jefferson ou

Ernie e Marie Oertle.
Jane Templin

Blind Blake. Pegou emprestados de Louis Jr. um chapéu discretamente diminuto e um terno risca de giz e, orgulhoso, entrou no estúdio dos irmãos Hooks, na rua Beale, para ser fotografado.

Em geral, fotógrafos como os irmãos Hooks tiravam diversas poses de ângulos diferentes como retratos reserva, mas apenas uma daquele dia sobreviveu. A foto, originalmente em posse de Carrie, mostra um jovem Robert alegre e otimista, acreditando que logo alcançaria sucesso nacional. Os dedos longos se destacam, montando um acorde complexo na escala de um violão Gibson L-1 de 1928.

O endereço da família, na rua Georgia, também rendeu o pano de fundo para sua única gravação de sucesso de verdade, "Terraplane Blues". Annye, a irmã caçula, relatou que Robert admirava um Hudson

Fotografia de Robert Johnson feita no estúdio dos irmãos Hooks.
© Delta Haze Corporation

Terraplane* verde, de 1936, que era frequentemente estacionado perto da casa dos Spencer. "Tínhamos um vizinho cujo pastor sempre o visitava, na avenida Georgia, 277. Visitava aquela família com bastante frequência. Ele tinha um Terraplane verde, não tenho certeza se de 1936. As crianças que moravam no 277 tinham mais ou menos a nossa idade, e a minha irmã e as outras duas meninas brincavam juntas e nós conhecíamos a família. E Robert passava por ali a caminho da rodovia 61 e, muitas vezes, eu ia junto. Ele passava pelo carro e o admirava. Sempre dava uma boa olhada. E é claro que todo mundo olhava, porque, naquela época, havia poucos carros. A maioria deles eram os velhos Fords Modelo T e carros antigos. Aquele [Terraplane] era um carro novo."[205]

Enquanto Robert se deleitava com seu novo status de artista fonográfico, Oertle partia para Memphis com a esposa, Marie, a fim de encontrar a nova descoberta de Speir. Foi a primeira viagem em que Marie o acompanhou, porque logo seria o Dia de Ação de Graças e ela queria passar o feriado com o marido. Na manhã de sábado, 21 de novembro, Ernie Oertle, Marie e Robert Johnson estavam na estrada a caminho de San Antonio. Oertle já tinha feito essa viagem muitas vezes, mas dessa vez levava dois passageiros. O trajeto, de mais de 1.100 quilômetros, levou três dias, recordou-se Marie. Deve ter sido uma imagem estranha – e potencialmente perigosa – para o Mississippi, a Louisiana e o Texas de 1936: um casal branco com um jovem negro num carro. De acordo com as recordações de Marie, os Oertle pegaram a deixa de um truque elaborado por John Lomax ao dirigir pelo Sul com Lead Belly. Não querendo ser visto como um "amante de pretos", Lomax se sentava no banco de trás e colocava Lead Belly para dirigir, fingindo ser chofer do homem branco. Os Oertle fizeram o mesmo.[206] Contudo, o carro não era a única preocupação deles, já que Robert certamente

---

* Das notas da transcrição das letras de "Terraplane Blues" no livreto que acompanha a caixa *The Complete Recordings*: "O Terraplane foi um sedã de baixo custo, conservadoramente moderno fabricado pela Hudson Motor Co. de 1933 a 1938. Foi o sucessor do Essex e contava com um motor de 6 cilindros e 70 cavalos bastante eficiente. Projetado pelo britânico Reid Railton, atingia uma velocidade máxima de 140 quilômetros por hora!". (N. do T.)

Anúncio de um Hudson Terraplane de 1936.
Bruce Conforth

não seria autorizado a ficar nas mesmas acomodações que o casal. Nas duas noites que precisariam de hospedagem, seria necessário encontrar um hotel ou pensão para negros para ele e um quarto só para brancos para os Oertle. Porém, San Antonio era um local efervescente para gravar, então os três encararam o longo percurso.

Speir explicou por que San Antonio era tão importante para a indústria fonográfica: "Havia duzentos mil mexicanos morando lá, e eles podiam gravar e vender a música deles no México e na América do Sul. Era o melhor lugar do país para se encontrar artistas mexicanos". Esse contexto mexicano apareceria proeminentemente na música, nas gravações e no mito de Robert.

O selo Okeh gravava em San Antonio desde 1928, quando Speir trabalhou numa sessão com Polk Brockman, diretor das gravações sulistas, com base em Atlanta. Satherly, que desde 1934 vinha trabalhando em conjunto com Law, disse que gravavam na cidade por conta do ramo emergente de jukeboxes, assim como Speir previra. "Vimos uma oportunidade real de vender mais discos ao mercado de jukeboxes no Sul e no Sudoeste, então começamos a gravar no Texas."[207] Gravar em localidades sulistas também poupava as gravadoras do gasto extra de levar os artistas para Nova York ou Chicago. Essas economias poderiam ser usadas para passar custos reduzidos às fábricas de jukebox e aumentar o número total de vendas. Satherly disse que a Vocalion vendia os lançamentos a essas fábricas por dezenove centavos a unidade, ao invés do valor regular de trinta e cinco centavos. Tamanho desconto induzia naturalmente a compra de mais produtos. Porém, a gravadora tinha outros métodos para disseminar a música de seus artistas, sob a forma de lançamentos em lojas de miudezas e de departamento. Esses discos não eram prensados sob o nome Vocalion, e sim em selos como Perfect, Oriole e Romeo, e vendidos por apenas vinte e cinco centavos. Embora não tenhamos números que de fato detalhem quantos discos a Vocalion prensou (exceto pela noção de que o único sucesso de Robert, "Terraplane Blues", vendeu aos milhares), temos números exatos para as prensagens das lojas de miudezas.[208]

A Perfect Records (cujo slogan era "Discos Melhores Não Há") vendia muito bem, ao passo que a Oriole Records (associada às lojas Sears & Roebuck) e a Romeo Records (associada à S. H. Kress & Co.) tinham êxito muito menor e, por esse motivo, contabilizavam menos cópias. "Kind Hearted Woman Blues" / "Terraplane Blues", o primeiro lançamento de Robert pela Vocalion e seu único sucesso, foi, não surpreendentemente, o primeiro para o mercado de lojas de miudezas. As versões baratas saíram em 4 de janeiro de 1937. A Perfect Records prensou novecentas cópias das gravações e a Oriole encomendou setenta e cinco. Em 10 de fevereiro de 1937, a Perfect Records liderou novamente, com uma prensagem de novecentas cópias de "32-20 Blues" / "Last Fair Deal Gone Down". A Oriole mais uma vez encomendou setenta e cinco cópias. Os selos devem ter visto alguma promessa em "Dead Shrimp Blues" / "I Believe I'll Dust My Broom", já que, no dia 10 de março de 1937, a Perfect prensou oitocentas cópias do compacto e a Romeo, cem. "Cross Road Blues" / "Ramblin' On My Mind" foi lançado em 20 de abril de 1937, com oitocentos discos da

Perfect e setenta e cinco da Romeo. "They're Red Hot" / "Come On In My Kitchen", lançado em 1º de junho de 1937, só interessou à Perfect Records para a prensagem de quinhentas cópias, com a Romeo prensando cem. Depois de um breve hiato, a Perfect retomou em 1º de agosto de 1937, com mais modestas quatrocentas cópias de "From Four Until Late" / "Hellhound On My Trail", do qual a Romeo fez, mais uma vez, setenta e cinco cópias. "Milkcow's Calf Blues" / "Malted Milk", canções que os selos devem ter considerado de menor apelo, foram lançadas pela Perfect e pela Romeo no dia 15 de setembro de 1937, com quatrocentas cópias pela primeira e apenas cinquenta pela segunda. Aparentemente, só a Perfect Records teve algum interesse em "Stones In My Passway" / "I'm a Steady Rollin' Man", pois, em 15 de novembro de 1937, foi o único selo econômico a lançar o compacto, numa prensagem limitada de trezentas cópias.

Não sabemos se esses números decrescentes são indicativos de uma depressão econômica que se aprofundava ou um distanciamento do estilo de blues de Robert em favor do som mais urbano de Chicago, mas, nesse mercado secundário, as dezesseis canções do *bluesman* (em oito compactos) somaram, ao todo, cinco mil cópias pela Perfect Records, quatrocentas pela Romeo Records e apenas cento e cinquenta pela Oriole Records. No entanto, Robert não era pago pelo número de discos prensados ou vendidos; recebera um valor fixo em troca de cada música gravada. Provavelmente tinha pouco conhecimento do número de vendas que os discos gerariam. Seu principal interesse era o orgulho pessoal que sentia ao se tornar um artista fonográfico e por seus discos serem lançados e ouvidos. Com isso em mente, ele se preparou para realizar seus sonhos.

Quando da sessão de gravação em 1936, Satherly, que tinha de viajar de Nova York para gravar no Texas, começara a transferir responsabilidades para Don Law, de forma que pudesse permanecer na Big Apple para trabalhar principalmente com outros grupos. Depois que Law resolveu alguns problemas técnicos para a Vocalion em 1934, Satherly passou para ele a maioria das sessões no estado. Como Oertle avisara Law que estava levando Robert para gravar, se encontraram assim que os três viajantes chegaram à cidade.

No domingo, 22 de novembro, Robert e Ernie se encontraram com Law no hotel Gunter, em San Antonio, mas, como o lugar era apenas para brancos, Law conseguiu um quarto para Robert numa pensão na rua Commerce leste, na região negra da cidade. Pagou pela acomodação (cerca de dois dólares por semana) e disse a ele para estar pronto para gravar na manhã da segunda-feira (23 de novembro de 1936) no quarto 414 do hotel Gunter.

Pesquisadores de Johnson afirmaram anteriormente que as sessões de gravação foram feitas na estação de rádio KTSA, cujos escritórios ficavam no mezanino do Gunter e os estúdios, no terceiro andar. Porém, Don Law foi taxativo em afirmar que reservava e gravava em dois quartos no quarto andar: o equipamento de gravação era instalado em um, e os músicos tocavam e cantavam diante de um microfone no outro.

San Antonio estava particularmente ativa naquela semana, com as comemorações do feriado de Ação de Graças, que se aproximava, e do centenário do Texas. Era uma cidade fervilhante, do jeito que Robert gostava. Os jornais estavam repletos de artigos a respeito das celebrações em ambas as comunidades, negra e branca. Ciente da mentalidade animada e festeira da cidade, o ímpeto performático de Robert o levou a procurar um lugar para tocar e cantar. Ele não sabia que, apenas uma semana antes, o prefeito C. K. Quin declarara "guerra" contra o crime de rua, em especial à vadiagem, por causa do fluxo de gente que chegava para os feriados.

Robert, inebriado pela sessão de gravação que se aproximava e acostumado a tocar diante de um público de desconhecidos, tentou tirar vantagem das multidões festivas e apresentar suas músicas na rua, como fizera em dezenas de outras cidades. Tentou tocar na estação da ferrovia Southern Pacific e no Harlem Grille, mas o chefe de polícia Owen Kilday estava com policiamento pesado e o músico foi logo acossado e surrado. A agressão foi séria o bastante para ainda ser notada vários dias depois.

Robert alegou que não era um vagabundo, mas que estava em San Antonio a fim de gravar para a Vocalion, mas, para a polícia, ele era apenas mais um músico itinerante sem meios de sustento aparentes. Portanto, na primeira noite em San Antonio, foi preso, teve o violão quebrado sem

GUNTER HOTEL **E. COMMERCE STREET**

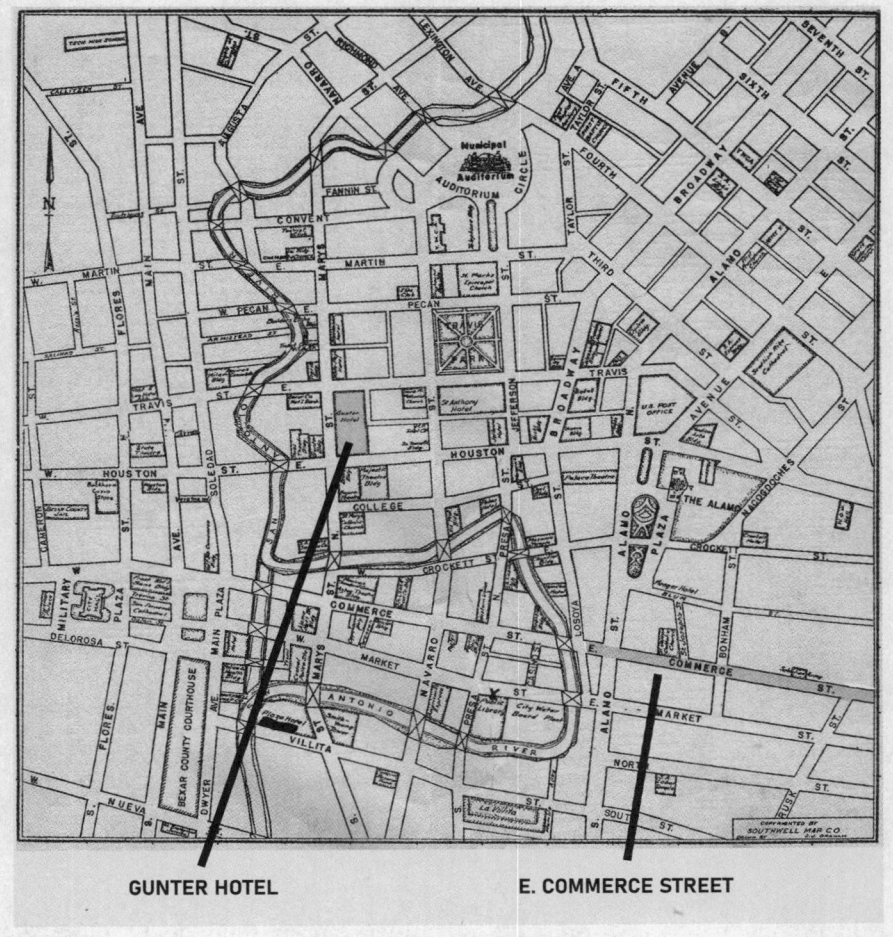

A região central de San Antonio.
Bruce Conforth

chance de conserto e foi jogado na cadeia com acusações falsas de vadiagem. Falsas, é claro, porque Robert estava certo: ele *não era* um vagabundo, estava em San Antonio legitimamente a trabalho e tinha um quarto onde ficar. Depois de ser fichado na cadeia da cidade, teve direito a um telefonema e ligou para Don Law no hotel Gunter.

Anos depois, o filho de Law forneceu um relato detalhado daquela noite de domingo: "[Meu pai] contou a famosa história de como, quando

O hotel Gunter na década de 1930.
Acervo digital das bibliotecas da Universidade do Texas em San Antonio

Robert chegou a San Antonio, ele assumiu a responsabilidade de colocá-lo numa pensão e o alertou, disse que ele gravaria na manhã seguinte, às dez horas, e era melhor ter uma boa noite de sono, talvez suspeitando de que não era provável que isso acontecesse. Meu pai então foi com minha mãe ao hotel Gunter para jantar com alguns amigos e, assim que começaram a comer, alguém telefonou para o hotel à procura do meu pai, era a polícia da cidade. Meu pai foi até o telefone. 'Senhor Law, temos um jovem aqui que diz se chamar Robert Johnson e que está aqui para trabalhar para o senhor. Isso procede?' E meu pai respondeu que sim. 'Bem, nós o prendemos e ele está na cadeia.' [Meu pai] foi até a delegacia e descobriu que haviam dado uma surra em Robert, ele fora preso por vadiagem. E meu pai, com algum esforço, o liberou da polícia e o levou de volta à pensão. 'Robert, por favor, vamos tentar gravar cedo, aqui está o dinheiro do café da manhã' – que, naquela época, era quarenta e cinco centavos – 'e nos vemos de manhã'".[209]

Law providenciou que Robert tocasse um violão emprestado na manhã de segunda-feira e retornou para terminar de jantar.[210] Robert, sem violão, quis pelo menos uma companhia. O filho de Law explicou o que aconteceu em seguida: "Meu pai então voltou para o hotel, se sentou com minha mãe e não avançou muito na refeição quando foi mais uma vez chamado ao telefone e, do outro lado da linha, era Robert. 'Senhor Law, estou solitário.' E meu pai disse: 'Bob, como assim você está solitário?'. E ele respondeu: 'Bem, parece que tem uma moça aqui e ela quer cinquenta centavos e me faltam cinco'".[211]

Na manhã seguinte, Robert compareceu ao Gunter para começar sua primeira sessão de gravação, mas, por ser negro, não podia entrar pela porta da frente, e isso o aborreceu muito. Quando chegou para gravar, foi forçado a entrar pelos fundos do prédio, pela entrada exclusiva para negros. Não era assim que ele esperava começar a carreira de astro fonográfico. Passando por cima da desfeita racista, Robert começou as primeiras gravações por volta das 10 horas da manhã. Foi o *único* artista no estúdio durante toda a sessão. Naquele dia, outros músicos chegaram a gravar até as 22 horas. A Vocalion exigia muito de seus artistas, pelo pouco dinheiro que lhes pagavam, e gravar de quinze a dezoito músicas diferentes – com pelo menos dois takes de cada – era considerado um excelente dia de trabalho. É extremamente importante lembrar que, naquela primeira segunda-feira, Robert Johnson foi o *único* músico a gravar: estava sozinho no estúdio. As únicas outras pessoas presentes eram Don Law e Vincent Liebler, engenheiro de som. Isso ajuda a desmantelar um duradouro mito a respeito da técnica de gravação de Robert.

Law e Liebler dispuseram os dois quartos exatamente como queriam para garantir a melhor qualidade de gravação. H. C. Speir apontou a disposição física de uma sessão como aquela: "Sempre colocávamos a pessoa de 30 a 40 cm de distância do microfone. Assim, obtínhamos a melhor gravação de voz". Robert entrou no quarto 414 e, ao receber instruções de Law e Liebler, sentou-se diante de um microfone posicionado no meio do cômodo. Na frente de Robert, à direita do microfone, havia duas luzes. Uma indicava o início da gravação e a outra, ao piscar, sinalizava que o artista deveria encerrar a canção. Músicos cegos eram acompanhados de um diretor de gravação, que ficava ao lado deles e usava um tapinha amigável no ombro para dar o aviso. Recordou-se Speir: "Nós dávamos um tapinha no ombro para começar e outro no final, depois de três minutos". A maioria das gravações ia de dois minutos e meio a três minutos, embora algumas excedessem por pouco esse tempo. O tempo das músicas sempre começava a ser contado antes do início da gravação de fato.

Capa de *Robert Johnson: King of the Delta Blues Singers*, lançado pela Columbia em 1961.
Cortesia de Sony Music Entertainment

Robert se posicionou numa cadeira diante do microfone, como ilustrado na arte da capa da reedição da Columbia de 1961. Ao observar a capa do primeiro álbum da Columbia, Elizabeth Moore disse que ele sempre tocava daquele jeito. "Ele se sentava numa cadeira de encosto reto e gingava de um lado para o outro ao cantar, batendo os pés para marcar o tempo com aquele violão velho dele."[212]

O lançamento de *Robert Johnson: King of the Delta Blues Singers Vol. 2*, de 1970, no entanto, mostrava Robert sentado diante de um microfone posicionado num canto. Essa imagem representava tanto a especulação quanto o mito que se desenvolveu a respeito de como ele gravou. É simplesmente incorreta. Essa nova arte de capa, baseada numa interpretação errônea de acontecimentos reais e em como estes foram descritos, levou vários historiadores do blues a acreditar que Robert gravou voltado para a parede. Não era o caso.

Lawrence Cohn, produtor e executivo da indústria fonográfica que esteve envolvido no lançamento de 1961 e ganhou um Grammy pela produção da caixa de 1991, disse que conversou com Don Law, Don Law Jr. e Frank Driggs, historiador do jazz, a respeito daquela sessão. Driggs também foi o produtor da Columbia Records para ambos os álbuns de Robert Johnson e escreveu as notas de capa originais para o lançamento de 1961. Em contraste com a ideia de que Robert gravou as músicas voltado para um canto, Cohn recordou-se de Law dizer que o *bluesman* só virou as costas vários dias depois, quando foi convidado a tocar para alguns músicos mexicanos.[213] Driggs confirmou isso nas notas de capa de 1961: "Ele [Law] pediu [a Johnson] que tocasse violão para um grupo de músicos mexicanos reunidos num quarto de hotel onde o equipamento de gravação havia sido instalado. Envergonhado e numa crise séria de medo de palco, Johnson se voltou para a parede, com as costas para os músicos mexicanos".[214]

Numa carta de Law para Driggs em 1961, Law reiterou que o único momento em que Robert deu as costas foi quando lhe pediram para tocar na frente de Andres Berlanga e Francisco Montalvo (que também gravaram no Dia de Ação de Graças). "Ele aceitou relutantemente [tocar para eles], mas se sentou em uma cadeira num canto, voltado para a parede."[215]

Design de capa para *Robert Johnson: King of the Delta Blues Singers, Vol. 2*,
lançado pela Columbia em 1970.
Cortesia de Sony Music Entertainment

Law, assim como Driggs, acreditava que isso se deu por Robert ser tímido. Outros, no entanto, como o guitarrista Ry Cooder, acreditavam no mito de que ele gravava num canto como um "incremento" intencional: de forma que o som de seu violão fosse incrementado ao rebater nas paredes de gesso.[216] Trata-se de pensamento desejoso: o violão de Robert soa igual em todos os takes, mesmo nas gravações em Dallas, em que não havia cantos para onde se virar. Tentativas de atribuir sua sonoridade a certas circunstâncias singulares são simplesmente equivocadas, tão míticas quanto a noção de que ele vendeu a alma para obter habilidades ao violão.

E Robert Johnson com certeza não era tímido: era um artista de rua azeitado, que se apresentava diante de qualquer público que conseguisse reunir, bem como em *jukes*, festas e piqueniques. O próprio conceito de incremento sonoro é improvável, já que os lugares onde ele tocava não seriam propícios para que encontrasse cantos a fim de desenvolver uma técnica tão incomum: era cercado de ouvintes e os *jukes* nas *plantations* eram estruturas frágeis. Além disso, não seria um artista muito divertido caso se voltasse para a parede. Ademais, Law nunca mencionou de fato que Robert se voltava para um canto durante uma gravação. *Somente* quando convidado a exibir sua música para um grupo de outros músicos foi que ele virou as costas. Não fez isso por estar tímido ou para produzir um som incrementado, e sim para proteger suas técnicas. Aprendera essa lição quando Johnnie Temple usou a linha de baixo de *boogie* criada por Robert em "Lead Pencil Blues" um ano antes, entrando num estúdio antes de Johnson. Não queria que isso voltasse a acontecer. Johnny Shines falou exatamente disso: "Não era que ele era tímido. Só não queria que você observasse o que ele fazia. Veja bem, Robert não queria que ninguém aprendesse seu estilo de música e era muito estrito quanto a isso. Se você prestasse atenção nele, ele virava as costas".[217] Robert Lockwood afirmou que Robert "não se sentava na frente de outro violonista e o deixava ver o que estava fazendo".[218]

O sonho de Robert se realizara. Porém, ele não teve de ir a Nova York para gravar, como tantas vezes declarou que faria. Só precisou ir ao Texas.

12
mulheres de bom coração

Sessões de gravação em 1936 eram empreitadas trabalhosas tanto para os artistas quanto para os engenheiros de som. A fita magnética só surgiria anos depois e, se você cometesse um erro durante uma gravação, não havia como consertar: era preciso recomeçar do zero. Não havia como cortar ou enxertar um novo trecho num disco. Além disso, era preciso gravar vários takes completos de cada música. O primeiro marcava a duração antes de uma master de fato ser gravada. Um take alternativo, ou de precaução, era feito para proteger contra a possibilidade de quebra. E talvez fosse necessário ainda outro take, se o produtor decidisse que a canção deveria ser mais lenta ou mais rápida. No todo, isso significava que uma única música poderia levar muito tempo para ser concluída e, quando o músico terminava, poderia estar exausto. Isso era especialmente verdadeiro se mais de quatro músicas diferentes fossem gravadas numa mesma sentada.

Robert já estava acostumado a tocar por horas em *jukes* ou festas, então, tocar diante de um microfone, embora fosse uma experiência nova, certamente não foi mais difícil do que tocar para dezenas de homens e mulheres bêbados e desordeiros. Numa demonstração de adaptabilidade às regras das gravações e de resistência, o músico do Delta de vinte e cinco anos concluiu oito músicas no primeiro dia.

A maioria dos *bluesmen* rurais, ao contrário dos *bluesmen* urbanos, mais polidos, como Big Bill Broonzy, variava as músicas em grande medida entre um take e outro, fiéis ao que praticavam nas apresentações ao vivo. Cada performance de uma canção de Patton ou House, por exemplo, poderia ser incrivelmente diferente da anterior: eles tocavam o que sentiam, e isso podia significar tomar grandes liberdades nas letras ou na musicalidade. Robert, porém, tinha uma perspectiva diferente das próprias músicas, e as versões secundárias ou alternativas são quase idênticas às primeiras. As únicas diferenças entre takes ocorriam quando a rapidez com que ele tocava mudava, tornando necessário o acréscimo ou a exclusão de uma estrofe para cumprir o limite de tempo de três minutos. De modo relevante, ambas as mudanças eram implementadas pelo produtor ou pelo engenheiro de som, e não por Robert. Fora isso, seus takes são muito similares entre si. A codificação de seu repertório impressionou de maneira indelével Henry Townsend, *bluesman* de St. Louis. Townsend já tinha gravado diversas vezes para três gravadoras diferentes – Columbia, Paramount e Bluebird –, mas a padronização das músicas de Robert era algo novo para ele. "Na minha opinião, o que tornava a música dele diferente era isso – na música mais antiga, as melodias eram mais ou menos variadas, mas não tinham um corpo específico. Quando digo corpo, quero dizer que elas não seguiam uma direção determinada. Iam de um jeito na primeira vez, e na vez seguinte eram totalmente diferentes – a mesma música, mas era totalmente diferente. Só que Robert, ele não era assim. Qualquer coisa que tocasse, toda vez era uniforme, e isso chamava a atenção."[219]

Robert estava começando a desenvolver uma consistência em letra e musicalidade que traria uma nova autoconsciência ao blues como arte. Enquanto a maioria de seus contemporâneos aceitava que as estrofes podiam variar tanto em quantidade quanto em conteúdo, ele acreditava que uma canção não deveria ser mudada, mas sim tocada sempre do mesmo jeito: era um produto concluído e fixo. Fica evidente que Robert via suas canções como composições concluídas no fato de que as escrevia no caderninho que guardava. Ele era, afinal, um produto da tecnologia de seu tempo. As canções que ouvia no rádio ou num disco eram idênticas sempre que as escutava, então por que as próprias composições deveriam ser diferentes?

Esse novo tipo de autoconsciência como músico era relativamente inovador no *country blues* e colocava Robert numa categoria mais moderna do que Son House ou Charley Patton. Essa abordagem fica evidente logo na primeira música gravada por ele: "Kind Hearted Woman Blues". "Eles sempre faziam as quatro melhores músicas primeiro", explicou Speir. "As que consideravam as melhores."²²⁰ Robert queria fazer discos de sucesso e tomou "Kind Hearted Woman Blues" emprestada de uma série de fontes que já eram sucessos para outros *bluesmen*. Tanto na música quanto na letra, a canção se alinhava com "Mean Mistreater Mama", de Leroy Carr, e "Cruel Hearted Woman Blues", de Bumble Bee Slim. Porém, a genialidade de Robert ia além de apenas conhecer músicas boas para copiar: ele as reescrevia, mudava o andamento, sincronizava o violão com o vocal de forma mais precisa do que aqueles que o precederam, acrescentava um *riff* e literalmente refazia a composição. Embora inspirada pela original, a música nova era de fato inteira dele. Vários aspectos de seu jeito de tocar acentuavam essa propriedade. Primeiro, Robert via "Kind Hearted Woman Blues" como uma composição completa. A letra é tematicamente coesa e o efeito geral é de um todo musical, e não do tipo de todo que em geral se ouviria num *juke joint*. Não era uma música exuberante e divertida feita para que os frequentadores do *juke* dançassem. Pelo contrário, "Kind Hearted Woman Blues" era uma composição bem pensada, com começo, meio e fim.

Foi a música a qual Speir se lembrou de Robert ter tocado no teste. É tocada no tom de lá em afinação padrão, gravada em dois takes. O primeiro inclui um solo de violão que acrescenta uma dimensão única à performance. A maioria das gravações de blues de violão não trazia solos e consistia mais num fluxo contínuo de versos. "Kind Hearted Woman Blues", por algum motivo, foi a única música gravada que Robert executou com tal solo de violão. O segundo take conta com um andamento mais acelerado e inclui uma estrofe final adicional e diferente. Do ponto de vista musical, com exceção do acréscimo dessa estrofe, os dois takes são praticamente idênticos.

Robert afinava o violão meio tom abaixo do que a maioria dos *bluesmen* quando usava afinações abertas como ré (D), sol (G), lá (A) e mi (E). Aparentemente, foi uma técnica que aprendeu com Willie Brown, cuja influência sobre ele foi inegável. Brown usou a afinação de lá bemol na

Leroy Carr.
Foto de divulgação para o anúncio de música negra da Vocalion #1432

lendária gravação de "Future Blues", para a Paramount em 1930. Robert também afinava ou utilizava um capotraste (em geral na segunda casa) para combinar com sua voz, assim como Patton e House faziam.[221]

Passando para o que provavelmente era uma afinação de mi aberto, Robert gravou "I Believe I'll Dust My Broom", canção que Elmore James tornou ainda mais famosa como "Dust My Broom" em 1951, para o selo Jackson Trumpet. Ironicamente, Robert não usou o *bottleneck* na música, como fez James. Ao invés disso, deslizou os dedos pelo braço do violão para tocar um *riff* em tercina contra uma linha de baixo *boogie* incessante. Numa possível demonstração de sua ciência dos assuntos do momento, obtida nos jornais, Robert menciona a Etiópia – onde o imperador Hallie Salasse enfrentava invasores italianos – na letra da música, assim como a China e as Filipinas. Para dar um toque local, usou um velho truque de Patton e também cantou sobre a própria região natal. "*If I don't find her in West Helena, she must be in East Monroe, I know*" ["Se eu não a encontrar em West Helena, ela deve estar em East Monroe, eu sei"], referindo-se ao condado adjacente a Helena. Talvez por conta de sua educação e criação urbana, ele estava transformando suas músicas em temas mais cosmopolitas do que o bom e velho blues rural.

Melodicamente, a música bebia de outra composição de Carr – "I Believe I'll Make a Change" –, além de influências de "Sagefield Woman Blues" e "Sissy Man Blues", de Kokomo Arnold, na letra. Embora sempre se tenha presumido que ela trata de ir embora, estar infeliz com a namorada adúltera, fazer as malas e partir (tirar o pó da vassoura), Robert talvez tenha incluído sua primeira referência à prática hodu na canção. O primeiro verso diz: *"I'm gon' get up in the mornin', I believe I'll dust my broom. Girlfriend, the black man you been lovin', girlfriend, can get my room"* ["Vou acordar cedo, acho que vou tirar o pó da minha vassoura. Garota, o homem negro que você tem amado, garota, pode ficar com o meu quarto"].

Há uma abundância de referências no hodu a respeito do uso da vassoura como um meio de se livrar de um visitante indesejado. Harry Middleton Hyatt compilou folclore negro na década de 1930 e, entre as crenças que encontrou, estava a de que, para livrar a casa de alguém de uma pessoa indesejada, "era preciso varrer sal e pimenta para fora da porta quando ela fosse embora, e ela nunca seria capaz de retornar".[222] Outras referências afirmavam que jogar um pó mágico na vassoura e então usá-la para varrer a casa a protegeria de visitas indesejadas.[223] Há literalmente dezenas de crenças populares de hodu documentadas que envolvem o uso de uma vassoura e "pó" – algum tipo de pó mágico – para se livrar de algo ou alguém. Quando Robert canta *"You can mistreat me here, but you can't when I get home"* ["Você pode me tratar mal aqui, mas não quando eu chegar em casa"], é quase com certeza por conhecer a prática hodu descrita.

Musicalmente, "Dust My Broom" é uma canção impetuosa e potente na qual o *riff* agudo em tercina, marca registrada de Robert, aumenta a tensão do baixo de levada *boogie*. Ele foi o primeiro violonista de blues a tornar tal linha de *boogie* padrão em seu repertório e, depois disso, a música se tornou um *standard* entre muitos pioneiros do blues de Chicago.

Robert então voltou à afinação padrão para mais um pouco do *walkin' boogie* que ensinara a Johnnie Temple. "Sweet Home Chicago", com uma linha de baixo de *boogie* e um ritmo ainda mais pesado e intencional, se tornou outro clássico que superou "Dust My Broom" em termos de influência musical em músicos do pós-Primeira Guerra. É uma adaptação de "Old Original Kokomo Blues". A versão de Arnold se valeu de uma performance virtuosística de *slide guitar* que beirava o insano. Às vezes, parece haver pouca relação entre a execução e o vocal do músico. A adaptação de Robert, por outro lado, alinha música e letra num todo robusto e focado.

A quarta música, "Ramblin' On My Mind", se destaca como uma peça singular devido à afinação aberta incomum. De algum modo, Robert elaborou uma afinação aparentemente nunca usada por outro violonista. Uma análise por computador da gravação produziu uma transcrição que identificou um inventário das notas que ele tocou no *riff* introdutório de violão, revelando a afinação: para tocar todas as notas identificadas, Robert só poderia ter afinado o violão em fá (F) maior – dó (C), fá, dó, lá (A), dó, fá (da corda mais grave para a mais aguda) –, mas não um fá maior comum. Curiosamente, antes desta pesquisa, a violonista Rory Block já usava havia anos essa mesma afinação para a música, à qual chegou por meio de um árduo processo pessoal de ouvir o que Robert tocava e testar diversas

Ramblin' On My Mind - Computer Analysis

Notas de introdução de "Ramblin' On My Mind".
Bruce Conforth e Michael Malis

possibilidades. A análise por computador confirmou que a afinação dela estava, de fato, correta.

Robert baixava a sexta corda de mi (E) para dó (C), a quinta corda de lá (A) para fá (F) e a quarta corda de ré (D) para dó (C), mas subia a terceira corda de sol (G) para lá (A), a segunda corda de si (B) para dó (C) e a primeira corda de mi (E) para fá (F). Ele não demonstrava essa afinação original de "fá rasgado" para nenhum outro violonista. Pertencia a ele e somente a ele. É quase certo que essa não pode ter sido a única música em que Robert a usou. Numa apresentação ao vivo, levaria muito tempo para afinar o violão nesse conjunto singular de notas só para ter de reafinar para a próxima música. Faria muito mais sentido usá-la para diversas músicas antes de trocar. Infelizmente, "Ramblin' On My Mind" é o único exemplo de sua engenhosidade musical de que temos registro[*].

Assim como "Kind Hearted Woman Blues", o primeiro take de "Ramblin'" é lento. Ele repete uma estrofe duas vezes: como segunda e última estrofes da música. O segundo take é consideravelmente mais rápido e não conta com nenhuma estrofe repetida. Fora isso, os dois takes são bastante similares. De acordo com o *bluesman* do Delta Johnny Shines, num artigo de 1966 do historiador musical Pete Welding para a *Down Beat*, "Ramblin'" era autobiográfica. Shines apontou que, em 1937, depois que os primeiros discos de Robert foram lançados e os dois começaram a viajar juntos, a perambulação era seu estilo de vida. "O lar dele era onde seu chapéu estivesse, e mesmo assim, muitas vezes ele nem sabia onde isso seria. Viajámos por todo canto, tocávamos nos dias de pagamento (sábado) em acampamentos madeireiros e nas obras nas ferrovias – onde o dinheiro

---

[*] No livro *Robert Johnson: The New Transcriptions*, que traz transcrições atualizadas das canções de Johnson para o violão, o autor Dave Rubin aponta que, na realidade, "I Believe I'll Dust My Broom" é que seria na afinação "misteriosa", identificada por ele como Aadd9 (uma tríade de lá com a nona adicionada), e "Ramblin' On My Mind" é que seria em afinação E aberto, meio tom abaixo e com capotraste na segunda casa (resultando, portanto, em F# aberto). Também segundo Rubin em *The New Transcriptions*, a afinação em Aadd9 também foi usada no segundo take de "Phonograph Blues", de forma que então haveria dois, e não apenas um registro dessa afinação (N. do T.)

estivesse." Como outros *bluesmen*, eles viajavam de trem na maior parte do tempo. "A gente pegava trens de carga em todo lugar. Tocava em bailes, tavernas, calçadas. No que dependesse dele, o lugar não importava."[224] A letra e o violão poderosamente incansável de "Ramblin'" parecem refletir o estilo de vida itinerante de Robert: visceral e urgente. Seus amigos de Robinsonville, House e Brown, nunca tiveram o ímpeto de vagar da mesma forma; permaneceram em grande parte nas regiões do Delta onde moravam. Porém, quando dessa gravação, Robert já tinha se estabelecido como itinerante dentro *e* fora do Mississippi. E, musicalmente, nem House nem Brown usavam o *boogie* de piano nos arranjos de violão que Robert demonstrou nessas duas gravações naquela segunda-feira.

É provável que o estilo *bottleneck* fosse baseado numa combinação dos instrumentos africanos de uma corda com que tantos músicos de blues começaram a tocar, como o *diddley bow*, do som havaiano que se tornara popular nos primeiros anos do século 20 e de diversas afinações usadas por trabalhadores mexicanos. Enquanto ajudavam a limpar as florestas e os pântanos do Delta, por volta de 1900, os mexicanos trouxeram o violão para a região. Usavam uma afinação em sol (G) aberto e, quando os trabalhadores negros a adotaram, chamaram de afinação espanhola. Charley Patton frequentemente afinava um tom acima, num lá (A) aberto – mi, lá, mi, lá, dó sustenido e mi (E-A-E-A-C#-E), com um capotraste na segunda casa para tornar seu som de *bottleneck* mais eficiente ao trazer as músicas para o tom de si (B). Porém, enquanto os violonistas mais velhos que Robert tendiam a usar um padrão bastante formulaico, quase sempre voltando ao acorde inicial depois das variações dos doze compassos padrão, ele estava entre os primeiros músicos do Delta a inserir um *turnaround* de piano ao final dos doze compassos de costume. Robert também abafava as cordas graves para produzir mais ritmo dançante. Poucos músicos de blues da região haviam gravado som abafado parecido antes dele, se é que algum gravou.

Em termos de letra, "Ramblin'" pode ser ainda mais autobiográfica do que Shines se deu conta, já que, na terceira estrofe, Robert canta um verso geralmente interpretado como "*Runnin' down to the station, catch that first mail train I see*" ["Correndo para estação, pegar o primeiro trem do correio que eu avistar"]. No entanto, é mais provável que ele tenha cantado a respeito do trem "Fast Mail": o nome exato de um trem que percorria a linha Southern de Memphis a Nova Orleans. A letra é quase certamente uma referência pessoal da época em que ele ia e vinha de Memphis para ver a família.

"When You Got a Good Friend", a quinta música de Robert, tem uma estrutura musical como a de "Kind Hearted Woman Blues". As variações entre um take e outro são apenas discretas: o primeiro é mais curto do que o segundo, ao qual Robert acrescentou uma estrofe. Nessa canção muito pessoal, ele lamenta os maus-tratos inexplicáveis a que submete a mulher. Fica intrigado com o próprio comportamento e abre e fecha a canção com o mesmo conselho: *"When you got a good friend that will stay right by your side, give her all your spare time, love and treat her right"* ["Quando você tem uma boa namorada*, que fica do seu lado, dê a ela todo seu tempo livre, a ame e a trate bem"]. Era um lado mais terno de Robert que ele raramente tornava público. Talvez devido a essa admissão sincera de vulnerabilidade, a música nunca foi lançada pela gravadora.

Considerada uma das obras-primas de Robert, "Come On In My Kitchen" foi a sexta seleção daquele dia. Ele usou a afinação espanhola para adaptar a antiga melodia que foi um sucesso enorme dos Mississippi Sheiks em 1930, "Sitting on Top of the World". Sua habilidade de executar uma canção de duas maneiras diferentes produziu um take com um rimo dançante do Delta, ao passo que o outro é uma versão lenta e pungente, que pinta imagens de um vento gelado de inverno soprando na região sobre campos de algodão secos. O primeiro take, mais lento e deliberado, lamentoso, sensível e misterioso, é quase certamente a versão que Johnny Shines afirmou repetidas vezes que faria "homens adultos chorarem". Shines recordou-se de que, na última viagem que fizeram juntos, em 1938, ele notou em particular o efeito que essa música tinha sobre o público. "Uma

---

* Nas notas da transcrição da letra de "When You Got a Good Friend" no livreto que acompanha a caixa *The Complete Recordings*, entende-se que, aqui, a palavra "*friend*", contextualmente, se refere a uma namorada (também na corruptela "*friend-girl*", outra forma de se dizer "*girlfriend*"); daí nossa opção nessa tradução livre. (N. do T.)

vez, em St. Louis, estávamos tocando uma das músicas que Robert gostava de tocar com alguém de vez em quando, 'Come On In My Kitchen'. Ele a tocou de forma muito lenta e passional e, quando terminamos, percebi que estava todo mundo em silêncio. E então vi que estavam chorando – tanto homens quanto mulheres."[225] Aparentemente, a versão mais lenta não impressionou Satherly, que optou por lançar o segundo take, mais rápido. No entanto, o primeiro registro ainda é reconhecido como o melhor dos dois.

A sétima seleção, mais uma vez tocada com o *bottleneck*, se tornou a canção de Robert que mais vendeu entre os compradores de discos da época. "Terraplane Blues" traz o imaginário do carro veloz com nuances sexuais intensas. Letras "sujas" ajudavam a vender mais discos na Grande Depressão, segundo Harry Charles, olheiro de Birmingham que começara a usar essa técnica antes de 1930. "*I'm gonna h'ist your hood, mama, I bound to check your oil*", canta Robert. "*I'm gonna get deep down in this connection, keep on tanglin' with your wires.*" ["Vou abrir seu capô, *mama*, tenho que checar seu óleo" e "Vou bem fundo nessa conexão, vou mexer com os seus fios".]

Insinuações sexuais sempre existiram no blues, mas, para Bo Carter, de Edwards, Mississippi, que mais tarde teve como base a pequena cidade de Anguilla, logo abaixo de Leland, elas renderam uma carreira inteira. Carter era considerado "o homem mais safado" dos discos por gravações com títulos como "Banana in Your Fruit Basket" ["banana no seu cesto de frutas"], "Ants In My Pants" ["formigas na minha calça"] e "Please Warm My Weiner" ["por favor, esquente a minha salsicha"]. Nenhum frequentador ou frequentadora de igreja respeitável ousaria comprar um disco desses (ou pelo menos não admitiria). Porém eles vendiam bem, e Robert usou a fixação pelo Terraplane que sempre via estacionado perto da casa da família em Memphis para criar seu hit.

No entanto, é mais provável que "Terraplane Blues" não tenha sido um sucesso apenas pela insinuação sexual, mas também por conta da nova atração do público por rodovias e velocidade. A construção de estradas crescera muito ao longo da década de 1920, com as rodovias federais – as numeradas – ganhando designação em 1926. Os EUA se tornavam uma nação motorizada e o carro era um símbolo de status ainda maior do que antes. O Mississippi, com seu terreno relativamente plano, ostentava quilômetros de asfalto reto sobre os quais os carros podiam viajar mais rápido do que nunca. Ike Zimmerman ajudou a construir uma dessas estradas – a rodovia 51. E, de todos os carros fabricados na época, o Terraplane era bastante estimado. Acreditava-se que o Terraplane de oito cilindros, de 1933, era um dos carros mais velozes em produção e o preferido de gângsteres como John Dillinger e Baby Face Nelson. Isso, além do design elegante, tornava o modelo ainda mais atraente ao público em geral.

Robert terminou a sessão com "Phonograph Blues", mais uma das cinco canções não lançadas das duas sessões no Texas. É interessante notar que "Phonograph Blues" é uma das três únicas músicas gravadas por ele em que uma mulher é mencionada pelo nome (as outras duas são "Honeymoon Blues" e "Love in Vain"): *Beatrice, she got a phonograph, and it won't say a lonesome word. What evil have I done? What evil has the poor girl heard?* ["Beatrice, ela tem um fonógrafo que não diz uma só palavra. Que mal eu fiz? Que mal pobre garota ouviu?"].

A letra de "Phonograph Blues" é um tanto quanto confusa. Tocada no estilo de "Terraplane Blues", numa primeira ouvida parece se revelar apenas como mais uma canção de duplo sentido. A agulha do fonógrafo como o pênis; *"playing it on the sofa, we played it 'side the wall"* ["tocando no sofá, tocamos de lado na parede"] aparentemente descreve um tipo de acrobacia sexual. Porém, Robert indica que o fonógrafo dela não diz mais nada por causa de algum mal que ele fez ou algum mal que ela ouviu. Em seguida lamenta que a agulha enferrujou e não toca mais. Ao invés de se gabar do vigor sexual como o *bluesman* típico, Robert parece admitir, ou pelo menos tocar na questão da impotência. Ele enfim implora a Beatrice que recolha as roupas, volte para casa e "me tente mais uma vez". Deve ter sido confuso também para a gravadora, que nunca a lançou enquanto Robert estava vivo.

Com essa conclusão desajeitada, a sessão daquele dia foi encerrada. Habilidosamente, porém, Robert havia gravado oito músicas, em um total de dezesseis takes, numa única sessão. Com três minutos por take, com vários minutos de preparação e revisão entre cada início, essas gravações somam várias horas de concentração. Não era uma tarefa fácil para alguém que nunca estivera num estúdio, levara uma surra e tinha passado um tempo na cadeia na noite anterior. Robert, no entanto, tinha alguma ideia do que fazer pelas histórias que Willie Brown e Son House haviam lhe contado de quando gravaram para a Paramount, então é provável que estivesse um pouco preparado para a experiência. "Ele sempre nos dizia que um dia ia pra Nova York gravar como Son e Willie", apontou Elizabeth Moore. "Ele ouviu os dois falando de como tinham feito os discos que fizeram."[226]

Robert Johnson saiu do hotel Gunter naquela tarde com mais de cem dólares em dinheiro vivo no bolso. Era o fim de uma segunda-feira, o Texas ainda celebrava seu centenário e o Dia de Ação de Graças seria dali quarenta e oito horas apenas. Robert tinha a terça e quarta-feira para fazer o que quisesse. O que ele fez? As especulações são abundantes, mas o relato mais convincente é o de Shirley Ratisseau, uma mulher branca que cresceu na região de Houston nos anos 1930. George Ratisseau, pai de Shirley, era dono dos dois principais bares de blues na região, e ambos T-Bone Walker e Sam "Lightnin'" Hopkins tocaram nos *jukes* dele. A família Ratisseau também era dona do clube de caça e pesca Jolly Roger, em Redfish Point, perto de Rockport, Texas, muito conhecido por membros das comunidades negras tanto de Houston quanto de San Antonio. O clube sempre os recebia bem e era um local proeminente para os texanos negros saírem de férias, pescarem e relaxarem. Precisando exatamente desse tipo de relaxamento depois de tomar uma surra da polícia e completar um dia extenuante de gravação, Robert parece ter usado a terça-feira para viajar até Rockport, onde, na véspera do Dia de Ação de Graças, ainda de aparência surrada, apareceu no clube. Shirley, que só tinha sete ou oito anos, o conheceu ali e se ofereceu para levá-lo para pescar. Os dois inventaram uma música sobre isso. Depois de algumas horas sentados no píer pescando peixes vermelhos, Shirley o levou para jantar com a família dela, um acontecimento mais do que singular para um jovem negro do Mississippi. Para não ser deixada para trás pela bondade da filha, a mãe de Ratisseau, Thelma, ficou com pena do surrado e exausto Robert e convidou o músico para passar a noite na casa da família. Robert encontrara uma "mulher de bom coração" para cuidar dele naquela noite. Depois de uma boa refeição e uma noite de descanso melhor ainda, na quarta-feira ele retornou a San Antonio para se preparar para a segunda sessão de gravação.[227]

Tinha desaparecido por dois dias antes de voltar à cidade e parece provável ter sido esse o motivo de, na quinta-feira, 26 de novembro, só ter gravado uma única música, "32-20 Blues", seu arranjo de "22-20 Blues", gravação de Skip James para a Paramount. Em sua versão, Robert identifica Hot Springs como um lugar tanto no Arkansas quanto em Wisconsin, referência óbvia à gravação de James de 1931. Isso levaria a uma informação incorreta no livro de 1959 de Sam Charters, *The Country Blues*, a de que Johnson gravou mais de uma master. Charters alega que as outras masters daquele dia foram destruídas durante uma briga num salão de bilhar onde as gravações supostamente aconteceram. Ele não fornece fontes e nenhum outro pesquisador embasou sua alegação. O motivo mais provável de Robert ter gravado apenas uma música naquele dia é muito simples: Law não conseguiu encontrá-lo enquanto ele esteve em Rockport com os Ratisseau e reservou horários para outros músicos naquele dia, sem saber quando e se Robert ia voltar.

Entre esses outros músicos estavam o grupo gospel texano Chuck Wagon Gang, que gravou seis masters antes de Robert retornar. Law continuou a gravar esse conjunto religioso bastante popular até a década de 1950, depois que se tornou diretor de todos os artistas de música country para a Columbia Records. Formado em 1935 por D. P. (Dad) Carter e contando com o filho Jim (Ernest) e as filhas Rose (Lola) e Anna (Effie), o grupo gravou "The Engineer's Child" (canção de Vernon Dalhart de cerca de dez anos antes), entre outras. Depois da sessão de uma música só de Robert, os artistas *tex-mex* Andres Berlanga e Francisco Montalvo gravaram "Que Piensas Tu Que Mi Amore" e "Ay! Que Bonitos Ojitos!". Outro dueto mexicano, Hermanas Barraza e Daniel Palomo, prosseguiu com mais canções *tex-mex*, que foram lançadas na série mexicana da Vocalion. Foi nesse momento, e *somente* nesse momento, que, quando solicitado a tocar para Berlanga e Montalvo, Robert, depois de terminar as gravações do dia, virou-se de costas para proteger suas técnicas. Embora tenha mantido segredo quanto às próprias habilidades, os dois músicos talvez tenham, ainda assim, lhe interessado em alguma medida. Haviam se estabelecido como o equivalente mexicano dos *bluesmen* sulistas ao cantar *corridos* narrativos tais como "Corrido de los Bootleggers", e suas canções contavam as aventuras de foras da lei e marginais.

Também como os *bluesmen* americanos, Berlanga e Montalvo viajavam em trens de carga como trovadores itinerantes durante a Grande Depressão. E, assim como seus equivalentes dos *juke joints* do Delta, tocavam em bailes que iam do anoitecer à aurora. "Não parávamos de tocar e o povo não parava de beber e dançar", recordou-se Berlanga. "Cara, era uma época maravilhosa."[228] Até as letras *tex-mex* eram uma variante do blues sulista. Uma canção clássica, "Las Quejas de Zenaida", descreve de forma fascinante uma relação que deu errado, e os versos finais poderiam ter saído direto de uma canção de Patton, House ou Brown:

Ya me voy de este pueblo maldito
Donde quedan mis sueños dorados

[Já vou embora deste povoado maldito
Onde ficam meus sonhos dourados]

Depois de demonstrar o que sabia fazer no violão aos companheiros músicos, Robert retornou à pensão a fim de se preparar para o último dia de gravação. Ele pode ter se perguntado se aquela seria sua última oportunidade de deixar pegadas na música estadunidense. Será que seus discos durariam pouco e seriam esquecidos em questão de alguns anos? Estava diante de um desafio importante. Teria de fazer as músicas da sexta-feira comparáveis em qualidade e energia às performances estelares do começo da semana. Teria de provar que suas habilidades criativas estavam, de fato, tão fortes ou mais fortes do que nas duas sessões anteriores.

A primeira gravação dele na última sessão foi uma escolha peculiar, surpreendente para um *bluesman* do Mississippi: "They're Red Hot". Estilisticamente, a música se alinha muito mais ao som de Piedmont, na Costa

Leste. O que teria insitado um *bluesman* do Delta a tirar uma sonoridade tão única? Já que Robert era pago pela quantidade de músicas gravadas, seria vantajoso oferecer a Law o máximo de canções que pudesse. Devido à enorme habilidade de Robert em adaptar melodias ou até músicas completas de outros artistas, o cenário pitoresco em que se encontrava provavelmente serviu como um material rico para uma nova composição. É quase certo que a canção tenha surgido depois de ele ter comido *tamales** quentes de almoço nos arredores da Plaza Alamo. Por dois dias consecutivos, Robert, o agregado bem de vida Buster Wharton, ali mesmo da cidade, e o pianista Black Boy Shine compraram o almoço nessa *plaza* de vendedores de rua mexicanos.

Robert combinou uma melodia *hokum* com uma letra sugestiva para criar uma história alegre, de andamento acelerado, sobre uma mulher que vende *tamales* quentes.[229] "*Hokum*" era um termo atribuído principalmente a cantigas alegres e insinuantes, de duplo sentido. Não só era um estilo de música diferente para um *bluesman* do Delta, mas também um exemplo de como Robert tinha capacidade de variar seu repertório conforme a necessidade. A canção também era diferente para ele na letra, já que a maioria dos versos poderia ser encontrada em dezenas de outras canções de blues e folk. "*I got a gal, say she's long and tall / She sleeps in the kitchen with her feets in the hall*" ["Tenho uma garota que é comprida e alta / Ela dorme na cozinha com 'os pé' no corredor"] foi usado em 1934 por Will Shade em "Take Your Fingers Off It". Não surpreende que Robert tenha tomado um verso de Shade – o líder da Memphis Jug Band, mais tarde, se recordaria de tocar com Johnson numa banda em West Memphis.[230] Porém, ele também pegou versos de muitos outros artistas para "They're Red Hot". "How Come Mama Blues" (1929), de Buddy Boy Hawkins, "Giving it Away" (1930), da Birmingham Jug Band, e "Greyhound Blues" (1935), de Bill Wilbur, todas contêm o verso "*She got two for a nickel, got four for a*

---

* Prato de origem asteca que consiste numa massa de milho recheada com carnes, queijos, frutas, legumes, pimentas ou outros molhos e envolta em folha de milho ou de bananeira, semelhante à nossa pamonha. (N. do T.)

Plaza Alamo, San Antonio, Texas, década de 1930.
Bruce Conforth

dime / Would sell you more, but they ain't none of mine" ["Ela comprou dois por cinco centavos / quatro por dez. Eu te venderia mais, mas nenhum é meu"]. Walter Taylor, em "Thirty Eight and Four" (1930), e Sleepy John Estes, em "Stop That Thing" (1935), usaram os versos "*You know the monkey, now the baboon playin' in the grass / Well the monkey stuck his finger in that old Good Gulf Gas*" ["Você conhece o macaco, agora o babuíno que brinca na grama / Bem, o macaco enfiou o dedo na gasolina Good Gulf"]. O restante da letra de Robert parece também ter vindo de outros blues ou da tradição oral:

> *I got a letter from a girl in the room*
> *Now, she got somethin' good she got to bring home soon, now*
> *The billy goat back in a bumblebee nest*
> *Ever since that he can't take his rest*
> *You know Grandma left and now Grandpa too*
> *Well I wonder what in the world we chillum gon' do*

[Recebi uma carta de uma garota no recinto
Ora, ela tem alguma coisa boa que vai trazer logo pra casa
O bode voltou à colmeia
Desde então ele não consegue descansar
Você sabe que a Vovó foi embora e o Vovô também
Bem, eu me pergunto que raios a gente vai fazer]

Na verdade, é provável que o único verso original na composição seja o refrão: "*Hot tamales and they're red hot, yes, she got 'em for sale*" ["*Tamales* quentes, e eles estão pelando, sim, ela está vendendo"].

O arranjo de violão de "They're Red Hot" traz acordes rítmicos tocados de uma maneira normalmente usada por músicos de jazz ou swing. No entanto, por mais que a composição fosse diferente das outras canções de Robert, Law estava disposto a gravar tudo o que ele trouxesse e deixou para Satherly decidir quais músicas seriam colocadas em cada lado de um disco de 78 rpm, ou quais sequer seriam lançadas.

Ao prosseguir nas gravações, Robert retratou seus intensos conflitos sexuais com mulheres em "Dead Shrimp Blues". Ele pinta uma imagem magistral de um jovem cuja mulher o abandonou por outro homem: "*I got dead shrimp here / Someone's fishin' in my pond*" ["Tem camarão morto aqui / Alguém está pescando na minha lagoa"]. O verso "*The hole where I used to fish, you got me posted out*" ["Você ignorou a placa no buraco onde eu costumava pescar"] era uma expressão sulista para donos de terras que colocavam placas com avisos contra quem invadisse propriedade privada. Porém, sua súplica mais pungente era apenas "*I couldn't do nothin' baby, till I got unwound*" ["Não pude fazer nada, *baby*, até chegar ao fim da linha"]. A letra de "Dead Shrimp Blues" intrigou a maioria dos estudiosos de blues. Pela obscuridade da canção e referência ao crustáceo, postulou-se que "camarão" pode ter sido usado como gíria para prostituta.[231] A resposta, porém, pode ser muito mais simples do que se imaginava.

Assim como "They're Red Hot" foi quase com certeza baseada nos almoços de Robert na Alamo Plaza, talvez não seja necessário buscar referências em "Dead Shrimp Blues" para além do clube de caça e pesca Jolly

Roger. Redfish Point se localiza na ponta mais distante da baía de Copano, celeiro natural de camarões. Na verdade, se chama Redfish Point porque os crustáceos são tão abundantes que atraem cardumes de peixes vermelhos – "*redfish*". O que Robert quis dizer metaforicamente com a referência a camarão ainda não se sabe, mas é muito provável que tenha sido dali que veio sua inspiração.

Ele esperou até a sessão daquele dia para registrar aquela que se tornou conhecida como uma de suas obras-primas essenciais: "Cross Road Blues". É curioso: ninguém que o conhecia naquele período se recordou de ele ter executado a música. Quando Elizabeth Moore ouviu a gravação, ficou surpresa e disse nunca ter ouvido nada parecido dele.[232]

"Cross Road Blues", hoje com frequência intitulada "Crossroad(s)", apresenta uma estrofe inicial que na verdade contém uma súplica por salvação, não um pacto com o diabo: "*I went to the crossroad and fell down on my knees, asked the Lord above for mercy, save poor Bob, if you please*" ["Fui até a encruzilhada e caí de joelhos, pedi misericórdia ao Senhor lá em cima, salve o pobre Bob, por favor"]. A canção continua com referências ao "sol se pondo, rapazes" ["*sun's going down, boys*"], até que Robert cita seu melhor amigo musical de Robinsonville, Willie Brown: "*You can run, you can run, tell my friend poor Willie Brown*" ["Você pode correr, você pode correr, conte para o meu amigo, o pobre Willie Brown"].

Em nenhum momento na música diz que foi à encruzilhada vender a alma ao diabo. Ele não faz essa afirmação em nenhuma canção. Na verdade, como apontou o reverendo Booker Miller, de Greenwood, "não havia muitas estradas asfaltadas naquele tempo. Se você quisesse ir à cidade, tinha de caminhar pela estrada de terra que saía de sua casa até que ela cruzasse com a estrada [de terra] que vai até a cidade. Aí você esperava alguém aparecer e dar uma carona".[233] Quando questionada sobre como Robert viajava até os *jukes*, Elizabeth Moore explicou: "Ele pegava um ônibus ou arrumava carona. Não tinha carro".[234] Miller notou ainda que um músico tinha "muito mais chance de conseguir carona" do que a maioria das pessoas na estrada. "Se você estivesse com um violão, paravam muito mais rápido", explicou. "Quem tocava violão se destacava mais do que qualquer um."[235] Outros meios de transporte incluíam pequenos trens chamados de "Pea Vines" ou locais, que percorriam distâncias curtas, mas só saíam uma vez por dia. Os ônibus sempre viajavam pelas rodovias 49, 51 e 61 através do Delta, mas quem vivia nas *plantations* pegava carona, ônibus ou subia num trem de carga.

Em "Cross Road Blues", Robert canta e toca com um senso de urgência. O som é intenso, e o que quer que o tenha levado a cair de joelhos na encruzilhada teve uma influência poderosa. Só mais um blues pré-guerra menciona encruzilhada: "Joe Kirby", de Charley Patton, de 1929, que menciona uma encruzilhada específica. Porém, não tem nem um pouco da angústia da letra de Robert. Patton canta: *"Well, I was standin' at Clack's crossroad, biddin' my rider goodbye / It blowed for the crossroad, Lord, she started to fly"* ["Bem, eu estava na encruzilhada de Clack, dando adeus à minha parceira / [O trem] apitou para a encruzilhada, Senhor, ela levantou voo"]. Em "Cross Road Blues", porém, é impossível não reconhecer a crença mítica negra associada a esse lugar. Praticamente todo acervo de folclore negro contém lendas sobre a encruzilhada, uma mistura sincrética de folclore africano e anglo-americano. Hyatt recolheu diversas variações da história; a mais icônica em relação ao blues é a seguinte:

> Se você quiser saber como tocar banjo ou violão ou fazer truques de mágica, tem de se vender ao diabo. Tem de ir ao cemitério em nove manhãs, pegar um pouco de terra, levar para casa e colocar numa garrafinha, depois encontrar uma bifurcação na estrada e, a cada manhã, se sentar ali e tentar tocar violão. Não se preocupe com o que vir chegando, não tenha medo e não fuja. Só fique ali durante nove manhãs e, na nona, chegará um cavaleiro na velocidade da luz, na forma do diabo. Fique ali, continue a tocar violão e, depois que ele passar, você saberá tocar qualquer música que quiser ou fazer qualquer truque de mágica que desejar porque se vendeu ao diabo.[236]

Embora o folclore seja claro, não temos como saber o que Robert quis dizer na música. Ele nunca mencionou um pacto, o diabo ou qualquer outro elemento sobrenatural. Então por que essa canção é tão singular e por que ele a canta com tanta urgência?

Ambas as versões começam com Johnson ajoelhado na encruzilhada para pedir misericórdia a Deus, enquanto a segunda estrofe relata as tentativas fracassadas dele em pedir carona. Na terceira e quarta estrofes, Robert demonstra preocupação, se não medo puro e simples, de ficar abandonado na estrada à medida que a escuridão se aproxima. Por fim, ele implora ao ouvinte para correr e contar ao amigo Willie Brown que ele "está afundando" ["*I'm sinkin' down*"].

Apesar de muitos fãs de blues e até alguns estudiosos tentarem relacionar essa canção a alguma barganha satânica ou faustiana, não há uma referência sequer nesse sentido. O diabo, Legba e o hodu não são mencionados, tampouco há referência a qualquer ser ou acontecimento sobrenatural. No entanto, a crença na possibilidade de se fazer um pacto numa encruzilhada era tão prevalente na comunidade negra sulista que Robert deve tê-la conhecido. Porém, a música também pode ser sobre protesto e comentário social. A segunda estrofe inclui o verso "*the sun goin' dow now, boy, dark gon' catch me here*" ["o sol está se pondo, rapaz, a noite vai me pegar aqui"]. Isso pode ser uma referência às leis do pôr do sol, ou toques de recolher, que existiam amplamente durante a segregação racial no Sul. Placas naquelas regiões rurais alertavam: "Crioulo, não deixe que o sol se ponha com você na rua". Robert pode ter expressado um medo real de acusações forjadas de vadiagem ou até de ser linchado. Argumentou-se que a quinta estrofe do segundo take captura a essência da canção: "Sozinho, abandonado ou maltratado, [Robert] fica na encruzilhada, olhando de um lado para o outro à procura da mulher".[237] Mas o que Robert quis dizer de fato? A paixão em sua voz indica quão a sério levava a letra. A resposta, no entanto, só ele sabia.

Na sequência dessa gravação, Robert remontou a quando ouvia House e Brown nos *jukes* em Robinsonville e à influência que os dois tiveram sobre ele, pois "Walkin' Blues" é uma releitura direta de "My Black Mama", de House, que contava com o mesmo fraseado de *bottleneck*. "Last Fair Deal Gone Down" destaca a conexão com Hattiesburg e, nela, Robert abafa as cordas graves com a palma da mão direita, além de usar o *bottleneck*. Foi um retorno ao tipo de *work song* [*] que ele cantara primeiro para Willie Moore logo depois de terem se conhecido, em 1928. Nela, enfatiza as dificuldades do trabalho numa obra de ferrovia e de lidar com um "capataz tão cruel, meu Senhor" [*"captain so mean, good Lord"*]. Era uma referência comum ao chefe branco que assomava sobre a equipe negra enquanto esta movia os trilhos de aço sobre um leito de estrada. A localidade era a "Gulfport Island Road", ou a linha Gulfport & Ship Island, formada em 1900. Corria diariamente de Gulfport para Hattiesburg, ao norte, onde encontrava as linhas New Orleans e Northeastern (Southern) e seguia para Jackson. Era o tipo de trabalho pesado que Robert evitava quando foi para Hattiesburg, em 1930, ao passo que Ike Zimmerman trabalhava seis dias por semana limpando uma estrada para a pavimentação da rodovia 51. Na verdade, ele pode ter aprendido a música de Zimmerman, já que a letra consiste num padrão lá, lá, lá, si (A, A, A, B), mais comumente usado em *work songs* do que a fórmula lá, lá, si (A, A, B) de costume dos blues de Johnson.

"Preachin' the Blues", subtitulada "Up Jumped the Devil", é a versão dele para "Preaching the Blues", de Son House, de 1930. House canta com uma convicção muito intensa nessa gravação e parece que Robert tentou imitar a performance. O instrumental é magistral e, apesar de não possuir a voz poderosa e imponente de House, a emoção de Robert ainda é fascinante. Ele urge – "*Help me, you gonna help me?*" ["Me ajude, você vai me ajudar?"] – como se estivesse falando com alguém ali no recinto, criando um *crescendo* de emoções enquanto toca.

A última canção, "If I Had Possession Over Judgement Day", é musicalmente emprestada de "Roll and Tumble Blues", de Hambone Willie Newbern, mas, enquanto Newbern canta sobre amor perdido, Robert canta sobre sexo e poder, combinando os próprios medos com a fantasia de controlá-los. Foi mais uma música nunca lançada na década de 1930.

---

[*] O termo surgiu na década de 1920 para designar um tipo de canção popular entoada por trabalhadores nos campos, de ritmo marcado para acompanhar a toada do trabalho. (N. do T.)

As gravações dele terminaram no dia 27 de novembro, sexta-feira, embora as sessões de Law tenham durado até domingo, dia 30. Robert ficou em San Antonio até o fim de todas elas, para o caso de lhe serem solicitadas mais algumas músicas. Naquela tarde de domingo, Tony Garza, funcionário do setor de expedição da companhia, levou Robert e o engenheiro de som Vincent Liebler para uma briga de galo. Os mexicanos haviam levado o "esporte" sangrento das tardes de domingo para lá e, embora fosse oficialmente ilegal, ainda era abraçado como uma das operações de jogos de azar da cidade.[238]

Robert foi embora de San Antonio com uma boa quantia em dinheiro vivo pelas dezesseis músicas, o máximo que ganhou como *bluesman* profissional. Segundo Don Law, Johnson recebeu cerca de vinte e cinco dólares por música. As gravadoras pagavam o que um músico aceitava. Já que um contrato de gravação significava reconhecimento e fama na terra natal, a maioria dos *bluesmen* aceitava qualquer dinheiro que era oferecido. E Robert era apenas um desconhecido ainda não testado. "Eles [os músicos] não confiavam nas gravadoras para lhes pagar royalties", recordou-se Speir. "Queriam dinheiro vivo ao terminar as gravações."[239] Durante os anos 1920, quando as empresas estavam mais prósperas, Speir chegara a receber até cinquenta dólares por música por alguns de seus artistas. Porém, nos anos 1930, os discos eram vendidos por trinta e cinco centavos em selos econômicos (Okeh e Vocalion), mas os discos da Columbia e da Brunswick custavam de setenta e cinco centavos a um dólar e cinquenta centavos cada. Os da Columbia Masterwork poderiam chegar a dois dólares. "Para um *bluesman*, ser gravado era mais importante do que o pagamento", concluiu Speir. "Quando tinham um disco, poderiam ganhar mais dinheiro tocando na rua e em festas."[240] Ele nunca mais viu Robert depois das sessões em San Antonio e disse que Oertle só lhe contou mais tarde que havia levado o músico para gravar em Dallas. Oertle morreu de um ataque cardíaco súbito em novembro de 1941. Outra voz da vida de Robert fora silenciada pouco depois de sua conexão com ele.

Robert foi embora de San Antonio sentindo que havia atingido seu principal objetivo na vida, exatamente como dissera a Elizabeth Moore e Eula Mae Williams que faria. Aos vinte e cinco anos, ele então era um *bluesman* gravado, um feito e tanto quando apenas três grandes empresas controlavam todas as gravações. Se a crença de H. C. Speir estivesse correta, de que a música de Robert era perfeita para o mercado emergente de jukeboxes, talvez não demorasse muito até que os discos dele começassem a aparecer nas máquinas. E eles com certeza seriam oferecidos em diversas lojas de discos por todo o Sul. E não havia cães do inferno ao encalço, Robert só teria de ser um *bluesman* viajante profissional que trabalhava principalmente aos fins de semana à própria escolha.

Ao voltar ao Delta no final de 1936, ele voltou a morar, de forma temporária, com a mãe e o padrasto em Tunica. Talvez o sucesso do retorno de uma sessão de gravação tenha apaziguado os problemas que Dusty Willis tinha com o enteado, pois Robert parece ter ficado com eles por vários meses sem nenhum incidente. Nesse período, cortejou Willie Mae Holmes, de dezoito anos, prima de Honeyboy Edwards. Holmes estava morando numa fazenda controlada por Albert Creason, um homem negro de sessenta e três anos, em Commerce, a mesma comunidade em que Robert vivera na juventude, na *plantation* Abbay & Leatherman.

Foi a música de Robert, como de costume, que apresentou o casal. "Ele estava indo tocar em algum lugar naquela noite de sábado, e eu e uma amiga estávamos sentadas na varanda. Ele começou a conversar com a gente, e foi assim que o conheci."[241] Robert viu Willie Mae como outra companhia disponível: uma mulher que vivia com um homem muito mais velho com quem ela não tinha nenhuma conexão verdadeira. Em pouco tempo, ganhou a afeição dela. Willie Mae se recorda dele como bonito e amoroso. "Era bem-apessoado. Um tipo amoroso. Um rapaz bonito. Era muito jovem, e eu também. A coisinha marrom mais fofa que você já viu na vida. Ah, ele era muito bonito, com certeza. Eu era muito apaixonada por ele." Robert, é claro, usou seus talentos musicais no cortejo. "Sentados na varanda dos fundos: era uma casa espingarda, de frente para a barragem. E a gente se sentava na varada dos fundos, nos degraus, e ele tocava violão pra mim."[242]

Começaram a namorar em dezembro de 1936 e, seis meses depois, em junho de 1937, Robert partiu para Dallas, para suas últimas sessões de gravação. Disse a Willie Mae que ia viajar para gravar mais discos, e as duas

Willie Mae Holmes Powell.
© Delta Haze Corporation

músicas que ele cantou para ela antes de partir foram "Stones In My Passway" e "I'm a Steady Rollin' Man", as duas com as quais começou as sessões em Dallas. Convidou-a para ir junto, mas ela recusou. Sem a companhia dela, jurou colocá-la numa canção. "Ele disse que ia [escrever uma música sobre mim]."[243] Essa canção, é claro, se tornou "Love in Vain", a penúltima de sua carreira fonográfica. Robert Johnson cumpriu a promessa.

Outra mulher de bom coração passara por sua vida.

13
fui embora de cabeça cortada

Robert Johnson, à espera do lançamento dos discos, caiu de volta em seus velhos e familiares hábitos: cortejou pelo menos uma mulher, Willie Mae Holmes; ia e vinha entre a casa da mãe, em Robinsonville, e a da família postiça, em Memphis; viajava para seu terreno musical, em Helena; e tocava violão quando e onde pudesse.

Enquanto Robert estava ocupado se apresentando no Mississippi, no Tennesse ou no Arkansas, Art Satherly, em Nova York, programava o primeiro lançamento das sessões de novembro em San Antonio para o catálogo de discos da Vocalion de março de 1937. Tipicamente, a gravadora lançava um disco por mês de um artista novo, e Satherly colocou "Kind Hearted Woman Blues" e "Terraplane Blues" em lados opostos de um disco simples usando a política longeva de mesclar uma música lenta com uma animada. Essa dupla foi lançada tanto na Vocalion, nº 03416, por trinta e cinco centavos, quanto nos outros selos da ARC (American Recording Company), vendidos em lojas de miudezas por vinte e cinco centavos.

"Terraplane Blues" foi a que mais vendeu e pode ter chegado a dez mil cópias vendidas, quantidade que Speir disse designar um sucesso. Foram encontradas mais cópias desse disco do que qualquer outro lançamento de Robert Johnson. O lançamento que Satherly escolheu para abril, "I Believe I'll Dust My Broom", com "Dead Shrimp Blues" do outro lado, também vendeu bem e recebeu uma prensagem inicial de pelo menos cinco mil cópias. Mais tarde, a Vocalion o lançaria pelo selo Conqueror, à venda pelo catálogo da Sears Roebuck para a população rural que não tinha acesso a uma loja de discos. Só os mais vendidos do catálogo eram lançados pelo Conqueror e, surpreendentemente, "Terraplane Blues", o que mais vendeu, não foi.

Em maio, o melhor compacto duplo de Robert, do ponto de vista do blues do Delta, em que ambos os lados exibem seu talento no *slide guitar*, foi oferecido ao público: "Cross Road Blues" e "Ramblin' On My Mind". Embora nenhuma das duas músicas tenha se tornado um sucesso naquela época, já eram bastante ouvidas no Delta. Son House ficou muito impressionado quando ouviu as gravações. "Ouvimos umas músicas dele que saíram em discos. Acho que a primeira que ouvi foi 'Terraplane Blues'. Jesus, como era bom! Todo mundo admirou. 'Esse rapaz vai longe', disseram."[244] Elizabeth Moore também ouviu e o uso que Robert fez do nome de Willie Brown em "Cross Road Blues" não a surpreendeu: ela já tinha visto os dois juntos em vários *jukes*. "Ele andava por aí e tocou muito tempo com Willie Brown em Robinsonville. Sabe, tinha um *juke* ferrovia acima, um pouquinho fora da cidade. Nuns grandes bailes ou outros, lá estava ele, e Willie conhecia os blues – o que ele tocava. Robert tocava junto com Willie." Depois de ouvir "Cross Road Blues", ela perguntou a Brown, a quem chamava de "gato velho", se ele tinha ouvido o disco. "Falei: 'Ei, gato velho, você ouviu seu nome no disco do Robert?'. E ele: 'Ouvi nada, menina. Não tenho disco nenhum com o meu nome'. E eu: 'Bom, pode crer que Robert colocou o seu nome ali'. E ele: 'Bem, você sabe, eu falei pra Robert que o único jeito de ele gravar um disco como eu seria colocar o meu nome em uma música'. E eu: 'Dito e feito, Robert fez mesmo um disco e o seu nome está nele'."[245]

Em apenas três meses – março, abril e maio de 1937 –, Robert teve seis músicas lançadas. Os sucessos dessas gravações lhe deram um senso de si mesmo como músico legítimo. Não importava como se apresentara antes dessas gravações serem lançadas, ele tinha mais confiança do que nunca em si próprio como músico profissional. Essa autoconfiança pode explicar por que um pianista do Arkansas quis que um amigo tentasse fazer com que Robert baixasse a bola. Johnny Shines, que ainda não tinha gravado, acabou se tornando a vítima dessa intriga.

Shines trabalhava em Hughes, Arkansas, com um pianista, Jerry Hooks, que se chamava de M&O.[246] "Eu tocava em Hughes, num lugar chamado Doc Pickens", recordou-se Shines. "Um velho pianista chamado M&O estava tocando lá, e eu tocava com ele, e ele me contava de um cara de Helena. Em teoria, era osso duro de roer, mas, sabe, os caras tinham uma coisa de cortar a cabeça um do outro. Sabe, você chega num cara que deve ser bom e tem de superá-lo tocando, bem, isso era o que M&O esperava que eu fizesse. É claro, ele tinha alguma picuinha com Robert como músico. Na época, eu era jovem, forte, tocava pesado, cantava alto, e ele achava que eu poderia superar Robert Johnson. [M&O] queria que eu fosse para Helena e cortasse a cabeça de Robert, o superasse e roubasse o público dele; afastasse aquele público dele. Em outras palavras, ganhar todo o dinheiro e deixá-lo sem nada. Era o que eles chamavam de 'cortar a cabeça'."[247] Porém, quando Shines e Hooks pularam num trem e foram para Helena confrontar Johnson musicalmente, ele logo se deu conta de que *sua* cabeça é que seria cortada.

"Fui até Helena", recordou-se Shines, "e ouvi alguns dos discos dele, uns dois discos, e mudei de ideia quanto a cortar a cabeça dele, porque eu sabia como aquilo ia terminar, terminou como eu pensei que iria. Fui embora de cabeça cortada."[248] Quando eles finalmente se conheceram e tocaram juntos, Robert deixou Shines boquiaberto e de bolso vazio. Uma das tarefas que tomam mais tempo ao se escrever uma biografia de Robert Johnson é ligar datas a pessoas, lugares e acontecimentos. Johnny Shines, apesar de ser uma fonte muito precisa no que diz respeito a como Johnson era e o que fazia – viajou com ele mais que qualquer outro músico ou outra pessoa –, foi impreciso quanto às datas (o que é facilmente compreensível, já que tentava se lembrar, mesmo nas primeiras entrevistas, de trinta anos no passado). A maioria de suas afirmações dizia que ele conheceu Johnson em 1934 ou 1935, mas, segundo as próprias histórias, foi, na verdade, no início de 1937. Se essa recordação de ele ter ouvido as gravações antes ou na época em que o conheceu for verdadeira, e não há motivo para duvidar, o encontro ocorreu depois que os discos de Johnson foram lançados, em março de 1937. Se foi em março, as músicas que Shines teria ouvido seriam "Kind Hearted Woman Blues", na qual Robert de forma incomum para a maioria dos *bluesmen* do Delta, toca principalmente nas primeiras casas do violão e inclui um solo, e "Terraplane Blues", a primeira em que Johnson usa um *riff* característico de *slide guitar*. Se o encontro ocorreu em abril, então Shines também teria tido a oportunidade de ouvir "I Believe I'll Dust My Broom", que traz tanto outro *riff* característico de *slide* quanto uma batida *boogie* incansável, e "Dead Shrimp Blues", que conta com um baixo complexo contra a melodia dedilhada. Todas essas quatro músicas soavam diferentes das gravações que costumavam sair do Delta e provavelmente teriam sido bastante intimidadoras para Shines.

Em geral, esse teria sido o fim da associação dos dois, mas o encontro se mostrou propício para ambos os músicos: Shines encontrou um mentor, e Robert, solitário via de regra, um companheiro de viagem que simplesmente não o deixava em paz. Naquele momento poderia assumir o papel que Son House e Ike Zimmerman desempenharam para ele, e isso lhe deu um parceiro com quem poderia, quando quisesse ou precisasse, contar para companhia e apoio. Shines se tornou rapidamente um acólito de Johnson, aprendendo e viajando em sua companhia quando podia, ajudando-o a sair de perrengues e o apresentando a outros músicos. "Conheci um homem capaz de me dar uma surra ao tocar. E era esse cara quem eu procurava: alguém que fosse capaz de me dar uma surra ao tocar, porque eu queria progredir. E Robert era o cara, eu tentei entrar na cabeça dele, sabe? Era um dos maiores, ao meu ver: era o mestre. Ele fazia algumas das coisas que eu queria fazer. Coisas que nunca ouvi um violonista fazer."[249] Depois que Shines encontrou seu mestre, ficou determinado a não sair de perto dele até que tivesse aprendido tudo o que pudesse. Robert simplesmente não conseguia tirar Shines de seu caminho. Não importava para onde fosse, o aprendiz queria ir junto. "Fato é que eu era uma pedra no sapato. Ficava na cola de Robert e, naquela época, seguia qualquer um que tivesse um *riff* ou um acorde que eu quisesse até que conseguisse, se eles fossem amigáveis."[250]

De acordo com a maioria dos relatos, Robert de fato era um violonista bem melhor do que muitos de seus contemporâneos conhecidos, já que Shines não era o único músico que o admirava no instrumento: Robert Lockwood ficou igualmente efusivo. "Num tinha mais ninguém que toca-

Johnny Shines.
Christopher Smith

va daquele jeito. Violonistas não sabiam tocar daquele jeito. Tocavam com outro violonista, que fazia os acordes, enquanto executavam a melodia. Robert tocava tudo junto. Hacksaw Harney foi o único que eu conheci [que também sabia tocar desse jeito]."[251] Henry Townsend também considerou Robert um mestre depois de ouvi-lo em St. Louis. "Para mim, ele era um músico e tanto! Eu o achava ótimo; na verdade, minha ambição era manter o máximo de contato possível com ele, porque eu sentia que podia aprender bastante. Fiquei empolgado, porque, para mim, ele era um tipo raro de instrumentista. Sim, para mim, é quão avançado ele era."[252] Em outra ocasião, recordou-se mais a respeito do estilo de tocar de Robert: "Ah, Robert fazia, acho que você vai encontrar nas gravações dele, umas coisas muito próximas de Lonnie Johnson. E os acordes que tocava, fazia todas as sétimas, as nonas e o que mais você quisesse, ele fazia encaixar. Robert deixava as pessoas embasbacadas."[253]

Embora as gravações não tenham causado muito impacto fora de um círculo específico no Mississippi, qualquer um que tenha visto Robert ao vivo naquela época sentia que estava na presença de um talento magistral. Mesmo nos anos 1960, quando o violonista de blues e um de seus contemporâneos musicais Ishmon Bracey ouviu a gravação de "Dead Shrimp Blues" e insistiu que um único violonista não seria capaz de tocar daquele jeito. "Sei que [há dois violões nessa gravação]. Veja, ele não consegue levar esse baixo e o andamento [da música] ao mesmo tempo desse jeito."[254]

Porém, o estilo de Robert não se resumia apenas a tocar o baixo, a melodia e os acordes de forma simultânea. O que o tornava único era a abordagem total do violão. Talvez isso viesse das orquestras jazzísticas que ouvia em Memphis ou dos pianistas em Hattiesburg, de quem é provável que tenha adaptado a figura de baixo de *boogie*, mas estava determinado a tratar o violão como um instrumento bem diferente daquele que os colegas tocavam. Como observou Robert Lockwood: "O que dava o mistério é que ele tocava violão como se toca piano. Veja, era assim que ele tocava, e isso é muito difícil. Gente de todo o mundo quer fazer isso. Eu sabia que o que Robert tocava era raro, porque outros violonistas não tinham essa característica. Sempre se via dois juntos e um fazia base para o outro. Mas

Robert não precisava de ninguém para acompanhá-lo. Foi o que atraiu minha atenção, porque eu nunca soube que haveria um tempo em que você pode colocar um piano num estojo e sair andando com ele por aí, sabe? Nunca sonhei que isso fosse acontecer".[255]

Praticamente todos os músicos mais jovens que o ouviam sabiam que estavam escutando algo singular. Johnny Shines concordou que foi a habilidade de imitar o que era tocado pelos pianistas que tornou o estilo de Robert tão especial. "Tudo o que eu ouvia um camarada fazer no piano, ele sabia fazer no violão. E tocava! Era um som que você precisava parar para ouvir. E é o som que muita gente busca hoje. Eu mesmo ainda estou à procura."[256] Em outra ocasião, afirmou: "Para mim, ele foi tão grande quanto Charlie Parker. O cara fazia de tudo – qualquer coisa que poderia ser tocada num trompete ou num piano, ele achava um jeito de tocar no violão… O que você quisesse que ele tocasse, ele tocava. Nunca o vi procurar um acorde. Sei muitos acordes de que Robert nunca ouviu falar, porque ele não sabia ler música, mas sabia fazê-los".[257] Shines não sabia, é claro, que Johnson tivera, sim, educação musical quando criança, em Memphis. Não necessariamente aprendeu a ler música, mas é provável que tivesse obtido uma melhor perspectiva teórica em relação à música, não obstante quão elementar, do que seus contemporâneos tinham ciência. Shines se recorda: "Nonas, diminutas, aumentadas, sétimas, décimas, décimas terceiras, esse negócio todo. Ele fazia os acordes e fazia no lugar certo!".[258]

Porém, havia algo além de talento e esforço que ajudou Robert a mudar a forma como se abordava o violão blues: ao que tudo indica, ele tinha uma memória eidética. Uma das chaves para o sucesso como músico itinerante era a habilidade de tocar qualquer música pedida pelo público. Em geral, isso significava tocar muitos *standards*, assim como os últimos sucessos do momento, o que nunca pareceu ser um problema para Robert. Ele sempre foi capaz de executar uma versão de qualquer canção que lhe fosse pedida, isso se não a tocasse nota por nota. Tal habilidade impressionava todos ao redor dele. "Robert era um cara que conseguia se sentar e conversar, como estou conversando com você agora, e ouvir o rádio ao mesmo tempo", explicou Shines. "E quando estava pronto, tocava qualquer coisa que tivesse ouvido no rádio. Nota por nota, acorde por acorde, soubesse ou não que acordes estava tocando, e eu acho que ele não sabia, mas os dedos simplesmente caíam no lugar certo, sabe? Ele tocava. Tocava e cantava. Quando estivesse pronto. Não precisava ouvir uma segunda vez. Eu precisava ouvir três. Ele não. Ouvia uma vez e tocava. Em outras palavras, acho que ele tinha uma memória fotográfica, estava muito à frente do seu tempo, ou coisa assim."[259] Certa vez, quando Shines e Robert estavam sentados numa casa no Arkansas com as janelas abertas, um rádio na casa ao lado tocava a música de uma *swing band*. Robert chocou Shines naquela noite ao tocar várias músicas que ambos haviam ouvido.[260]

Como nunca falava da família ou da própria história, nenhum dos conhecidos musicais de Robert fazia ideia de que ele tivera aulas de música na escola em Memphis, que seu meio-irmão mais velho, Charles, havia lhe dado algumas aulas de violão e piano, que ele literalmente levara surras por devotar tempo à música ao invés do trabalho no campo, que fora aprendiz de Ike Zimmerman, um dos melhores violonistas do Mississippi, nem que ele talvez tivesse uma memória eidética para música. Para eles, Robert era um gênio nato. Não faziam ideia das horas, dos meses e dos anos que ele devotara a aprender sua arte. Ao invés disso, seus contemporâneos atribuíam as habilidades a algum talento oculto que nenhum deles possuía. "Ele tinha um computador interno", disse Shines. "Tudo o que ouvia, guardava ali. Só precisava apertar o botão... Qualquer estilo de música que ouvisse: polca, irlandesa, judaica, bem, coisas como 'Stardust', 'Danny Boy', 'Willow Weep for Me'. Ele tocava, passava o chapéu e o povo jogava moedas."[261]

Essa habilidade também ia além de apenas decorar canções de blues. "Robert sabia tocar qualquer coisa. Sabia tocar no estilo de Lonnie Johnson, Blind Blake, Blind Boy Fuller, Blind Willie McTell, todos esses caras. E do cantor de country – Jimmie Rodgers. Robert tocava uma porrada de músicas dele, cara. Era bom em ragtime, canções populares, valsas – caramba, até na polca. Ele pegava as músicas no ar. Muitas que mais ninguém tocava com *slide*, ele tocava com *slide*. Para ele, era natural."[262] De forma parecida, Henry Townsend também ficou impressionado com a proeza de

Robert em pegar músicas no ar. "Ele não perguntava a ninguém como é que se tocava. Só ouvia e pronto. Não precisava de mais nada."²⁶³

Dadas as habilidades aparentemente natas de Robert, é compreensível que algumas pessoas as tenham atribuído a forças sobrenaturais. De que outro jeito um único homem poderia ser tão bom em tantos estilos diferentes? E Robert, tão protetor em relação a suas técnicas, com certeza não revelaria segredo nenhum a qualquer pessoa. "Quando o conheci, ele fugia de mim quando eu começava a observar o que ele tocava. Robert não gostava nem um pouco disso. Não sei como ele fez com Honeyboy, mas não me deixava vê-lo tocar, virava de costas para mim. E se eu desse a volta, ele se virava de novo. Eu não ficava mais de frente para ele, porque ele ia embora",²⁶⁴ recordou-se Townsend. Embora o sigilo de Robert possa ser interpretado como uma simples recusa em compartilhar suas técnicas, também é complementado pela concepção que ele tinha das músicas como composições fixas. Ambos vinham de uma autoconsciência e proteção agudas da própria identidade como artista.

O primeiro encontro dele com Shines foi breve, durou cerca de três semanas apenas, mas foi o bastante para forjar uma relação boa o suficiente para que eles se encontrassem e viajassem juntos de novo. Também bastou para Shines perceber as particularidades da personalidade do companheiro, incluindo um comportamento que Eula Mae Williams notara alguns anos antes. Robert não se despedia; sempre que estava pronto para partir, simplesmente ia embora rápido, sem avisar. "Bem, Robert era solitário", lamentou Shines. "Ele não se importava muito com a companhia de outras pessoas. Você sabe que ele não queria que os outros se aproximassem muito dele. E, uh, ele ia embora... A gente estava aqui na cidade [Helena]... e eu procurei por Robert, e ele tinha ido embora."²⁶⁵ Por mais que se tentasse conhecê-lo, havia alguma coisa em Robert que o impedia de se abrir para alguém. Fosse por ter vergonha de sua ilegitimidade, ainda estar magoado demais com a morte de Virginia ou dolorido pela incapacidade de criar uma vida nova com Virgie e Claud, ele nunca se abriu para ninguém. "Robert nunca falava muito dele mesmo. Nunca falou disso comigo, nem de sua vida doméstica, nada", disse Johnny Shines, o homem com quem Robert passaria mais tempo do que qualquer outra pessoa.²⁶⁶ "Eu não sabia que ele tinha parentes. Nunca mencionou os familiares."²⁶⁷

A natureza sigilosa nada fazia para eliminar os rumores elaborados a respeito dele, e com certeza não o ajudava a fazer muitos amigos íntimos. Porém, uma coisa da qual *falava* era música. Shines disse que Robert admirava poucos músicos, mas que respeitava muito outros dois Johnson – Lonnie e talvez Tommy. "No que diz respeito aos músicos de que ele gostava, só mencionava os Johnson, Lonnie Johnson e algum outro Johnson, que era um bom violonista naquela época. Ele falava bastante de Lonnie Johnson", disse Shines. "Admirava tanto a música dele que dizia às pessoas que era um dos irmãos Johnson do Texas. Deixava as pessoas com a impressão de que era do Texas e parente de Lonnie Johnson."²⁶⁸

No entanto, Robert não precisava ser Lonnie Johnson. Os próprios discos logo seriam vendidos lado a lado com os de seu herói por todo o Sul.

14

preciso seguir em frente, o blues cai feito granizo

Com o lançamento de suas canções, Robert se tornou um jovem músico orgulhoso. Tinha então um nome conhecido e pouca dificuldade em conseguir trabalho tocando nos centros que ouviam sua música. E aí havia as mulheres. Embora nunca tenha ficado sem companhia, naquele momento as mulheres desejavam ativamente estar com ele: não precisava ir atrás delas, em especial em lugares como Memphis, onde era fácil ouvir seus discos em jukeboxes, nas vitrolas e no rádio. Robert era um astro local.

Em Nova York, Art Satherly se deu conta de que o *bluesman* produzira discos bons de venda para a época da Grande Depressão. A gravadora começava a cobrir os gastos quando um disco vendia cinco mil cópias, e os primeiros discos de Robert haviam passado em muito essa quantidade. Querendo capitalizar rapidamente nesse mercado, Satherly instruiu Law que encontrasse o músico para outra sessão. Robert dera a Law o endereço da família na rua Georgia, em Memphis, e Johnny Shines confirmou que foi assim que ele foi encontrado para a gravação em Dallas.[269] Robert foi avisado do pedido para estar em Dallas em junho para a nova sessão de gravação, durante a qual a gravadora também registraria mais seleções de grupos mexicanos e *Western swing*. Quando ele aceitou, enviando um telegrama a cobrar, Law lhe mandou uma passagem não reembolsável. Mandar dinheiro, mesmo para um artista já conhecido, como Robert, não era bem-visto pelas gravadoras. Dinheiro poderia ser gasto, e o artista poderia acabar não aparecendo, mas uma passagem só poderia ser usada para um fim.

Animado com a oportunidade de fazer mais discos, Robert se gabava para quem quisesse ouvir que voltaria ao Texas para gravar mais sucessos. Isso incluía Shines, com quem se reconectara em Memphis e convidara para acompanhá-lo. "Encontrei [Robert] de novo em Memphis. Era minha cidade e eu queria estar em qualquer lugar, menos ali. Ele me contou que tinha de ir para Dallas gravar e eu topei, mas ele tinha uma passagem e eu não."[270]

Normalmente, Robert teria viajado de Memphis para o Sul, até o Delta, e visitado a família por todo o Mississippi, mas Shines tinha medo daquele estado por causa do racismo intenso. Como a passagem de Robert o levaria pelo Mississippi, os dois decidiram pular em trens de forma clandestina através do Arkansas pelo tempo que conseguissem, e então Robert usaria a passagem para o restante do caminho. Shines cresceu em parte no Arkansas, e Robert havia morado em Helena, então essa cidade foi a primeira parada na jornada a sudoeste. Dali, seguiram para Little Rock e Hot Springs (sobre a qual Robert já tinha cantado em disco), e então pegaram a rodovia 67, que os levou até Texarkana. Na fronteira do Arkansas com o Texas, Shines lhe disse para usar a passagem e concluir a viagem até Dallas, e que ele ficaria para trás a fim de tocar em qualquer cidadezinha em que conseguisse trabalho. Encontraria Robert dali mais ou menos uma semana em Red Water, Texas, a apenas vinte quilômetros de Texarkana. Os dois parceiros musicais se separaram e, meio que numa coincidência, Robert chegou a Dallas durante mais uma semana de celebrações. As duas únicas ocasiões em que ele gravou – em San Antonio e Dallas – foram perto de um feriado. No ano anterior, quando esteve em San Antonio, o estado celebrava seu centenário e a semana do Dia de Ação de Graças. Em Dallas, a comunidade afro-americana desfrutava de várias semanas de festa ao redor do Juneteenth.

Esse feriado celebra a abolição da escravidão no Texas, em junho de 1865, e também ficou conhecido como Dia da Independência Negra ou Dia da Liberdade, já que marcou a última emancipação oficial dos escravizados no Sul. As festividades de 1937 em Dallas foram extravagantes e contaram com pelo menos um artista negro nacionalmente reconhecido, Bill "Bojangles" Robinson. Tanto o *Dallas Express* quanto o *Houston Informer* apontaram aos texanos negros de todo o estado que aquele era o lugar

Anúncio de 1937 para a celebração do *Juneteenth* em Dallas.
Dallas Express/Bruce Conforth

para se estar. O *Houston Informer* até publicou uma manchete que dizia que todo mundo deveria "estar em Dallas no Juneteenth".²⁷¹

Robert chegou na sexta-feira, 18 de junho, e se hospedou na região de Dallas conhecida como Central Track, que seguia ao norte pela rua Elm (demarcando a área conhecida como Deep Ellum) até a comunidade negra conhecida como Freedmantown ou Old North Dallas. Fundada adjacente à cidade propriamente dita depois da Guerra de Secessão, Freedmantown era um enclave afro-americano onde se localizavam muitos negócios e várias residências de pessoas negras e, na década de 1930, já era uma comunidade próspera que trazia algum respiro das rígidas leis contra vadiagem que tinham como alvo negros libertos. Deep Ellum, originalmente desenvolvido como um distrito comercial de baixa escala com lojas de penhores e brechós, era, assim como a rua Maxwell, em Chicago, e a rua Beale, em

Memphis, povoada por anglo-americanos e judeus do leste europeu que vendiam produtos tanto para negros quanto para brancos. Enquanto Deep Ellum e Central Track tinham maior diversidade racial, a maior parte de Dallas era segregada e se encontrava sob uma forte influência da Ku Klux Klan.[272] "Ellum" ou "Elem" – de "*elm*" [olmo] – era uma espécie de sincretismo da pronúncia usada pelas populações rurais judia e negra que também povoavam a região. Durante as décadas de 1910 e 1920, músicos de blues, incluindo Blind Lemon Jefferson, Huddie "Lead Belly" Ledbetter e Blind Willie Johnson, tocavam nas calçadas por gorjetas, e pianistas como Alex Moore tocavam em cafés e casas de má reputação, às vezes ao redor de Central Track. O Park Theatre, de Ella B. Moore, apresentava shows de variedades e o blues urbano de Bessie Smith e Lillian Glinn, entre outras. Anos antes de Robert ir a Dallas, Blind Lemon Jefferson fora descoberto por J. Mayo Williams, da Paramount, e levado a Chicago para gravar.

Devido a seu auge inicial, Deep Ellum recebeu mais notoriedade do que Central Track, embora muitos os considerassem partes de uma única vizinhança. Negócios na avenida Central (em Central Track) iam dos trilhos da H&TC (Houston and Texas Central Railroad) ao sul para a rua Principal e até para a rua Elm (em Deep Ellum). Porém, apesar dessa proximidade, Deep Ellum se tornou foco de muita romantização e incompreensão. O Projeto Federal de Escritores criou o *The WPA Dallas Guide and History* (que só foi publicado como livro cinco décadas depois), repleto de informações falhas, porém peculiares. O guia, assim como obras de outros autores, pintava Deep Ellum como um lugar onde todo tipo de cultura, tanto legal quanto ilegal, poderia ser encontrada. Profetas de rua a proclamar a segunda vinda de Cristo se misturavam a praticantes de hodu, batedores de carteira e donos de negócios legítimos. Lá, afirmava-se, era possível encontrar de tudo para somar à aparência: alfaiatarias, barbearias e estúdios de tatuagem. Se você precisasse de algo mais pessoal, havia drogarias, prostitutas e traficantes. Se o dinheiro estivesse curto, não faltavam lojas de penhores e agiotas. Como esporte, havia dominó e casas de sinuca. E, quando você precisasse de privacidade, havia muitos hotéis que alugavam quartos por hora, dia ou semana. Por fim, alegava-se, no caso de um

UNION STATION   **508 S. PARK**   **DEEP ELLUM**

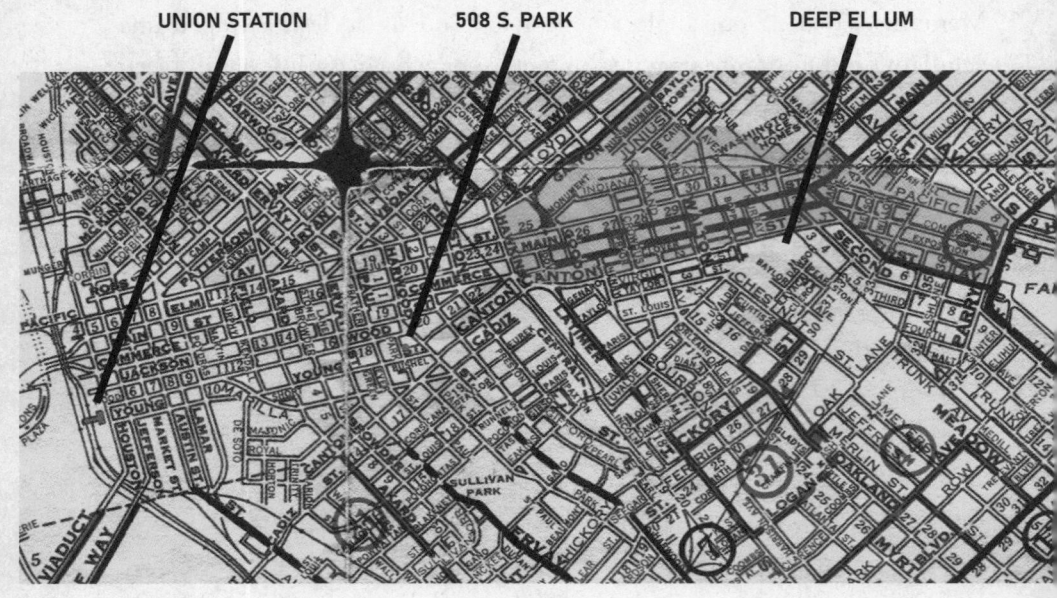

Dallas, 1937.
Bruce Conforth

conflito com os muitos golpistas, trambiqueiros e faladores que frequentavam aquelas ruas, havia também as lojas de armas.[273]

Embora apenas partes dessa percepção fossem legítimas, *era* verdade que, por causa da atmosfera racial mais tolerante e cultura musical, as *string bands* brancas se influenciaram pela música negra e até cantaram sobre Deep Ellum. Os *hillbillies*[*] Shelton Brothers tocaram nas rádios de Dallas e fizeram grande sucesso em 1936 com "Deep Ellum Blues", pela Decca Records.

> *When you go down in Deep Ellum, put your money in your shoes,*
> *'Cause them women in Deep Ellum, sure take it 'way from you*
> *Oh, sweet mama, daddy got them Deep Ellum Blues*

---

[*] Termo, em geral com uso pejorativo, para moradores de zonas rurais ou montanhosas. Um equivalente do nosso "caipira". (N. de E.)

[Quando você se meter em Deep Ellum, guarde o dinheiro no sapato
Porque essas mulheres de Deep Ellum, elas pegam mesmo de você
Ah, docinho, o pai tem o blues de Deep Ellum]

Sabe-se que tanto Lead Belly quanto Blind Lemon Jefferson tocavam a canção tradicional "Take a Whiff on Me", que tratava dessas atividades:

*Walked up Ellum an' I come down Main,
Tryin' to bum a nickel jes' to buy cocaine
Ho, ho, baby, take a whiff on me*

[Fui até Ellum e desci a Principal,
Tentando conseguir um trocado só pra comprar cocaína
Ho, ho, *baby*, dê uma fungada em mim]

Embora Jefferson cantasse sobre Deep Ellum, nunca gravou "Take a Whiff on Me". A maior parte do repertório dele tinha raízes na tradição oral, e as músicas que ele gravou eram baseadas em suas experiências no leste do Texas. Em Dallas, Jefferson se apresentava na esquina da rua Elm com a avenida Central, na frente da engraxataria e loja de discos de R. T. Ashford. Localizada na avenida Central norte, 408, o negócio de Ashford atendia afro-americanos, a maioria dos quais trabalhava no centro de Dallas. O jovem pianista Sammy Price foi quem chamou a atenção para Jefferson. Assim como H. C. Speir, nos anos 1920 e no início dos anos 1930, Ashford mandou inúmeros músicos para a Paramount, a Victor e a Brunswick/Vocalion. Destes, Lemon Jefferson foi sem dúvida seu achado mais bem-sucedido.

Na década de 1930, porém, Deep Ellum estava mudando e a população negra era empurrada em direção à avenida Central e mais ainda ao norte. Quando Robert chegou, a área se tornara amplamente um apanhado de lojas de penhores e brechós. Não havia clubes noturnos onde ouvir blues, e Central Track foi onde ele pôde conseguir hospedagem e comida e se preparar para a sessão de gravação de sábado. O estúdio improvisado da

Gypsy Tea Room.
Biblioteca Pública de Dallas

Vocalion ficava no terceiro andar do número 508 da avenida Park, a cerca de dez quarteirões de Deep Ellum.

Para Robert, Central Track e aquilo que restara da cultura de Deep Ellum devem ter se parecido bastante com os arredores da rua Beale que ele conhecia em Memphis. A correria durante o dia e as festas à noite eram suas velhas amigas. Enquanto caminhava pela avenida Central norte, os cheiros familiares de couve, *chitlins**, costeletas de porco, churrasco, bagre e cerveja deviam encher o ar. E, assim como na rua Beale, a região negra de Dallas tinha praticantes de hodu, que vendiam *tobys* – saquinhos de *mojo*** – feitos à mão, e curandeiros *juju****. Embora falha em alguns aspectos, a documentação que o Projeto Federal de Escritores fez dessas práticas atesta que tais crenças são importantes não só para fornecer contexto adicional à circulação delas na vida e cultura de Robert, como também para ajudar a explicar diversas referências feitas nas letras dele durante as sessões em Dallas.[274]

As canções que Robert gravou naqueles dias são muito diferentes em estilo, tom e mensagem do que as gravadas em San Antonio. Ele havia mudado bastante ao longo dos oito meses anteriores. Quando entrou no estúdio na avenida Park, 508, naquela manhã de sábado, estava munido de músicas ainda mais autobiográficas e introspectivas do que aquelas das sessões em San Antonio. Sua chegada, porém, foi desconfortavelmente parecida com a do hotel Gunter, no ano anterior. Assim como no hotel só para brancos, em que foi exigido que ele entrasse pelos fundos, o racismo extremo de Dallas demandou que evitasse a entrada principal e pública.

Um edifício imponente em zigue-zague moderno, o número 508 da Park foi construído em 1929 para a Vitagraph/Warner Brothers. O primeiro andar era dedicado ao cofre onde os filmes da Vitaphone (curtas e desenhos animados), da First National Pictures (comédias contemporâneas, dramas e policiais) e da Warner Brother Pictures (longas-metragens e musicais) eram abrigados e a partir do qual eram distribuídos. O segundo era composto de escritórios e o terceiro era um depósito vazio, por fim usado como estúdio de gravação improvisado. O edifício também contava com acomodações para executivos e astros do cinema que visitavam a cidade.[275] Restos daqueles trabalhos de gravação no terceiro andar ainda podiam ser

---

* Prato típico da culinária do Sul dos EUA, feito com intestino de porco frito. (N. do T.)

** Amuleto que integra a prática do hodu. (N. do T.)

*** Denominação de magia popular com raízes na África Ocidental. (N. do T.)

vistos recentemente, na silhueta de um tapume no chão e nos pregos enferrujados nos cantos das janelas, usados para pendurar juta pesada e assim abafar o som.²⁷⁶

Robert ainda contava com os quatro estilos musicais pelos quais tinha preferência: a afinação aberta com *bottleneck*, estilo apoiado num *riff* marcado e prevalente em títulos como "Terraplane Blues" e "Cross Road Blues"; os blues diretos em afinação padrão, como "Kind Hearted Woman Blues" e "Dead Shrimp Blues"; as canções com baixo *boogie*, tais como "I Believe I'll Dust My Broom" e "Sweet Home Chicago"; e as composições ao estilo *hokum* da Costa Leste, como "They're Red Hot". Porém, em Dallas, ele encaixou um novo tipo de letra nesses estilos.

O primeiro dia de gravação, quinta-feira, 17 de junho, contou com Al Dexter e Luke Owens. A sessão da sexta-feira registrou gravações de um grupo chamado The Hi-Flyers e várias outras de Roy Newan and His Boys. No sábado, os trabalhos começaram com os Crystal Springs Ramblers, banda de *Western swing* que contava com ótimos piano, saxofone e rabeca, além de um contrabaixo pulsante e percussivo, técnica que originou o rockabilly no início dos anos 1950. O nome da banda foi inspirado no Crystal Springs Palace, a oeste de Fort Worth, frequentado por Milton Brown and His Brownies. Robert gravou depois deles e foi sucedido por Zeke Williams and His Rambling Cowboys.

Os Light Crust Doughboys, grupo formado em 1933 para divulgar a farinha Light Crust, abriram a sessão de domingo e gravaram oito faixas. Em 1937, alguns dos melhores músicos da história do *Western swing* faziam parte do conjunto: Kenneth Pitts e Clifford Gross nas rabecas, Dick Reinhart e Muryel Campbell nos violões e Ramon DeArman no contrabaixo, com John "Knocky" Parker no piano. Marvin "Smokey" Montgomery tocava banjo tenor. Clifford Gross e Muryel Campbell gravaram em seguida aos Doughboys, e então foi a vez de Robert novamente.

Em 1959, Montgomery, que por muito tempo liderou os Doughboys, cuja base era Dallas, foi entrevistado durante um festival Jimmy Rodgers anual em Meridian, cidade natal do célebre autor dos "Blue Yodels". Ele conhecera pessoalmente alguns membros dos Ramblers e tocara ou conhecera os músicos de inúmeras bandas de *Western swing* que gravaram em Dallas ou San Antonio para Law ou as rivais, a Decca e a Bluebird.[277]

Embora não tivesse recordações de Robert no estúdio, lembrou-se de ter visto um músico de blues na sessão. E se lembrou de informações contextuais importantes a respeito daquelas gravações: eram feitas nos fundos do terceiro andar do prédio, onde uma quantidade enorme de discos recém-prensados era guardada em caixas depois de chegar das fábricas. As condições do estúdio em Dallas eram bem diferentes do conforto do hotel Gunter, em San Antonio. "Eles liberaram espaço num lugarzinho nos fundos do prédio", recordou-se Montgomery, "e a máquina de gravação foi instalada numa pequena cabine. Ficávamos na frente daquelas caixas de discos e nos juntávamos ao redor de um único microfone para gravar. Havia outro no piano e o engenheiro de som ficava com o equipamento naquela cabinezinha."[278]

As sessões de fim de semana davam aos artistas uma vantagem distinta daquelas que aconteciam em dias úteis. Em geral, havia barulho demais vindo da rua durante a semana para que se estabelecesse um ambiente de gravação adequado, a menos que as sessões acontecessem à noite. Já as de fim de semana eram mais silenciosas. Porém, a construção era um depósito com poucas janelas e, como era junho, as temperaturas no Texas explodiam. Montgomery se lembrou do calor sufocante no edifício. "Até onde eu sei, aquele era um depósito, e o prédio era bem grande. Estávamos bem no meio, mas parecia que eles tinham colocado aquelas caixas ao nosso redor para impedir que perambulássemos por qualquer outra parte do lugar enquanto gravávamos, ou coisa do tipo. O ar-condicionado era um ventilador soprando sobre um blocão de gelo, mas, quando estávamos prontos para gravar, precisavam desligar o aparelho, porque o barulho era alto demais e seria registrado na gravação."[279] Embora tanques cheios de gelo e ventiladores fossem posicionados ao redor da área onde se gravava, desligá-los durante a gravação de fato acabava ajudando muito pouco os músicos e todos os demais envolvidos, deixando-os ensopados de suor.

Robert abriu sua nova sessão de gravação com "Stones In My Passway", introspectiva e singularmente pessoal, com um duplo sentido óbvio:

I got three legs to truck on, boys,
Please don't block my road.
Been feelin' ashamed 'bout my rider
I'm booked and bound to go

[Tenho três pernas para carregar, rapazes,
Por favor, não bloqueiem a estrada para mim.
Ando envergonhado da minha garota
Estou no jeito para partir]

Robert usava com frequência o vernáculo praticado todos os dias pelos arrendatários do Delta para quem ele tocava. Cantava incontáveis expressões na linha de "*rider*" (a mulher com quem fazia sexo) ou "*makin' a spread*" e "*quiverin' down*" (para designar a relação sexual)*. Porém, o que torna a letra de "Stones In My Passway" interessante é a referência muito direta à prática hodu:

I got stones in my passway and my road seems dark as night.
My enemies have betrayed me, have overtaken poor Bob at last
And there's one thing certain, they have stones all in my pass
You laid a passway for me now, what are you trying to do

[Há pedras no meu caminho e a estrada parece escura como a noite.
Meus inimigos me traíram, derrotaram enfim o pobre Bob
E uma coisa é certa, eles colocaram pedras por todo o meu caminho
Você abriu um caminho para mim, ora, o que está tentando fazer]

Não há dúvida de que ele cantava sobre a prática hodu. A feitiçaria pelos pés, uma forma distintamente africana de executar feitiços, acontece

---

* Respectivamente, em traduções livres, algo próximo de: "cavaleira", "fazer uma abertura" e "palpitar ali embaixo". (N. do T.)

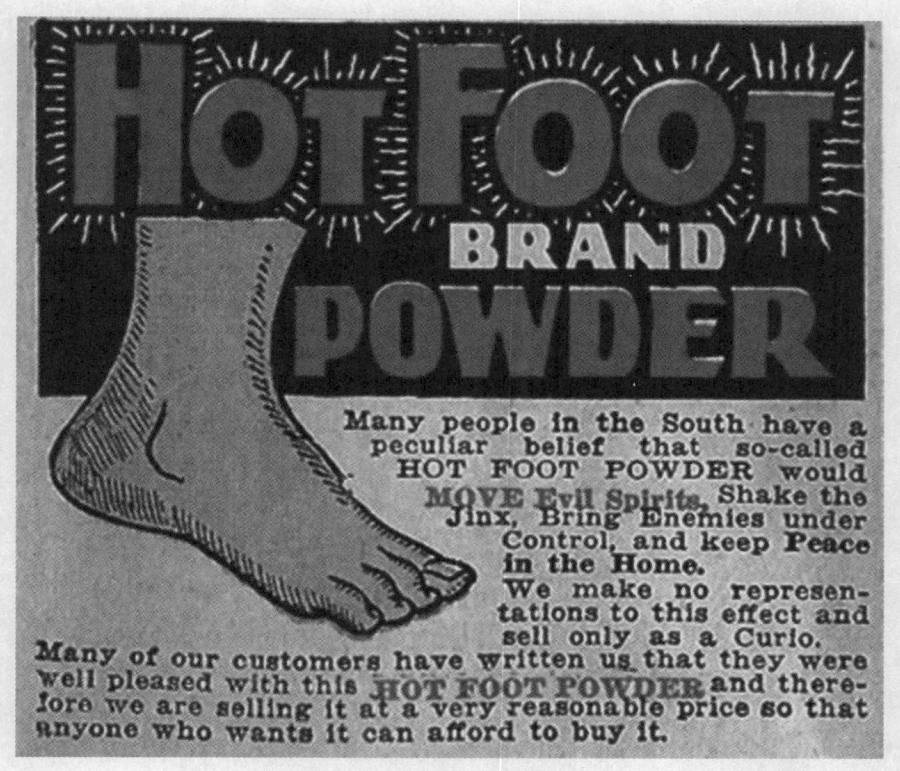

Anúncio antigo de pó de pé quente.
Bruce Conforth

quando objetos (no caso da letra de Robert, pedras), chamados de "bagunça", são dispostos num padrão de linha, cruz ou símbolo de encruzilhada. A bagunça é posicionada onde a vítima vai passar e tem como intenção feri-la ou envenená-la pelos pés. O intuito é um mal físico, ao contrário de muitos outros feitiços que afetam o amor, o dinheiro ou a sorte.[280] A letra de Robert de fato afirma que as pedras no caminho afetaram sua saúde: "*I have pains in my heart, they have taken my appetite*" ["Tenho dores no coração, e elas tiraram meu apetite"].

A segunda música, "I'm a Steady Rollin' Man", também traz um duplo sentido. Primeiro, Robert indica que é um bom provedor e trabalha duro "dia e noite" pela mulher. Atesta que é "um homem trabalhador há muitos e muitos anos, eu sei" ["*I have been a hard workin' man for many long years, I know*"]. Porém, o outro significado é sexual: "*rollin*'" era uma gíria para uma performance consistente na cama. Isso parece uma oposição direta ao fracasso sexual em canções como "Dead Shrimp Blues" e talvez até "Phonograph Blues". Essas músicas, no entanto, foram gravadas cerca de sete meses antes. Desde aquele tempo, os discos de Robert haviam sido lançados, ele vinha se tornando um músico mais conhecido na comunidade negra e seu acesso a mulheres se tornara muito mais fácil. Não é de surpreender, portanto, que se gabasse das companheiras que tinha e era capaz de manter com sua proeza sexual.

Ele tinha mais uma canção para gravar naquele dia antes de partir para as comemorações do Juneteenth em Dallas. Terminou a sessão de sábado com mais uma narrativa pessoal, "From Four Until Late". Robert começa cantando sobre um dos antigos lugares que frequentava, Gulfport, na costa do Mississippi, onde a ferrovia Gulf & Ship Island começava a jornada até Jackson. Localizada no condado de Harrison, Gulfport era uma cidade portuária movimentada, em que frutas chegavam do Caribe a fim de serem transportadas para o país todo. Também vendia uísque, ao contrário do resto do Mississippi, que supostamente operava sob a Lei Seca. Até que as bebidas alcoólicas fossem legalizadas, com cada condado fazendo a própria opção, Gulfport e Biloxi, a cidade vizinha, estavam entre os lugares mais abertos do estado.

A canção se torna mais autobiográfica quando ele traça um diário de viagem: "De Memphis a Norfolk", onde seu sobrinho Louis servia à Marinha, "é uma viagem de trinta e seis horas". A música é, ainda, uma das únicas em que não rima a última palavra do terceiro verso com a última dos primeiros dois versos nas variações do fraseado tradicional de blues de doze compassos. Melodicamente, Robert pegou o tema de "Four O'Clock Blues", que Johnny Dunn, líder de banda em Memphis, gravou em 1922. Essa parece ser mais uma evidência do quão importante a cidade foi para ele quando criança e na vida adulta. É também uma evidência de que Robert conhecia a Costa Leste, onde tinha parentes em ambas as Carolinas, do Norte e do Sul, e familiares que mencionaram visitas dele. Também emprega um tema gravado por Charley Jordan para a Decca em março daquele ano sob o pseudônimo Uncle Skipper, intitulado "Chiffarobe Blues". O músico de St. Louis fez quatro estrofes que comparam uma mulher a "gavetas" que um homem vasculha. De forma parecida, Robert canta: "*A woman is just like a dresser / Some man always ramlin' through her drawers*" ["Uma mulher é como uma cômoda / Tem sempre um homem vasculhando suas gavetas"]. Ao que tudo indica, ele tinha ouvido o lançamento de junho de Jordan e tomava emprestadas letras com as quais seus contemporâneos faziam sucesso.

Enquanto encerrava a sessão e guardava o violão depois da produção musical do dia, Zeke Williams and His Ramblin' Cowboys esperavam para assumir o microfone. Robert saiu do estúdio com dinheiro no bolso.

Naquela que foi noticiada nos jornais como a maior celebração de Juneteenth já realizada em Dallas, com desfiles, danças e jantares com música, uísque clandestino em jarros de frutas e uma bebida alcoólica caseira às vezes chamada de "Sister-Get-You-Ready", a Dallas negra estava pronta para oferecer a Robert o que ele quisesse, incluindo muitas mulheres.[281] O festival daquele ano foi o maior da história da cidade e contou com quatro desfiles naquele único fim de semana. O famoso dançarino negro Bill "Bojangles" Robinson, cujo cachê era bem alto, se apresentou de graça no Fair Park, onde havia multidões ainda maiores do que para a programação regular. Robert abrira caminho pelo público que esperava, ávido para tocar suas músicas e impressionar e encontrar uma daquelas "mulheres de sábado à noite [que] adoram aprontar umas" ["*Saturday night women (who) love to ape and clown*"]. Desta vez, não lhe faltavam centavos.

As letras que cantaria no dia seguinte seriam mais profundas e obscuras do que qualquer outra já gravada por ele. Alguns historiadores se referem a essas canções como sua "conexão com o diabo". Talvez Robert estivesse se lembrando de todas as encruzilhadas sombrias de sua vida: o abandono da mãe quando ele era apenas um bebê, ser novamente tirado do lar e levado da cidade para a *plantation*, as surras que levou por não querer trabalhar no campo, as mortes de Virginia e do filho não nascido, ter levado a culpa por tocar a música do diabo, a perda de Virgie e Claud pelo mesmo motivo e todo um conjunto de outras decepções pessoais. Quando Robert retornou ao estúdio improvisado, suas gravações projetaram medos distintos.

Isso é notável em especial na primeira música, "Hellhound On My Trail", tão diferente das outras composições que é, com frequência, destacada como a obra-prima dele, sua performance mais intensa. A melodia é tirada de "Devil Got My Woman", gravação de Skip James de 1931 para a Paramount, mas Robert parece em transe, num estado mental temeroso e inexplicável. Ou ele sofria de medos profundos e duradouros e traumas das tragédias pelas quais passou na vida, ou era um mestre em se projetar numa performance e entregar uma canção. Com a mesma afinação em mi menor que James usou – e que Robert aprendera de Johnnie Temple –, porém um tom acima, há um esforço claro para alcançar as notas. A tensão de música e letra que isso cria para o ouvinte parece quase insuportável. E Robert parece ou incerto quanto ao que toca, ou oprimido pela própria canção, pois abafa um *riff* de violão (no início da segunda estrofe) antes de encontrar as notas certas. Como um violonista talentoso, isso era incomum para ele.

As qualidades estranhas de "Hellhound" começam na primeira estrofe, "*I got to keep moving, I got to keep moving, blues fallin' down like hail… and the days keep on worryin' me: there's a hellhound on my trail*" ["Preciso seguir em frente, preciso seguir em frente, o blues cai feito granizo… e os dias não param de me atormentar: há um cão do inferno no meu encalço"].

Robert não menciona mais os cães do inferno ou o diabo nas estrofes que se seguem. Somente numa outra ocasião um músico de blues conhecido cantara sobre cães do inferno: "Funny Paper" Smith, *bluesman* de Oklahoma que também usou o apelido "Howlin' Wolf" antes que fosse apropriado por Chester Burnett. Em 1931, Smith parecia usar a referência ao cão infernal para descrever algo menos diabólico: "*I often get blue and start howlin' and the hellhound gets on my trail / I'm that wolf that digs a hole and stick my nose down in the ground*" ["Sempre fico triste e começo a uivar, e os cães do inferno vêm atrás de mim / Sou aquele lobo que cava um buraco e enfia o focinho no chão"]. Muito provavelmente, ele usa essa figura do "lobo" para falar de policiais brancos. Robert, por outro lado, apresenta um significado mais ambíguo e até misterioso ao usar o termo.

Quaisquer que fossem os cães do inferno a que ele se refere, é possível perceber uma certa angústia na canção. Não é uma composição alegre e traz outra referência distinta à magia hodu: o uso de pó de pé quente. Assim como em "Stones In My Passway", essa é uma referência à feitiçaria pelos pés. Não é muito diferente de um caçador que instala uma armadilha para sua presa. A feitiçaria pelos pés é provavelmente uma das formas mais antigas de prática hodu, assim como a poeira *goofer*, terra de cemitério e pó de cruzada*. Tal magia parece ser de origem africana e antecede ao século 19. É usada tal e qual Robert fala na música: uma vez salpicada sobre o caminho ou a passagem de alguém, a vítima deve viver uma vida de inquietação e perambulação.[282]

Assim como em "Stones In My Passway" e talvez "Dust My Broom", Robert é específico a respeito da prática hodu e de seu funcionamento. E com o uivo misterioso na voz, mais perturbador do que o falsete de James, "Hellhound" se tornou uma de suas performances mais notáveis. De todas as músicas, é a que tem o imaginário mais evocativo. Numa abordagem quase surrealista, pinta visões e paisagens sonoras. Robert emula "as folhas tremendo na árvore" ["*the leaves tremblin' on the tree*"] ao tocar o *slide* num vibrato cintilante de uma única nota. O efeito é assombroso.

As próximas músicas, "Malted Milk" e "Drunken Hearted Man" parecem se centrar no tema do alcoolismo, mas talvez só a última de fato trate disso.

A maioria dos estudiosos afirma que "Malted Milk" se refere a cerveja ou licor de malte. No entanto, na infância de Robert em Memphis, o leite maltado Horlick's era muito divulgado e consumido.

Como a cidade teve um papel muito importante no início de sua vida, Robert pode simplesmente ter seguido uma abordagem bastante açucarada e inocente para curar a tristeza nessa música. A última estrofe até descreve um dos medos infantis mais comuns: "*My doorknob keeps on turnin', it must be spooks around my bed. / I have a warm, old feelin' and the hair risin'*

---

* Diferentes pós usados para feitiços e proteção em práticas hodu. (N. do T.)

> Safe Milk for Infants and Invalids
> HORLICK'S
> THE ORIGINAL
> MALTED MILK
> Rich milk, malted grain, in powder form.
> For infants, invalids and growing children.
> Pure nutrition, upbuilding the whole body.
> Invigorates nursing mothers and the aged.
> More nutritious than tea, coffee, etc.
> Instantly prepared. Requires no cooking.
> Substitutes Cost YOU Same Price

Anúncio do leite maltado Horlick's.
Bruce Conforth

on my head" ["A maçaneta da minha porta não para de girar, devem ser fantasmas ao redor da minha cama. / Tenho uma sensação antiga e familiar e meu cabelo está em pé"]. A influência de Lonnie Johnson, um dos principais artistas negros desde 1926 e ídolo musical de Robert, fica óbvia no violão de "Malted Milk". É executado de maneira fluida e meio jazzística, e nela Robert demonstra sua habilidade de tocar com suavidade.

"Drunken Hearted Man", por outro lado, trata de maneira clara das angústias causadas pela bebida e por se afundar nela. A Vocalion optou por não lançar a música, uma das cinco consideradas não comerciais por motivos diversos. Talvez a canção fosse pessoal ou autobiográfica demais para ser um sucesso de vendas. A gravação completa, nunca lançada ao público, contém um tesouro escondido: um teste de som em que Robert toca um ré menor. Na letra, ele fala da mãe e do pai: o pai, ausente, e a mãe que fez o melhor que pôde. Esses acontecimentos, confessa, o levaram a ser alcoólatra e mulherengo. É uma canção triste de se ouvir e que trata de uma vida descrita por Johnny Shines numa entrevista de 1966. "É claro que, quando Robert bebia, e ele bebia muito, ficava imprevisível. Era quase uma dupla personalidade. Nunca dava para saber o que ele ia fazer ou como reagiria a algo. Às vezes, era a pessoa mais educada e quieta que você já conheceu; em outras, ficava muito violento tão de repente que não era possível fazer nada. Era o tanto que ele mudava. [Ele era] coisas diferentes para pessoas diferentes."[283] Porém, Robert nem sempre foi tão imprevisível. Willie Moore havia visto um Robert diferente na juventude. "Num conheci ele por ser briguento não. Ele num era uma pessoa briguenta, sabe. Nunca fiquei sabendo de Robert sair e arrumar briga com ninguém, não arrumava encrenca com aquele violão velho."[284] É claro, algo tinha causado uma mudança na vida e no comportamento de Johnson nos anos entre as lembranças de Moore e Shines. Teria sido a perda de uma esposa, de outra esposa em potencial e de dois filhos, tudo porque foi acusado de tocar a música do diabo? Teria sido essa a verdade encruzilhada em sua vida?

"Traveling Riverside Blues" é vagamente baseada em "Rollin' and Tumblin'", de 1929, composição de *bottleneck* que foi um enorme sucesso no Delta para "Hambone" Willie Newbern quando lançada pelo selo Okeh. Na sessão em San Antonio, Robert usara o mesmo arranjo para "If I Had Possession Over Judgement Day". Em "Traveling Riverside Blues", ele leva o ouvinte por um passeio à beira do rio pelo Delta do Mississippi. Valendo-se mais uma vez da técnica de localização, novamente canta a respeito do território natal: "*I got womens from Vicksburg, clean on in to Tennessee / but my Friars Point rider jumps all over me*" ["Tenho *mulhers* em Vicksburg, faço a limpa até o Tennessee, mas aquela minha namorada de Friars Point não sai de cima de mim"]. Também menciona Rosedale, e as três cidades ficam ao longo da rodovia 1, que corre paralela ao rio Mississippi. Porém, a letra também contém a exortação: "*You can squeeze my lemon, 'til the juice runs down my leg*" ["Você pode espremer o meu limão até o suco escorrer pela minha perna"]. Isso era admissível para um som nos *jukes*, mas inaceitável para Satherly, que, disse Speir, "entendia o que eles cantavam melhor do que qualquer outro diretor de gravação".[285] Como resultado, "Traveling" se tornou a terceira música não lançada dessa sessão.

Outra canção mais ou menos autobiográfica, "Stop Breakin' Down Blues" é, ao que tudo indica, sobre a relação de Robert com as mulheres, mas a letra é marcada pelo perigo. "*Now I give my baby the ninety-nine degree, she jumped up and threw a pistol down on me*" ["Deixei a minha garota fervendo, ela deu um pulo e jogou uma pistola em mim"]. O refrão fora gravado por Luke Jordan, um *bluesman* da Virgínia, em 1927, e pelo violonista branco Dick Justice, em 1929: "*Stop breaking down, please stop breakin' down. / The stuff I got / It's gonna bust your brains out baby, / Ooh ooh, it'll make you lose your mind*" ["Pare de surtar, por favor, pare de surtar. / O negócio que eu tenho / Vai te deixar doida, *baby*, / *Ooh ooh*, vai te fazer perder a cabeça"]. Muitos acreditam que isso implicava o acesso dele à cocaína, droga familiar na cena de blues sobre a qual a Memphis Jug Band cantara em 1930 em "Cocaine Habit Blues".

Contudo, o que mais vendeu dessa sessão foi o lançamento, em 1938, de "Little Queen of Spades" com "Me and the Devil Blues" do outro lado. Mais cópias desse disco e de "Stop Breakin Down" foram encontradas em estoques não vendidos de lojas – ou batendo de porta em porta – do que qualquer outra das gravações de Dallas.

"Little Queen of Spades" é outra releitura do estilo e padrão de violão criado em "Kind Hearted Woman Blues". A execução é concisa e ele não corre novos riscos. Não surpreende, no entanto, porque ao longo de todas as sessões em Dallas, as canções de Robert são ainda mais estruturadas do ponto de vista da composição do que o repertório de San Antonio: parece que cada palavra, nota e nuance foram planejadas.

Isso é particularmente verdadeiro em "Me and the Devil Blues". Até as partes faladas, "*Now babe, you know you ain't doin' me right*" ["Ora, garota, você sabe que não tá me tratando bem"], no primeiro verso da segunda estrofe, e *"Baby, I don't care where you bury my body when I'm dead and gone"* [*"Baby*, não me importa onde você vai enterrar meu corpo quando eu estiver morto"], na última estrofe, são idênticas em ambos os takes existentes. A consistência de Robert reforça sua visão de que as próprias canções eram composições rígidas, tão invioláveis quanto as músicas que ele ouvia no rádio.

Forte na composição e execução, tanto na letra quanto na musicalidade, "Me and the Devil Blues" ganhou importância primordial entre os teoristas que a veem como evidência do suposto pacto que Robert fez com o diabo na encruzilhada. Porém, o uso que ele faz da temática diabólica parece ser mais um aceno para as muitas canções sobre o assunto que o precederam do que a admissão de uma aliança com as forças ocultas. A versão de Casey Bill Weldon para "Done Sold My Soul to the Devil", de Clara Smith, Lonnie Johnson cantando sobre "cair na farra com o diabo" [*making whoopee with the Devil*"] ou Peetie Wheatstraw se denominando "o Genro do Diabo" são apenas alguns exemplos de músicos de blues anteriores que mencionaram o diabo em suas canções ou o usaram para se promover. Robert, é muito provável, conhecia essas gravações e tanto a agência quanto o humor que elas poderiam trazer ao artista e à performance das músicas. Quase sempre, essas canções eram feitas com um toque humorístico. Como outros estudiosos apontaram, o folclore negro é repleto do uso de elementos de humor ao tratar de violência contra sua população. Até como Muddy Waters disse a Dave Van Ronk depois de ouvi-lo interpretar "Hoochie Coochie Man": "Mas, sabe, é para ser uma música engraçada".[286] E quando Robert canta o terceiro verso, *"I'm going to beat my woman until I get satisfied"* ["Vou bater na minha mulher até me satisfazer"], a satisfação a que ele se refere pode ser sexual, não a de surrá-la de forma física. Embora a violência contra a mulher fosse um tema até comum no blues, e isso possa ter sido o que ele quis dizer, o prazer talvez venha de outras fontes e não da violência física. Há dezenas de blues, de "Slow Drivin' Moan" (1927), de Ma Rainey, "No No Blues" (1928), de Curly Smith, até "I Can't Be Satisfied" (1930), de Big Bill Broonzy, nos quais a ideia de se satisfazer se relaciona à satisfação sexual ou romântica. Parece haver pouca dúvida de que é isso que Robert quis dizer. Tal verso deve ter divertido a maior parte de seu público masculino e soou até que verdadeiro para o feminino. A estrofe final é um tanto contraditória e não se encaixa por completo nas que a precedem. Por um lado, ele dá instruções específicas de como e por que deve ser enterrado à beira da estrada – "*So my old evil spirit can get a Greyhound bus and ride*" ["Para que meu velho espírito maligno possa pegar um ônibus Greyhound e viajar"] –, mas, por outro, acrescenta a parte falada em que diz não se importar com onde a mulher vai enterrá-lo. Por que apresentaria tal disparidade numa letra é um enigma.

"Honeymoon Blues" é a oitava música, e todas as oito precisaram de dois ou três takes. A transição entre "Honeymoon Blues" e "Love in Vain" é particularmente interessante porque, logo antes da segunda música, é possível ouvir Robert dizer, com sua voz normal: "Eu quero seguir com a próxima eu mesmo". Essas palavras só foram ouvidas pelo público com o lançamento das gravações completas em 1991. Se você ouvir com cuidado, parece não haver dúvidas de que é isso que ele diz – "*I wanna go on with that next one myself*" –, mas essa afirmação faz pouco sentido sem contexto. Robert, é claro, vinha tocando todas as músicas sozinho, então não poderia estar se referindo a tocar solo. Estaria falando de marcar o tempo sozinho? Trocar a ordem das músicas que pretendia gravar? Ele acabara de gravar "Honeymoon Blues", em que se refere de maneira específica a uma mulher chamada Betty Mae: "*Betty Mae, Betty Mae, you shall be my wife someday, I wants a little sweet girl, that will do anything that I say*" ["Betty Mae, Betty Mae, você vai ser minha esposa um dia, quero uma garotinha doce que vai fazer tudo o que eu disser"]. Essa é apenas a segunda vez que ele usa o nome de uma mulher de fato, em qualquer uma de suas músicas. Parece uma coincidência ainda maior que, na canção que vem logo em seguida, "Love in Vain", mais uma vez faça uma referência específica pelo nome a uma mulher, desta vez Willie Mae: "*Ou hou ou ou ou, hoo, Willie Mae… All my love's in vain*" ["*Ou hou ou ou ou, hoo*, Willie Mae… todo o meu amor é em vão"].

Em "Honeymoon Blues", Johnson está bastante apaixonado por Betty Mae, mas precisa partir, prometendo retornar com uma licença de casamento. Em "Love in Vain", é Willie Mae quem está de partida ao que parece, fato lamentado pelo cantor. Naquela época, no Sul, o uso de "Mae" como nome do meio para mulheres era bastante comum, mas apesar disso parece muito curioso que em duas canções consecutivas, duas das únicas três em que Robert de fato usa o nome de uma mulher, ele se refere à primeira como Betty Mae e à segunda como Willie Mae. Será que estava se referindo à mesma mulher? Será que, depois de gravar "Honeymoon Blues", logo percebeu que prometera a Willie Mae gravar uma música sobre ela e quis "seguir com a próxima"? São conjecturas, e nós nunca saberemos, mas essas duas canções, uma atrás da outra, ambas mencionando uma mulher de nome Mae, mediadas pela afirmação de Robert, permanecem um mistério de importância menor.

"Love in Vain" é baseada numa melodia usada por Leroy Carr, popular cantor de blues urbano, em "When the Sun Goes Down", lançada pela Bluebird em 1935. A música foi tão popular que tanto Memphis Minnie quanto Bumble Bee Slim a gravaram para a Vocalion e a Decca. No entanto, Robert teve dificuldade com as estrofes para conseguir a master que Law queria. A letra era parecida com a de um lançamento de Black Ivory King (David Alexander) de maio, pela Decca (7304). Gravada em fevereiro de 1937 em Chicago, "The Flying Crow" exaltava um moderno trem de passageiros da linha Kansas City Southern que fazia o trajeto de Port Arthur, Texas, até Shreveport e então seguia para Kansas City. A letra de Robert explica: *"When the train it left the station, with two lights on behind / Well the blue light was my blues... and the red light was my mind"* ["Quando o trem saiu da estação com duas luzes na traseira / Bem, a luz azul era o meu blues... e a luz vermelha era a minha mente"]. Em contraste, Black Ivory King canta: *"There she goes, there she goes, with two lights left behind (×2) / One is my trouble, and other's my ramblin' mind"* ["Lá vai ela, lá vai ela (o trem), com duas luzes atrás (×2)/ Uma são os meus problemas, a outra é a minha mente que viaja longe"].

Robert vinha gravando pelo menos dois takes de cada música havia um dia inteiro e devia estar cansado, e não há sinal de jovialidade em suas palavras da forma que se ouve nas vozes de Son House, Willie Brown e

Mapa de Redwater, Texas.
Bruce Conforth

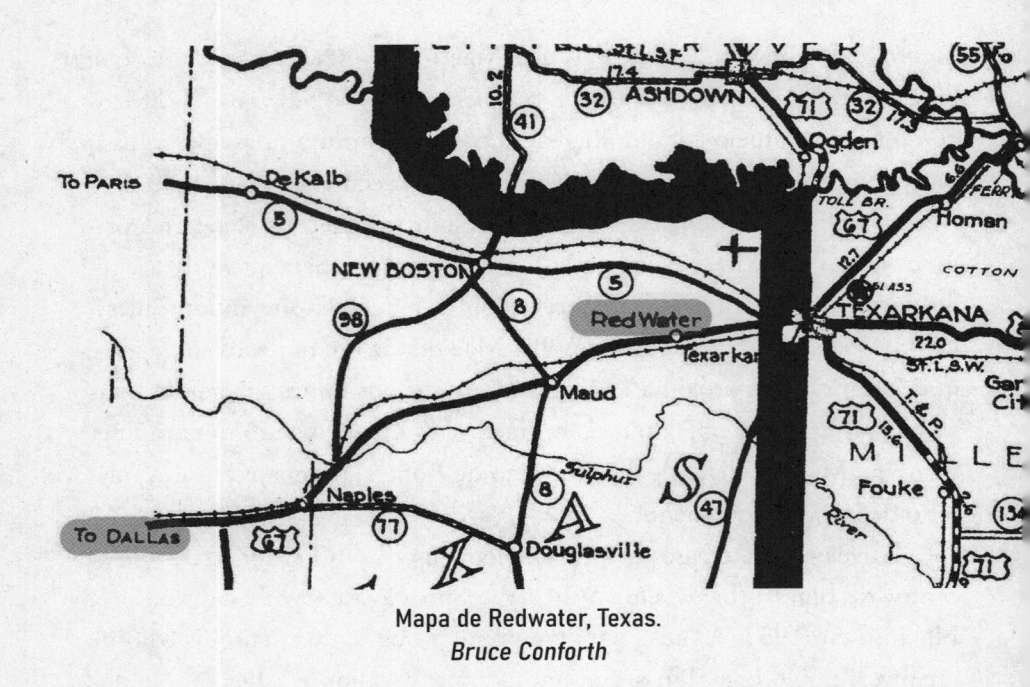

Charley Patton na sessão de 1930 deles para a Grafton. A voz de Robert é determinada e direta: *essa é minha*. Ambos os takes de "Love in Vain" são quase idênticos, com uma diferença de apenas oito segundos de duração entre eles. Em ambas as versões ele interpreta uma letra triste sobre um amor que se vai, usando a imagem poderosa de um trem que parte da estação com a amada a bordo. A última estrofe segue o mesmo padrão dos vocábulos gemidos de Leroy Carr em "When the Sun Goes Down", mas Robert acrescentou o nome da amada – Willie Mae –, cumprindo a promessa de colocar o nome de Willie Mae Powell num disco.

Ele terminou a carreira fonográfica com um velho *standard* de blues que datava da tradição popular anterior a era dos discos: "Milkcow's Calf Blues". Son House incluíra um dos versos na gravação de "My Black Mama Part 1", de 1930: "*Well if you see my milkcow, tell her to hurry home / I ain't had no milk since that cow been gone*" ["Bem, se você vir minha vaca leiteira, diga a ela que volte depressa para casa / Tô sem leite desde que essa vaca foi embora"]. Kokomo Arnold também gravou uma versão mais completa da música em 1934. Parece que Robert, sem se dar conta de que essa seria sua última oportunidade de gravar, escolheu uma canção que provavelmente ouviu na infância.

Ao completar dez músicas naquele dia, saiu do estúdio no terceiro andar na avenida Park e enviou um cartão-postal para a meia-irmã Carrie em Memphis:

> Minha querida irmã,
> Espero que você esteja bem. Estarei em casa logo. Diga oi a todos. Não escrevi pro Louis. Perdão, mas não tive tempo. Diga à mãe que eu te escrevi. Com carinho. Robert Johnson.[287]

Com outro bolso cheio de dinheiro, Robert começou a jornada pelo Texas na rodovia 67 para se reunir a Johnny Shines, que aguardava o retorno dele. Os dois se reencontraram, como planejado, em Redwater, uma pequena comunidade de cerca de 250 pessoas, a vinte quilômetros de Texarkana, bem na rodovia 67, a rota mais curta para que Robert encontrasse o companheiro. Certo dia, no fim de junho, Shines tocava na rua, como vinha fazendo em Texarkana, quando viu um violonista magro e o reconheceu como seu amigo Robert Johnson, que retornava. "Eu o achei num lugar chamado Red Water [*sic*], no Texas. Robert tinha feito seus discos."[288]

Os dois conseguiram trabalho para ficar no Texas por um tempo, e então seguiram para o norte pela rodovia 67 até Little Rock, Arkansas. Dali, Robert prosseguiu para o norte e leste e Shines partiu para a casa da mãe, perto de Hughes. Era o início do outono de 1937. "Trabalhamos no Texas até que o tempo começou a esfriar, então fomos para o sul do estado. Voltamos para o Arkansas até Little Rock. Não me recordo bem do que aconteceu, mas minha mãe estava no Arkansas, não muito longe de Hughes, e eu fui parar lá. Robert seguiu em frente, mas eu fiquei em Hughes. Trabalhamos por ali juntos, e na maior parte do tempo separados. O quero dizer com isso é que havia bem poucas músicas que Robert queria tocar com alguém, então em geral nós nos alternávamos. Hughes era uma cidade pequena, mas se havia alguma coisa acontecendo, era ali. Tocávamos no dia do pagamento em Stuttgart, Cotton Plant, Snow Lake e muitos outros lugares, juntos e às vezes sozinhos. Se ambos estivéssemos em Hughes ao mesmo tempo, dividíamos acomodações, ou quem estivesse lá na segunda-feira pagava o aluguel."[289]

Logo Robert estaria retornando com frequência a Robinsonville a fim de tocar para amigos como Elizabeth Moore. O orgulho que ele exibiu depois das sessões em San Antonio estava ainda mais fortalecido pelo fato de que ele tinha acabado de retornar de outra sessão em que gravara mais discos. Para Moore, as gravações mais memoráveis dele foram "Terraplane Blues" e "Kind Hearted Woman Blues", as primeiras lançadas da sessão de San Antonio.

Os *jukes* rurais para onde ele retornara tiveram uma função muito importante em sua vida: ganhava mais dinheiro neles do que em cidades como Greenwood e Clarksdale, onde os cafés tinham jukeboxes que comportavam dez discos dos mais novos álbuns de música negra, incluindo os dele. O barulho de um café tornava difícil para um violonista ser ouvido e o dono não precisava pagar um artista para se apresentar ao vivo se tivesse um jukebox, além de ficar com metade do lucro da fabricante do aparelho. Havia um segundo motivo, talvez até mais importante, para Robert gostar dos *jukes* interioranos: ele não tinha concorrência nas noites de sábado nas *plantations*. Com sua reputação, poderia tocar na rua de dia por gorjetas e divulgar onde tocaria à noite, nos bailes. Por causa dos discos, atraía arrendatários num raio de quilômetros. Vinham de carroça, de mula ou em carros velhos e danificados. Os bailes aconteciam em ambientes fechados, onde lampiões a querosene velhos e enferrujados forneciam uma luz fraca, e a comida era preparada num fogão a lenha. No verão, bagre e sargo eram fritos em grandes panelas pretas de ferro sobre uma fogueira no quintal.

Robert fora e voltara de grandes cidades como Memphis e St. Louis, onde encarara a concorrência de violonistas e pianistas já gravados. Porém, havia poucos, se é que havia, pianos disponíveis para músicos negros nas *plantations*. E as mulheres adoravam um violonista capaz de cantar para elas – seus namorados e maridos, porém, detestavam. Era isso o que tornava os *jukes* perigosos em especial. Joe Callicott se recordou com vividez dos perigos de se tocar num *juke* e atrair as mulheres erradas. "Eu dizia, olha aqui, querida, seu homem vai ficar com ciúmes. Você vai acabar me matando. Quando elas começavam a rebolar e vir com papo para cima de você, era bom ter cuidado", enfatizou. "Senão, podia acabar morto."[290]

Porém tocar nos *jukes* era a vida e o ganha-pão de Robert. Ele parecia não conseguir se afastar dos perigos iminentes ou das mulheres perigosas. Não tinha afeição alguma pelo trabalho no campo, e a igreja em nada lhe apetecia. A única coisa que era capaz de fazer era seguir em frente e tentar escapar do perigo, tanto o imaginário quanto o real. Seguia em direção à mais impressionante das jornadas.

15

quando eu deixar esta cidade, te darei aquele adeus

Enquanto Robert se aproveitava do recém-surgido renome entre a comunidade negra do Delta, a mais de mil quilômetros dali sua reputação era construída de maneira completamente diferente e para um público completamente diferente. Um produtor da Columbia fazia resenhas de seus discos pela primeira vez – e, durante sua vida, provavelmente a última.

John Henry Hammond II nasceu privilegiado. O caçula e único filho homem de John Henry Hammond e Emily Vanderbilt Sloane, tornou-se um amante da cultura e música negras ainda muito novo. Anedotas românticas contam que Hammond adquiriu o gosto pela música negra ao ouvir a criada da família cantar canções gospel ou de blues, mas ele mesmo admitiu que, na verdade, o gosto pelo jazz veio durante uma viagem a Londres, em 1923, quando ele tinha treze anos e ouviu o grande clarinetista Sidney Bechet. Ao retornar aos EUA, começou a comprar discos de música negra em lojas no Harlem.[291] Decepcionou a família ao abandonar os estudos em Yale e se mudar para o Greenwich Village a fim de ouvir, escrever a respeito e produzir músicos negros. Hammond parecia ter um ótimo ouvido e faro para talentos, e alguns de seus sucessos musicais foram apresentar Benny Goodman a Fletcher Henderson, bem como convencer o segundo (seu futuro cunhado) a montar uma banda que contasse tanto com músicos negros quanto brancos. Também produziu alguns dos últimos discos de Bessie Smith e, em 1933, "descobriu" Billie Holiday. Ainda escreveu para inúmeras revistas de música e seu texto era muito respeitado.

Embora com um envolvimento perceptível em círculos de esquerda, Hammond foi, de início, sigiloso quanto ao sobrenome quando escreveu uma coluna para a edição de março de 1937 da revista comunista *New Masses*. Sob o pseudônimo Henry Johnson, ele incluiu no artigo uma resenha curta, porém efusiva, dos discos de Robert.

> Antes de encerrarmos, não podemos deixar de chamar sua atenção para o maior cantor negro de blues que surgiu nos últimos anos, Robert Johnson. Ao gravá-lo no Mississippi mais profundo, a Vocalion certamente nos tratou bem com os títulos "Last Fair Deal Gone Down" e "Terraplane Blues", para citar apenas duas das quatro faixas já lançadas, cantadas pelo próprio ao violão. Johnson faz Leadbelly [sic] soar como um *poseur* habilidoso.[292]

Desde que John Lomax apresentara Lead Belly à sociedade de esquerda da Costa Leste, em 1933, o cantador virou um exemplo querido de um verdadeiro selvagem exótico, capaz de ser ao mesmo tempo charmoso e divertido nas apresentações ou em outros negócios. Era exaltado como o maior cantador negro já gravado ou vilipendiado como traiçoeiro e

> Before closing, we cannot help but call your attention to the greatest Negro blues singer who has cropped up in recent years, Robert Johnson. Recording them in deepest Mississippi, Vocalion has certainly done right by us in the tunes "Last Fair Deal Gone Down" and "Terraplane Blues," to mention only two of the four sides already released, sung to his own guitar accompaniment. Johnson makes Leadbelly sound like an accomplished poseur.
> HENRY JOHNSON.

perigoso. Era considerado muitas coisas, mas, para todos ali, com certeza era autêntico. Para Hammond, mesmo ao escrever sob um pseudônimo, chamar Lead Belly de "*poseur*" – impostor em francês – e defender outro músico no lugar dele era quase heresia. Porém ele não havia terminado de mencionar Robert na imprensa. Na edição de julho da mesma revista, Hammond (desta vez usando o próprio nome), elogiou de novo o *bluesman*: "O astro de Hot Springs ainda é Robert Johnson, que descobrimos ser um trabalhador numa *plantation* em Robinsville [*sic*], Mississippi".[293]

Foram esses dois comentários musicais que deram início ao mito de Robert Johnson entre os acadêmicos brancos, musicólogos, folcloristas e o público. Não importava se Hammond sabia ou não das imprecisões que escrevia – de que as gravações *não* foram feitas no Mississippi mais profundo ou que Robert *não* era um trabalhador de *plantation* de Hot Springs. As poucas linhas que ele publicou criaram um *bluesman* mítico para o público.

Porém, mesmo sem ter conhecimento das resenhas, Robert sabia que havia algo de especial no lar de John Henry Hammond II e da *New Masses*, a cidade de Nova York. Charley Patton gravara lá e os quase sete milhões de habitantes necessitavam de centenas de clubes e *speakeasies*, estações de rádio e teatros, ginásios esportivos profissionais e galerias de arte. Em menos de três meses, as perspectivas de dinheiro e fama atrairiam Robert às ruas da cidade.

Enquanto Shines foi para Hughes, ele continuou a viagem até Memphis e, depois, para o norte até St. Louis, onde conheceu Henry Townsend, músico profissional que já atuava havia muito tempo e começara a carreira fonográfica em 1929. Townsend passou os primeiros anos de vida em Shelby, Mississippi, e depois perto de Lula, ouvindo os músicos de blues da região. Na década de 1930, gravou com Roosevelt Sykes, John Lee "Sonny Boy" Williamson, Robert Nighthawk, Big Joe Williams e Walter Davis, esses dois últimos nascidos no Mississippi. Como os discos de Johnson haviam saído apenas recentemente, Townsend não sabia das habilidades dele e não tinha conhecimento de Robert como músico notável: "o nome dele não me dizia nada". "Como eu me deparei mesmo com Robert, [foi quando] eu estava tocando na casa de um dos camaradas, pois é, chamávamos de *speakeasy*, mas era só uma casa enorme com bastante espaço e eu tocava lá mais ou menos nos fins de semana, quinta, sexta e sábado. Então, num sábado em que fui lá, ele tinha contratado Robert Johnson e na hora eu achei que ele tinha se livrado de mim, mas não, falou que queria nós dois. Acho que ele só me dava dois dólares, e o meu pagamento eram as bebidas e os dois dólares, foi o máximo que recebi dele. Não sei quanto pagou a Robert. Mas enfim, nos juntamos, e Robert era um cara meio tímido, mas na hora de tocar… Era preciso ganhar a confiança dele antes de ele mostrar o que já tinha feito. Só passei umas duas semanas com ele, talvez um pouco menos, e só peguei uns dois acordes, porque ele fazia muito segredo."[294]

Robert, por causa da nova fama como artista fonográfico, se tornou ainda mais sigiloso quanto às técnicas de violão. Nunca mais ensinaria alguém a tocar no seu estilo, como fizera com Robert Lockwood. Não era mais um "barril de carne", como Speir descrevera: era um artista gravado, com ênfase na primeira palavra. As músicas, as afinações, o estilo de tocar, tudo isso era seu: ele era o dono.

Depois de tocar e impressionar Townsend e outros músicos de St. Louis, bem como todas as mulheres que conseguiu seduzir com as canções, Robert fez o caminho de volta até West Memphis e Memphis, Robinsonville (onde tocou num *juke* chamado Perry Place), Friars Point (The Blue and White Juke) e Helena. Por fim, chegou a Hughes e se reencontrou com Shines. "Certa noite, eu tinha voltado de um *juke* para o lugar onde estava hospedado e a mulher de quem eu alugava o quarto me disse: 'Tem um rapaz ali, diz que te conhece'. Era uma jovem e eu perguntei: 'Ah, é? Como ele é?'. Ela então o descreveu e eu soube quem era. 'É Johnny, ele canta como um passarinho.' 'Ah, é o Robert', falei. Ele tinha dito a ela que me conhecia e estava no meu quarto, na cama. Entrei e o acordei. E foi aí que partimos para o norte."[295]

Embora Robert tivesse aprendido a beber quando os amigos de infância ainda brincavam, seu consumo de álcool pode ter superado aquele de seus contemporâneos. Henry Townsend se recordou dos excessos dele: "Ah, ele bebia. Naquela época, não sei se seria considerado consumo pesado ou não, porque acho que todo mundo enxugava, então não dava para distinguir

John Henry Hammond II.

quem era o pior!".²⁹⁶ Segundo Shines e outros que o conheciam naquele período, Robert bebia "quase sempre" e suas preferências eram Ten High, Dixie Dew, Old Taylor e Old Grand Dad (todos bourbons ou uísques de milho). Shines teve de resgatá-lo de mais do que alguns perrengues em decorrência do amor pelo bourbon. Robert e uísque eram uma mistura que trazia à tona as piores características dele. Embora ralhasse com Deus e a igreja mesmo sóbrio, quando estava bêbado a cólera contra a religião atingia novos patamares. Suas palavras eram mais do que suficientes para convencer até o ouvinte mais cético de que o blues dele de fato era a música do diabo. E, muito infelizmente, em especial para um companheiro tal como Shines, ele ficava sórdido e queria briga com qualquer um a quem tivesse a ideia de atacar. "Quando Robert não bebia, não era muito louco, mas depois de algumas doses, não importava mais. Ele não conseguia se portar quando começava a beber. Na verdade, não era homem suficiente para se portar quando não bebia. Não conseguiria escapar de um saco de papel molhado. Simplesmente não sabia se esquivar e se defender, por algum motivo. Já vi muita gente do mesmo porte dele com muito mais capacidade de se defender do que Robert. Não era encrenqueiro ou briguento, mas tentava, e, se você não ficasse de olho, ele poderia dar uma surra *em você*. Porque partia pra cima de uma gangue do mesmo jeito que partiria pra cima de um cara sozinho e, se você fosse defendê-lo, ora, naturalmente ia tomar pancada... É um milagre que a minha cabeça não seja do tamanho de uma lata de lixo, sabe, de tanto que tomei pontapé. Ele mexia com as pessoas, mexia com a mulher dos outros, essas coisas, mulheres, ele não respeitava ninguém. Quando bebia, era muito raro ele não beber demais."²⁹⁷

Robert de fato via a estrada como seu lar e estava sempre em busca de algo novo. "Você podia acordá-lo, parar de tocar às 2h e acordá-lo às 3h30 e dizer: 'Ouvi um trem sendo preparado, o que quer fazer, ir lá pegar?'. 'É, vamos nessa' [ele dizia]. Não trocava muitas palavras; só estava sempre pronto para partir. Foi um dos primeiros hippies, mas o hippie mais limpo que você já viu na vida. Ele pegava uma calça, passava, enrolava e colocava num saco de papel. Carregava esse saco por uma semana, pegava a calça e desenrolava, e ela estaria retinha."²⁹⁸

Compromissadas ou não, casadas ou divorciadas, jovens ou velhas, magras ou gordas, as mulheres eram a principal busca de Robert. Apesar do cuidado delas, porém, sempre acabava as abandonando, recriando o que aconteceu com ele durante seus anos de formação com a mãe, Julia. Shines tentou explicar esse comportamento. "Como Robert era uma pessoa muito reservada, é preciso dizer que sua vida amorosa era muito aberta ou escancarada. Veja, nunca uma mulher teve uma mão de ferro sobre ele. Quando chegava a hora de partir, Robert simplesmente ia. Nunca entendi como um homem podia ser tão neutro. Eu o via tantas vezes sendo tratado como realeza que você pensaria que ele nunca deixaria aquelas mulheres de bom coração, que fariam tudo no mundo por ele. Não haveria como estar mais errado." E, infelizmente, Robert era quase sempre direto demais. "Até a mulher dos outros era jogo limpo para ele."[299] O comportamento inconsequente com "esse tipo de mulher", sobre o qual Son House lhe alertara cerca de sete anos antes, o levou por um caminho de mágoa.

Quando os dois músicos chegaram a uma pequena cidade no Arkansas, Robert mais uma vez repetiu o padrão de ir atrás de uma mulher casada. "Estávamos nos divertindo bastante numa cidadezinha onde as pessoas se reuniam toda noite para jogar, beber, dançar ou qualquer coisa que lhes desse na cabeça para se divertir. Tocávamos regularmente num *juke* e, nessa noite em especial, Robert viu essa garota e quis conhecê-la. Achou outra garota que a conhecia, e ela os apresentou. Robert não perdeu tempo algum, embora ela tenha dito que era casada. Ele não a perdeu de vista pelo resto da noite. Quando fomos embora, uns dois dias depois, ela estava conosco e ficou por um bom tempo. Seu nome era Louise, e ela era tudo o que Robert queria: sabia cantar, dançar, beber e brigar pra burro. Ah, sim, sabia tocar um pouco de violão também. Os dois se davam bem até ela bater na cabeça dele com uma grade de fogão quente."[300]

Às vezes, porém, Robert permitia que uma mulher penetrasse seu exterior defensivo. "Só sei de duas mulheres que talvez tenham sido mais ou menos próximas dele, a irmã de Shakey Horton e a mãe de Robert Lockwood Jr. Ouvi Bob falar da irmã de Shakey mais do que de qualquer outra pessoa. A mãe de Robert [Lockwood Jr.] deve ter sido importante também, porque ele a chamava de esposa. Com certeza você deve ter notado que eu chamo essas mulheres de 'garotas', mas é só uma figura de linguagem, porque havia só uma garota entre elas, a irmã de Horton. Ela estava no início da adolescência, mas as outras tinham trinta anos ou mais. Robert passava muito tempo recebendo atenção de garotas sem nem perceber, e passava o resto do tempo tentando se livrar delas." As consequências não importavam, ele nunca parou de ir atrás de mulheres. "As mulheres, para Robert, eram como quartos de hotel: mesmo se as usasse várias vezes, as deixava onde as encontrara. Era como um marinheiro – com uma diferença: um marinheiro tem uma garota em cada porto, mas ele tinha uma mulher em cada cidade. Deus o abençoe, ele não discriminava – provavelmente era um pouco como Cristo. Amava todas elas – velhas, novas, gordas, magras, baixinhas. Para Robert, dava na mesma... Se chegou a amar? Sim, do jeito que um andarilho ama um trem – está cada hora em um."[301]

Como Robert aprendera quando garoto na fazenda do padrasto, o fim da temporada de colheita (de setembro até dezembro) era a época em que todos os músicos desciam para as *plantations* a fim de tentar faturar um pouco dos lucros da produção daquele ano (se houvesse algum). Sabia, portanto, que eram os melhores meses para um músico itinerante no Sul, já que havia mais dinheiro disponível e menos labuta para os trabalhadores, o que significava mais farra. West Memphis era um lugar particularmente bom para se ganhar dinheiro nessa época e, ao final de 1937, Shines e Robert foram morar numa pensão na cidade. Construída em torno da indústria de lenha, West Memphis tinha uma população de menos de mil habitantes, mas uma vida noturna significativa na comunidade negra. A rua 8 era conhecida como "Little Chicago" – "Pequena Chicago" – e era tão famosa por seus clubes quanto a rua Beale, de Memphis.

West Memphis era uma cidade bem aberta e Robert não teve problema em conhecer várias mulheres dali. "Estávamos em West Memphis, Arkansas, tocando para um camarada de nome 'City'. Havia uma garota que não era muito maior do que uma anã, de altura e tamanho, que também vivia na pensão em que morávamos e para quem não dávamos muita importância, porque ela sempre fazia tarefas para nós e todo mundo da

Pensões em West Memphis.
Margaret Elizabeth Woolfolk

vizinhança. Quando fazia algum corre para nós, dávamos o troco para ela, porque a achávamos uma garota muito bacana. Um dia, sentimos a falta de Robert e achamos que ele estivesse na rua 8 com uma garota a quem dava bastante atenção. Ficamos satisfeitos com essa explicação até que essa garota em quem pensamos chegou com comida para Robert, e para nós também. Quando ela não o encontrou, tivemos de adivinhar depressa onde ele poderia estar, independentemente do que achávamos. Então dissemos que ele estava em Memphis, mas ela não quis saber e começou a ficar bem brava. Alguém tinha de encontrá-lo." Conhecendo os hábitos do companheiro, Shines adivinhou seu paradeiro. "Bem, a garota baixinha tinha acordado bem cedo e devia saber onde Robert estava – e sabia. Um palpite, e aposto que acertou! Ele estava na cama dela. Ela só tinha um quarto e, como seria meio tolo pedir que saísse para que eu pudesse conversar com ele, contei o que havia acontecido e ela foi bem cabeça aberta em relação àquilo tudo. Ela mesma disse a Robert como sair do hotel sem ser visto, e deu certo. Depois disso, ele usou essa saída muitas vezes, mas nem sempre para sair do quarto da baixinha!"[302]

Essas pensões eram construções muito frágeis, de paredes tão finas que era possível ouvir uma conversa no cômodo ao lado. Tais estruturas decrépitas corriam um perigo iminente de incêndio e, quando o fogo enfim irrompeu, Shines viu outro lado até então desconhecido da personalidade e dos talentos de Robert. "A gente tava em West Memphis, hospedados num lugar de um camarada chamado Hunt. Robert e eu saímos para comer, beber um negocinho, olhamos e vimos fogo. 'Parece a pensão do Hunt', disse Robert. Eu retruquei que era mesmo. Nossos violões estavam lá dentro. Quando chegamos lá, o lugar todo tinha queimado, nossos violões inclusos. Então saímos andando pela rodovia 61. E eu não sabia que Robert tocava gaita. Nunca soube que ele sequer conhecia alguma coisa de gaita. Ele tinha uma no bolso, pegou e começou a soprar. A gente parou a 61. Ele tocando gaita, eu cantando, depois ele começou a cantar e tocar, a gente batia palmas e dançava. Ganhamos bastante dinheiro na estrada, a polícia rodoviária teve de vir e direcionar o tráfego, porque havia gente bloqueando o caminho. E a gente ganhou dinheiro o suficiente ali na rodovia para, ao chegar em Steele, Missouri, comprar dois violões novinhos. Seguimos em frente."[303]

Shines teria comprado um Stella e Robert, um Kalamazoo KG-14. Esses violões eram vendidos novos por US$ 9,95 e US$ 14,50, respectivamente. Os dois músicos, por fim, se viram de volta a Memphis no início de 1938 e se separaram por um breve período. Contudo, um ato de violência os reuniu mais uma vez, para sua viagem mais distante.

Em algum momento desse período de separação, Robert, ao que tudo indica, quis tirar outra foto. Há muita especulação a respeito de onde o retrato foi tirado. Alguns insistiram que foi em San Antonio, ao passo que outros apontam cidades que, assim, poderiam alegar ter sido a origem dessa parte importante da história cultural. O simples fato é que nós não sabemos onde a foto foi tirada, mas podemos estimar quando. Já que, de modo geral, há concordância que o violão segurado por Robert é um Kalamazoo KG-14, instrumento que começou a ser vendido em 1936, então o retrato só pode ter sido tirado depois disso. O único registro de um incêndio numa pensão em West Memphis é de 11 de dezembro de 1937. Já que Shines se lembra de Robert ter comprado um Kalamazoo depois do incêndio, mas não se recorda da ocasião da foto, é provável que tenha acontecido durante a breve separação dos dois.

A foto é interessante por diversos motivos. Primeiro, é uma pose feita pelo próprio Robert. É Robert Johnson como ele se imaginava, como queria que os outros o vissem. Segundo, não é mais a imagem de um violonista jovem e otimista, e sim o retrato de um veterano azeitado na estrada que projeta as jornadas tanto boas quanto ruins de sua vida. Leva um cigarro apagado na boca, talvez para indicar um certo ar mundano ou durão. Não está mais de terno, e sim de camisa lisa e suspensórios. Segura o violão de uma maneira não muito tocável, mais para exibir sua forma de montar acordes e os dedos longos. Olha diretamente para a câmera com uma concentração bastante estoica. É Robert Johnson, o músico de blues*.

Assim que ele e Shines se reuniram, a última aventura dos dois começou a tomar forma. Como Shines se recordou: "meu primo, Calvin Frazier, se envolveu num rolo no Arkansas em que o irmão dele acabou morto. E ele, com o braço quebrado em dois lugares. Mas matou dois caras que tavam atirando nele e no irmão. Foi para o Hospital John Gaston e foi preso lá, mas nunca o levaram pra cadeia. Disseram a ele pra não sair da cidade. Ele não saiu e falaram: 'Frazier, entendemos qual foi a confusão e tudo mais. Nunca tivemos problema nenhum com os Frazier nem com os Shine, não aqui. Imagine que você se levanta e vai embora e a gente não fica sabendo pra onde você foi. Não saberíamos dizer pra ninguém pra onde você foi se fizesse isso. Porque se aquele sujeito no Arkansas te pega, vai te dar muito problema, porque um daqueles caras estava a serviço dele. Contaram pra ele tudo o que aconteceu na fazenda. O cara era empregado dele e você o matou. Ele está doido atrás de você, mas não vai se dispor a tentar te pegar fora dos Estados Unidos. Imagine que você levanta daqui e sai dos Estados Unidos, vai pra qualquer lugar. A gente não diria a ele pra onde você foi nem nada disso. Porque a gente não sabe pra onde você tá indo. Só sabe que vai embora'. Então a gente foi embora. Subiu pro Canadá".[304]

---

* Em 2020, portanto depois da publicação original deste livro (2019), veio a público aquela que seria a terceira foto oficial divulgada de Robert Johnson, desta vez sorrindo, que teria sido tirada na mesma sessão em que ele posa com o violão e um cigarro na boca. A imagem é de posse de Annye Anderson, irmã de criação de Robert, filha de Charles Dodds (Spencer), que afirma ter estado presente, aos dez ou onze anos, quando a foto foi feita. Publicada pela primeira vez na revista *Vanity Fair* em maio de 2020, a foto foi depois usada na capa do livro *Brother Robert: Growing Up with Robert Johnson*, de autoria de Annye e do escritor Preston Lauterbach. (N. do T.)

Robert Johnson, foto de cabine.
© *Delta Haze Corporation*

Os três homens – Johnny Shines, Robert Johnson e Calvin Frazier – partiram depressa para o norte, com o intuito de chegar ao Canadá. Pulando em trens, pedindo carona ou só andando, o trio subiu em direção a Chicago. No caminho, os outros dois aprenderam mais a respeito de como Robert trabalhava como músico. Para ele, as regras para ganhar dinheiro eram específicas, e era incisivo quanto a como queria que aquilo fosse feito. Primeiro: encontre o lugar certo para tocar. "Só tente achar onde fica o bairro negro. Caminhe pelo trilho do trem e observe de que lado estão as crianças negras. Onde elas estiverem, é pra onde vamos, porque é o lado dos negros. Todas as cidades eram segregadas – brancos de um lado dos trilhos, negros do outro."[305] Segundo: divida o trabalho. Robert não gostava de tocar com outro músico na rua porque isso reduzia o tanto de dinheiro

Calvin Frazier.
Greg Johnson, Acervo de Blues da Universidade do Mississippi

que cada um poderia ganhar. "O lema dele era: você ganha o seu dinheiro e eu ganho o meu. Você toca nessa esquina, eu toco naquela. Se tocássemos juntos e ganhássemos vinte e cinco centavos, ficaríamos com doze centavos e meio cada um. Mas se eu ficasse numa esquina e ele em outra, cada um ficaria com vinte e cinco centavos."[306]

Como de costume, mesmo nessa extensa viagem Robert revelou pouco a respeito de sua vida pessoal. Shines se recorda de Johnson estar distante, porém concentrado. "Bem, não sei se ele tinha uma personalidade. Tinha uma abordagem. Sabe? Era músico e te abordava como músico. Com canções. Se ele gostasse de você, gostava, se não gostasse, não gostava. Não fingia gostar. Não falava muito. Pensava o tempo todo."[307]

Robert não precisava falar muito de si, porque sua música o revelava como um homem vulnerável e profundamente sensível. E era isso o que lhe permitia fazer tamanho sucesso com as mulheres. Shines se recorda de Robert fazer um público chorar por meio de sua performance passional: "Coisas assim aconteciam sempre. E acho que ele chorava tanto quanto é possível. O que me parece é que eram coisas assim que o faziam querer ficar sozinho, e ele logo ficava sozinho. Acho que a diferença era que Robert chorava por dentro. Sim, ele chorava por dentro".[308]

Tocar blues trazia uma forte carga de condenação moral, como Johnny Shines se recordou: "Muitos negros, quando ouviam um jovem sequer assobiar o blues, não o deixavam entrar na casa nem no quintal, o paravam no portão. 'Vá embora, você é o diabo.' Tinham medo que ele lhes trouxesse uma maldição".[309] Robert pode não ter feito um pacto na encruzilhada, mas era familiarizado o bastante com a própria dor e a crença hodu que, depois de ter sido rejeitado tantas vezes por tocar a música diabólica, teria sido difícil para ele dispersar por completo ideias sobre o diabo. E se você achasse que havia mesmo um mal em sua vida, então por que não passá-la bebendo, seduzindo mulheres e viajando? Afinal, para Robert, nenhum lugar poderia ser um lar de verdade. Muita gente confirmou a tendência dele de desaparecer rápido, de em um minuto estar na companhia de alguém e, no seguinte, sumir, o que explica por que não hesitou em ir embora de Memphis com Shines e Frazier. O trio de músicos achou que deixaria o

Sul segregado para trás ao partir rumo ao norte, mas a Grande Depressão e a Grande Migração dos negros do Sul para os centros industriais ao norte haviam criado uma nova forma de racismo.

O grupo saiu de Memphis e seguiu para o norte na rodovia 51 até chegar a Wickliffe, Kentucky, no rio Mississippi. Lá, tiveram o primeiro encontro romântico na estrada. "Conhecemos umas garotas de quem eu gostei muito. Eram de um grupo de dança e nunca tinham ido pra lugar algum e queriam ser vistas e ouvidas. Eu devia ter proposto um grupo de música e dança de quatro pessoas. Elas iam arrasar, e eu quis levá-las com a gente quando fomos embora e estava tudo certo, mas Bob passou de uma garota para outra até que elas brigassem entre si. Aí ele estava pronto para fugir delas, e foi o que a gente fez. Me parecia que onde não havia mulheres por perto era onde Robert achava a mulher de quem gostava mais; e ele sempre tinha de conseguir ficar com ela ou tentar pra diabo. E conseguia."[310]

De Wickliffe, cruzaram o rio Mississippi até o Missouri e seguiram a rodovia 55 para o norte em direção a St. Louis. Lá, conheceram dois músicos de blues bem famosos: o "Genro do Diabo, o Alto Xerife do Inferno", Peetie Wheatstraw, que já gravara muito, e Blind Teddy Darby. Shines se recorda deles como "gente impossível de esquecer por causa do estilo de música. Eu gostava das canções de Teddy Darby e o considerava um violonista muito bom. E Peetie Wheatstraw era ótimo. Chegamos a St. Louis naquela viagem, mas não ficamos muito tempo".[311]

De St. Louis, continuaram rumo ao norte até chegarem a Decatur, Illinois, onde foram contratados para tocar num baile de brancos. As apresentações para plateias brancas no Norte os expuseram a um novo tipo de racismo que não tinham visto no Sul. Shines se recordou da surpresa deles em outro evento no estado. "A gente tava em Illinois, parou num café e um camarada nos convidou pra tocar umas músicas, a gente topou e ele nos contratou. E eu não sabia; sabia que nunca tinha visto gente preta lá, mas não sabia que era uma cidade onde não tinha nenhum preto, nenhum. E, de vez em quando, a gente via alguém tentando espiar pela cortina, ou por cima da cortina, subia no carro pra tentar espiar por cima. E então enfim um camarada nos disse: 'Esse cara tá ganhando um monte de dinheiro em cima d'ocês, né?'. E eu: 'Como assim?'. 'Ele tá cobrando setenta e cinco centavos por cabeça ou alguma coisa parecida só pras pessoas verem vocês. Pretos.' Bem, ele não disse pretos, disse 'vocês, crioulos'. Contei para Robert e deixamos o cara. Ele estava nos pagando bem para estar ali, mas não queríamos ser exibidos como crioulos, sabe? Eu não achava que deveria ser exibido dessa forma. Como uma atração. A música, para a maioria das pessoas, era muito boa. Gostavam da música, apesar de não gostarem dos rostos que a faziam."[312]

Por fim, chegaram à Cidade dos Ventos. Embora o Renascimento do Harlem, nos anos 1920, tenha recebido uma atenção muito maior, Chicago passava por um tipo próprio de florescimento estético nas artes durante a década de 1930. A Grande Migração levou milhares de negros sulistas a cidades do norte tais como Chicago, Detroit, Cleveland e Pittsburgh, onde a manufatura estava a todo vapor. Lá, desenvolveram uma cultura urbana que influenciou todos os tipos de arte. A essa altura, Chicago já tinha se tornado um berço de gravações e apresentações musicais, e os novos migrantes logo fizeram sua presença ser sentida. O Lado Sul de Chicago logo ficou conhecido como "Cinturão Negro" ou "Gueto Negro" e com o termo mais racista "*Darkie Town*"*. O novo espírito de orgulho racial fez muitos negros se ressentirem desses nomes, até que James J. Gentry, editor de teatro do *Chicago Bee*, sugeriu que a palavra Bronzeville fosse usada para identificar a comunidade. A maioria dos negros da cidade adorou a ideia.

Além de uma renascença cultural, Chicago passava por uma transição musical comandada, em larga medida, por Lester Melrose, que trabalhou simultaneamente para diversas gravadoras nos anos 1930, incluindo a RCA Victor, a Bluebird, a Columbia e a Okeh. Com a J. Mayo Williams, da Decca, ele ajudou a criar o som conhecido como *Chicago blues*. A maioria das gravações era feita com um pequeno grupo de músicos de estúdio e tinha uma sonoridade parecida. O blues de Chicago dos anos 1930 contava

---

* Numa tradução livre, algo próximo a "Cidade dos Escurinhos", com conotação pejorativa, ofensiva. (N. do T.)

em grande parte com arranjos de banda completa e conjuntos com seção rítmica. Esses arranjos agradavam ao público negro comprador de discos, cada vez mais urbanizado. Entre os artistas gravados por Melrose estavam Big Bill Broonzy, Sonny Boy Williamson, Memphis Minnie, Roosevelt Sykes, Lonnie Johnson, Big Joe Williams e Washboard Sam.

A rua Maxwell, no Lado Sul, florescia como o principal centro para esses *bluesmen*. Nos anos 1880, judeus do leste europeu haviam se tornado o grupo étnico dominante na região, que seguiu predominantemente judaica até os anos 1920. Nesse período, o mercado a céu aberto tornou a rua famosa. Depois de 1920, a maioria dos habitantes eram negros que chegaram na Grande Migração, embora a maior parte dos negócios continuasse a ser de judeus. Nos anos 1930 e 1940, quando muitos músicos negros chegaram a Chicago vindos do Sul segregado, trouxeram com eles a música tocada ao ar livre. A região logo ficou conhecida pelos artistas de rua, que tocavam, em maioria, blues, mas também gospel e outros estilos. Quase todos os músicos que já eram da cidade também tocavam na rua Maxwell. Embora não haja registros específicos de tais encontros, parece provável que Robert, como artista gravado com pelo menos um sucesso modesto – "Terraplane Blues" –, teria conhecido Broonzy, Memphis Minnie ou alguns dos outros músicos locais enquanto esteve em Chicago.

De lá, o trio rumou para o leste, tendo o Canadá como destino, mas parou primeiro em Detroit, a uma travessia do rio de Windsor, Ontario. A região de Black Bottom ou Paradise Alley era o equivalente local à Bronzeville em Chicago. Originalmente estabelecida por imigrantes judeus, nos anos 1920 passou a ser o lar de migrantes negros que vieram do Sul em busca de empregos nas indústrias. As casas baratas de madeira na rua Hastings serviam de moradia para os novos habitantes negros e logo a região passou a rivalizar com o Harlem, em Nova York, a rua Beale, em Memphis, ou a rua Maxwell, em Chicago, com relação ao entretenimento, o blues em especial. Bessie Smith se apresentava na rua Hastings, Blind Blake deu a uma de suas canções o nome da rua e outros artistas, como Barbecue Bob (Robert Hicks), Victoria Spivey e Bob Campbell, também cantaram sobre Detroit nos anos 1920 e 1930.

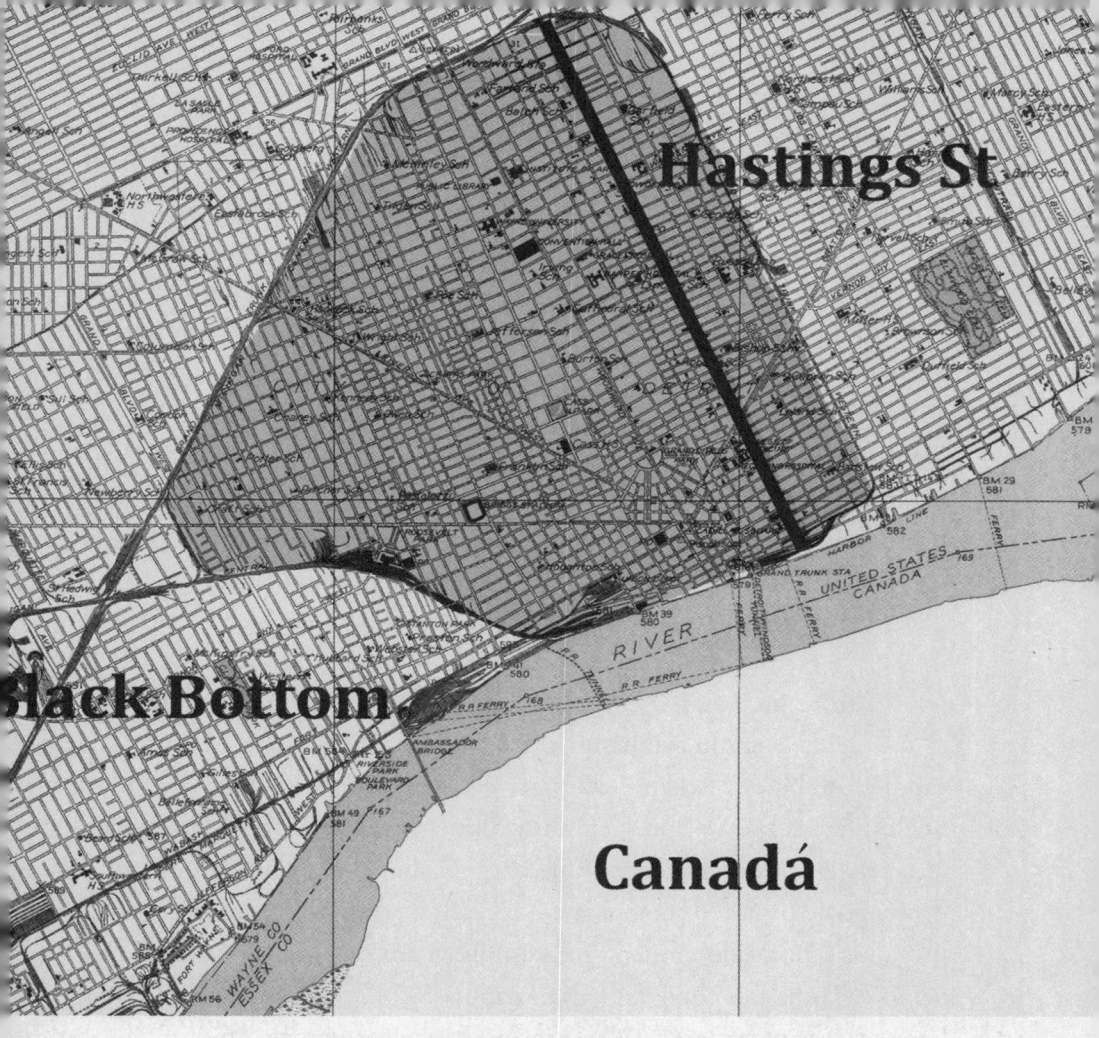

Mapa do Black Bottom e da rua Hastings, em Detroit.
Bruce Conforth

Pouco depois de chegar, o trio conheceu o pianista de blues Big Maceo Merriweather, com quem tocou em um ou mais dos clubes em que ele se apresentava – The Post Club, Brown's Bar e Crystal Bar, entre outros. Porém, foram os discos de Robert que levaram às duas apresentações mais interessantes na região. O reverendo Clarence Leslie Morton Sr. contratou Robert e Shines para tocar em seu programa de rádio gospel em Windsor-Chatham.[313] Morton recebeu o chamado para o serviço religioso na infância e, embora um diagnóstico médico tenha lhe dado apenas alguns poucos anos de vida, ele aparentemente passou por diversas "intervenções divinas" e se curou. Nunca foi autorizado a frequentar a escola e, mesmo assim, adquiriu, mediante o que alguns afirmam ser meios sobrenaturais, a habilidade de ler e escrever. Suas convicções religiosas o forçaram a se recusar a servir na Primeira Guerra Mundial e, embora sentenciado à cadeia pela recusa, foi libertado pela aprovação da lei do objetor de consciência. Isso permitiu que ele retornasse à prática religiosa. Morton criou diversas igrejas do Evangelho Pleno e pentecostais no Canadá e pregou nas ruas de Windsor. Em 1936, seu ministério já se tornara grande o bastante para que ele fosse um dos primeiros pregadores negros a ter o próprio programa internacional de rádio.[314]

Originalmente, o programa era transmitido apenas pela rádio CFCO, de Chatham, mas, a partir de 1938, passou a ser veiculado pela CKLW, de Windsor, e ouvido também em Detroit. O blues não era desconhecido por Morton. Joe Stenson e Arkaner Campbell, pais de sua segunda esposa, Mathilda Stenson, vinham de uma "longa linhagem de violonistas e cantores de blues". Arkaner era possivelmente parente de Bob Campbell, que cantara sobre Detroit.[315] Johnny Shines se recordou bem da apresentação na igreja do reverendo. "Ele era pregador e transmitia do Canadá. Muita gente pegava o programa em Detroit e por todo o Canadá. Era um pregador santificado e queria muita música em seus trabalhos, você sabe como é. Tinha um coral de bom tamanho. Robert, Calvin e eu fomos até lá e tocamos para ele."[316] O trio tocou as canções gospel "Ship of Zion", "Stand by Me", "When the Saints Go Marchin' In" e "Just Over the Glory Land". Na semana seguinte, tocaram em um batismo à beira do rio para o reverendo Morton, na boca do rio Detroit.

Robert logo ouviu a estrada chamá-lo mais uma vez. Frazier tinha parentes em Detroit e decidiu ficar na cidade, ao passo que Shines e Robert partiram e seguiram para Buffalo, Nova York, onde Shines se recorda de que "havia vários lugares em que podíamos tocar".[317] Não se sabe se pararam em Nova Jersey ou se foram direto para a cidade de Nova York; no entanto, Shines se lembrou de que, em Paterson ou Newark, Nova Jersey, havia dois ou três lugares onde tocaram – *speakeasies*, tavernas, casas. Ambas as cidades tinham amplas populações negras e o Harlem ficava a apenas trinta quilômetros. Encontrar trabalho era fácil já que Robert tinha sido enaltecido por John Henry Hammond II nos escritos dele, e seus discos estavam em jukeboxes da região. "A gente ouvia nos jukeboxes", recordou-se Shines. "[Robert] tinha muito orgulho disso."[318]

Tocar canções populares, bem como qualquer coisa pedida pelo público, somava à popularidade e vendabilidade deles. E, se não conhecessem uma canção em particular, só tocavam o andamento adequado para a dança. Shines comentava que, para valsas, "era possível tocar qualquer coisa, desde que fosse em tempo quebrado, 3/4. Você podia inventar as músicas; só precisava dar o andamento certo".[319] Essa habilidade de simular qualquer gênero trazia oportunidades diversas. Em Nova York, foram convidados para retornar a Newark e tocar num casamento italiano. Como apontou Shines, já conheciam polcas e músicas judaicas e, para esse evento, tocaram em especial tarantelas, além de adaptarem algumas músicas próprias, alguns *standards* e algumas canções novas para se encaixar no ritmo tradicional da tarantela, em 6/8.[320]

Ao retornar a Nova York, Robert e Shines começaram a sair com mulheres da cidade, mas Robert recusava romance sério. Tinha um objetivo especial em mente: aparecer, e talvez vencer, no programa *Major Bowes Amateur Hour*. No intuito de realizar esse sonho, deixou Shines para buscar a própria fama.

O programa de Edward Bowes foi transmitido pela rede CBS durante os anos 1930 e 1940. Os amadores que o venciam eram convidados para uma turnê de teatros de *vaudeville* sob o nome do Major Bowes, o que se tornou um trampolim para muitos artistas famosos. Frank Sinatra apareceu pela primeira vez no programa como parte do quarteto Hoboken Four, em 1935; e Maria Callas apresentou um trecho da ópera *Madame Butterfly* quando tinha apenas onze anos. Depois da morte de Bowes, o programa reapareceu na televisão com o apresentador Ted Mack e foi o precursor de outras atrações populares como *Star Search*, na década de 1980, *American Idol* e *The Voice*.

Para Robert, assim como para milhares de outros negros pobres do Sul, o *Amateur Hour* parecia uma passagem só de ida para a fama. Ele já tinha realizado uma de suas ambições ao se tornar um artista gravado; então, queria dar um passo ainda maior em direção ao sucesso nacional. Contudo, não era para ser. Mais de dez mil pessoas se inscreviam toda semana para aparecer no *Major Bowes* e apenas algumas poucas centenas chegavam aos testes. Não sabemos o que aconteceu, mas é provável que, se Robert teve a chance de fazer um teste, os ouvintes não se interessaram.

Não obstante, o Harlem deu toda uma gama de oportunidades para Johnson e Shines. Em 1938, o Renascimento do Harlem já estava longe do apogeu, mas o teatro Apollo fora inaugurado em 1934; em 1935, *Porgy and Bess* estreou na Broadway com um elenco formado só por negros; Langston Hughes, Countee Cullen, Zora Neale Hurston, Claude McKay e outros autores negros estavam publicando suas obras, e artistas visuais negros como Aaron Douglas realizavam as próprias exposições em galerias de arte. Paul Robeson participava de filmes e apresentações, e clubes como o Alhambra Ballroom, Clark Monroe's Uptown House, Barron's Club,

Theatrical Grill e o Sugar Cane Club estavam entre as muitas casas do bairro que mantinham a noite efervescente. Neles, era possível encontrar artistas como Bessie Smith, Jelly Roll Morton, Frank Manning, Billie Holiday, Cab Calloway, Duke Ellington, Louis Armstrong, Ethel Waters e Count Basie fazendo residências. A grande cantora de blues Victoria Spivey ("Black Snake Blues", "My Handy Man", "Dope Head Blues" etc.) trabalhava em musicais na Broadway e participava do sucesso *Hellzapoppin'* quando se encontrou com Robert no Harlem,[321] como mais tarde ela contaria a John Paul Hammond[*]. E a região não estava se tornando só mais jazzística, mas também se eletrificando.

Charlie Christian começara a usar guitarra elétrica em 1936, e o instrumento vinha se tornando padrão nos conjuntos de jazz. Depois de conhecer um músico dos clubes locais nas ruas do Harlem, Robert foi convidado a tocar a guitarra do sujeito. O músico viu ele e Shines carregando violões e quis apresentar a nova tecnologia aos dois. Levou-os ao clube onde estavam sua guitarra e seu amplificador e deixou Robert experimentá-los. Embora tenha gostado do volume, o *bluesman* disse ao guitarrista e a Shines que "não saberia fazer [a guitarra] falar" como gostaria.[322] A necessidade de carregar um amplificador para usar com o instrumento também teria atrapalhado bastante a sede de viagens dele. E, é claro, muitos *jukes*, *plantations*, festas e piqueniques em que Robert tocava não tinham eletricidade. Uma guitarra elétrica não serviria para ele, que estava satisfeito com seu violão Kalamazoo de corpo pequeno.

Com ou sem eletricidade, a música que tocaram em Nova York e Nova Jersey ainda foi boa o bastante para lhes render, nas palavras do próprio Shines, "um bom dinheiro". As plateias apreciaram as habilidades dos dois e, a essa altura, eles já tocavam juntos havia tanto tempo que "mandavam mesmo ver", disse Shines.[323]

Robert mostrava apenas um interesse amigável pelas mulheres com quem saía e, por mais que elas o agradassem, não foram o suficiente para

---

[*] Cantor e violonista de blues, filho de John Hammond II. (N. do T.)

mantê-lo em Nova York. O plano dele de aparecer no programa *Major Bowes* fracassara, o que quase certamente o decepcionou. Por fim, os guitarristas da cidade tocavam novos instrumentos, mais altos, e o faziam mais rápido do que as músicas de Robert pediam. Era hora de partir mais uma vez. Destino: Chicago.

Robert e Shines pegaram o caminho de volta para Chicago, só para Robert desaparecer de novo. Shines, confuso, por fim ficou sabendo que ele estava de volta a St. Louis e foi atrás. No entanto, logo depois que Shines o encontrou, Robert partiu para Blythesville, Arkansas, e, em seguida, para Memphis; de lá, para Hughes, Arkansas; e, por fim, para Helena, onde o companheiro o encontrou pela última vez. A viagem durara três meses e já era o início da primavera de 1938. Parecia que Robert viajava mais rápido do que nunca, mas ainda queria que Shines o acompanhasse. "Ele ia para Friars Point e queria que eu fosse junto, ao que respondi: 'Não, não. Não quero saber do Mississippi. Nada!'. Eu não queria ir pra lá com ele, que foi sozinho. Era temporada de caça livre aos pretos no estado naquela época. Pode matar quando vir um. E, diabos, eu não gostava disso. Então voltei pro Arkansas."[324]

Robert voltou para Memphis a fim de visitar a família e, em seguida, a mãe, em Robinsonville. Depois de se despedir, partiu rumo ao sul. Seria a última de suas viagens pelo Delta.

16
enterre meu corpo à beira da estrada

No início de 1938, a CBS (Columbia Broadcasting System) comprou a ARC/Vocalion e logo descontinuou os selos econômicos de vinte e cinco centavos que incluíam os lançamentos de Robert Johnson. A empresa manteve o selo Vocalion, de trinta e cinco centavos, e lançou as gravações de Robert no início de 1939. Porém, ele não foi chamado de volta ao Texas para mais gravações no ano anterior por conta da baixa vendagem resultante das sessões de 1937. Robert ficou muito decepcionado por nenhuma das gravações de Dallas terem alcançado o sucesso de "Terraplane Blues" e de outras da sessão de San Antonio. Em Dallas, ele produzira algumas de suas gravações mais memoráveis e, provavelmente, mais originais, mas a indústria musical, incluindo o blues, passava por mudanças drásticas e se transformava depressa num som urbano que não contava mais com um único violonista, mas com um conjunto que talvez tivesse uma guitarra elétrica. Robert pôde continuar suas apresentações semanais em Helena, Arkansas, e, apesar dessas mudanças, seu estilo de tocar blues rural ainda era popular nas *plantations* enquanto ele transitava pelo Delta entre o Mississippi e o Arkansas. Às vezes, ia para cidades onde tivera popularidade antes, ao longo da linha Yazoo & Mississippi Valley (Yellow Dog), que ia de Clarksdale para Yazoo City, ao sul, em duas rotas diferentes. "Desci muito naquela linha", ele disse a Elizabeth. "Com certeza me diverti muito por lá."[325] Às vezes, Robert mencionava que tocava em Lambert, uma cidadezinha logo ao norte de Clarksdale, e em outras comunidades pequenas onde sempre havia bailes nas noites de sábado com um músico ao vivo. Na época, ele viajava principalmente desacompanhado, sem Shines ou Frazier. "Sempre que chegava em algum lugar onde eu estava tocando, aparecia sozinho. Nunca o vi com mais ninguém. Um lobo solitário mesmo", recordou-se Shines. "A única coisa que ele sempre tinha por perto era o violão, que nunca largava; levava para todo lugar."[326]

Uma cidade do Delta acessível por carro, ônibus ou trem era Greenwood. Uma das três maiores cidades do Delta, em 1930 tinha uma população de pouco mais de onze mil habitantes. Nas ruas, não havia concorrente que se equiparasse à habilidade ou reputação de Robert. Ele estivera na cidade muitas vezes antes e, assim como em muitos dos lugares para onde viajava, tinha parentes distantes ali. Jessie Dodds, cuja família era de Hazlehurst e tinha parentesco com o padrasto de Robert, Charlie Dodds Spencer, vivia na *plantation* Star of the West, nos arredores. Porém, antes de partir de Memphis, por insistência da meia-irmã Carrie, o *bluesman* foi consultar um médico por dores no estômago e peito. No Hospital John Gaston foi diagnosticado com úlcera e advertido a parar de beber, conselho que ele *não* seguiria. Preocupada com o bem-estar do meio-irmão, Carrie não queria que ele saísse de Memphis, mas Robert partiu para Greenwood mesmo assim.[327]

Sede do condado de Leflore, Greenwood fica na ponta leste do Delta do Mississippi, a 154 quilômetros ao norte de Jackson e 209 ao sul de Memphis. Era um centro da cultura algodoeira e as duas linhas férreas encurtavam o transporte para os mercados de algodão. A rua Front, à beira do rio Yazoo, era conhecida como Cotton Row* por ser repleta de vendedores e negócios relacionados ao produto.

Baptist Town, onde Robert ficava sempre que visitava Greenwood, é um dos bairros negros mais antigos da cidade. Foi estabelecido no século 19, à medida que a indústria de algodão começava a florescer. Robert podia

---

* Em tradução livre, algo como "Corredor do Algodão". (N. do T.)

Rua Howard, Greenwood, Mississippi, década de 1930.
Bruce Conforth

alugar um quarto ali por apenas três dólares por semana: dinheiro fácil de conseguir para um violonista do Delta com a habilidade dele. Levava uma vida fácil ali. Tocava nas ruas de Greenwood durante o dia, nos *jukes* da região à noite e, quando estes fechavam, a menos que tivesse uma oferta melhor, ia tocar em uma das *plantations* próximas. Os *jukes* de *plantation* não tinham hora para fechar, sobretudo aos fins de semana. Também não havia eletricidade na maioria deles, então lampiões e barris de querosene forneciam iluminação e aquecimento. Em contraste, em Greenwood em si, ele tinha de competir com o volume alto da músicas nos jukeboxes – até dos próprios discos. Às vezes, o público nem acreditava que ele era o mesmo artista daquelas gravações. Honeyboy Edwards se lembrou de uma situação em que isso aconteceu, em 1938.

"Quando o conheci, ele estava na rua Johnson, perto da Principal, em Greenwood, tocando no fundo do beco. Bem na frente da casa de Emma Collins – ela tinha uma casa de diversões e também vendia uísque. Estava em cima de um bloco e havia uma multidão ao redor. Mas ninguém sabia quem ele era!

Eu também não, a princípio, e, quando cheguei perto, achei que ele soava um pouco como Kokomo Arnold. Cheguei mais perto com o meu violãozinho, coloquei nas costas e comecei a ouvir. Ele tocava o blues bem demais.

"Uma mulher que já tinha tomado um tanto daquele uísque de milho disse, 'Senhor, toque "Terraplane Blues" para mim!'. Ela não sabia que estava falando com o homem que compôs a música! 'Se você tocar "Terraplane Blues", eu te dou dez centavos!' E ele: 'Senhora, essa música é minha'. 'Pois então toque.' Ele começou a tocar e aí souberam quem ele era. Tocava, tremia e gritava. Era um pouco depois do meio-dia e as pessoas chegavam do campo para a cidade. Robert fechou a rua de gente que parou para ouvi-lo.

"Estava bem-vestido, com um chapéu marrom. Na maior parte do tempo, usava o chapéu inclinado para cima daquele olho ruim. Fui me apresentar quando ele acabou de tocar. Começamos a conversar e descobri que ele era de Robinsonville, passara por Tunica. Perguntei se conhecia minha prima, Willie Mae Powell, e ele disse: 'É minha namorada!'. E eu: 'Ela é minha prima de primeiro grau!'. Rimos, batemos um papo, nos demos bem e começamos a beber e a andar juntos. Foi assim que nos aproximamos. Eu o conheci e fiquei sabendo que ele saía com a minha prima."[328]

Os dois logo se tornaram parte da cena musical de Greenwood, que girava em torno da casa de Tommy e Ophelia McClennan. Embora McClennan, cujo apelido era "Sugar", só viesse a gravar um ano depois da morte de Robert, ele se tornou um dos mais bem-sucedidos artistas de blues raiz a gravar, com vinte compactos pelo selo Bluebird (1939-1942). Entre seus títulos mais notáveis estão "Bottle it Up and Go", "Cross Cut Saw", "Travelin' Highway Man" e "New Highway No. 51 Blues". Nessa cena musical também estavam Robert Petway e Hound Dog Taylor. Os homens ajudaram Robert a ser apresentado a muitas mulheres disponíveis e algumas indisponíveis, mas dispostas, e, fiel ao próprio caráter, ele logo começou a sair com várias delas. Como disse Johnny Shines: "Às vezes ele era direto demais. Até a mulher dos outros era jogo limpo para ele".[329]

Essa estadia em Greenwood não foi diferente. Robert logo foi atrás da filha de um dos arrendatários da *plantation* Star of the West, conhecido apenas como "Tush Hog", que viera com a família do condado de Tuni-

David "Honeyboy" Edwards.
Bruce Conforth

ca, onde o *bluesman* era extremamente conhecido e tinha familiares. Tush Hog era um apelido comum para indivíduos que, em qualquer situação ou grupo, eram respeitados como a autoridade máxima. Para alguém que tinha uma personalidade forte e, em geral, a habilidade física para sustentá-la. Rosie Eskridge, que trabalhava na *plantation*, disse que nunca soube o sobrenome de Tush Hog e afirmou que "o pessoal não saía por aí perguntando o sobrenome dos outros".[330]

Robert seguia a filha de Tush Hog até o armazém local e o *juke* conhecido como Three Forks, a poucas centenas de metros do cruzamento das rodovias 49 e 82, nos limites da *plantation*. Eskridge se recordou de que ele "a seguia nas noites de sábado. A filha caçula de Tush Hog. Não sei qual era o nome da menina. A gente nem sabia que [Robert] estava no lugar. Ele a seguia até lá".[331] Porém, naquele *juke*, Robert conheceu uma mulher chamada Beatrice Davis, esposa de R. D. "Ralph" Davis, que também morava na *plantation* e trabalhava no balcão do Three Forks aos fins de semana, vendendo bebida aos clientes.[332]

Mais uma vez, Robert foi atrás da mulher errada, a atração foi mútua e os dois começaram a se encontrar com frequência. Beatrice tinha uma irmã que morava em Baptist Town, perto de onde o *bluesman* estava hospedado, e toda segunda-feira dizia ao marido que ia até Greenwood ver a irmã. Era, no entanto, apenas uma desculpa para passar a tarde fazendo sexo com Robert no quarto dele.

Por meio de amigos em comum, R. D. descobriu que os dois estavam tendo um caso e, quando ficou sabendo que o *bluesman* fora contratado para tocar num baile no Three Forks em dois fins de semana consecutivos, decidiu agir. Na noite do sábado, 13 de agosto de 1938, por volta das onze horas, Davis deu a Beatrice uma jarra de uísque de milho em que ele, sem ela saber, dissolvera várias bolas de naftalina. Numa pausa da apresentação, Robert bebeu do recipiente. O ingrediente usado por Davis era basicamente sem cor, sem cheiro e sem gosto, veneno conhecido então como "*passagreen*". Embora fosse um método comum de envenenamento no Sul rural, era raro que matasse, sendo usado até para remover bêbados encrenqueiros de bares ou *jukes*, simplesmente por incapacitá-los. Quando

Davis foi encontrado anos depois, confessou que "na verdade, não queria causar nenhum problema", e estava sendo sincero. Se acreditarmos em sua confissão, ele não tinha a real intenção de matar Robert. Em geral, a mistura teria causado confusão, náusea, vômitos e outros incômodos intestinais. Em todo caso, qualquer tentativa de se colocar uma substância nociva em uma bebida ainda deve ser considerada um ato de violência.

Contudo, Robert havia sido diagnosticado com úlcera apenas um mês antes por um médico de Memphis, e também sofria de varizes esofágicas, que causavam as dores no peito que ele vinha sentindo. A mistura de Davis, embora não fatal, foi forte o bastante para causar hemorragia nesses locais.

Há versões diversas do drama que se seguiu. Sonny Boy Williamson disse que derrubou uma garrafa de uísque já aberta da mão de Robert, ou que Robert morreu em seus braços numa ambulância a caminho do hospital em Jackson. Essas histórias são exageros ou simples mentiras. O relato mais confiável, corroborado por Rosie Eskridge, é o de Honeyboy Edwards, que explicou exatamente o que aconteceu naquela noite. Sua narrativa não traz o histrionismo ou o romantismo daquelas forjadas.

> Quando voltei para o Delta, Robert estava em Greenwood, tocando para um mesmo sujeito. E, num sábado, fomos em bando para o Three Forks numa caminhonete. Estávamos todos altos, prontos para curtir a noite toda. Quando chegamos lá, Robert estava sentado num canto com o violão debaixo do braço. Estava passando mal. As mulheres pularam da caminhonete, entraram e lhe disseram: "Toque 'Terraplane Blues'; toque 'Kind Hearted Woman Blues'!". Ele dizia: "Estou passando mal". "Tome uma dose de uísque. Tome mais uma e você vai se sentir bem."
> Mas ele tinha sido envenenado. Era louco por uísque e aquele cara estava furioso por Robert sair com a mulher dele. Pediu a uma amiga para dar um copo de uísque envenenado a Robert. As pessoas faziam isso. Preferiam envenenar do que dar um tiro, te pegar de um jeito liso. Assim, ninguém ficava sabendo. Todo mundo continuava a gritar: "Toca! Toca! Toca!". Ele tentou tocar uma ou duas vezes, mas não conseguiu e disse: "Estou passando mal. Não consigo tocar". Pegaram-no e o deitaram numa cama num quarto dos fundos. E então tudo ficou em silêncio. Antes do amanhecer, um cara que tinha um carro velho o levou de volta a Greenwood, até o quarto de Robert em Baptist Town.[333]

Os fatos básicos do relato de Honeyboy são verdadeiros. A princípio, o uísque batizado só deixou Robert nauseado e confuso. Incapacitou-o o suficiente para impedi-lo de tocar, e foi quando ele foi levado para um quarto nos fundos para se recuperar. Porém, a náusea piorou e a dor aumentou. Ao ver que ele não estava melhorando, alguns clientes do *juke* decidiram levá-lo de volta para Baptist Town para que dormisse e repousasse. Davis deve ter ficado satisfeito por seu truque ensinar uma lição a Robert e forçá-lo a deixar o Three Forks e Beatrice.

Depois de ter sido deixado no quarto em Baptist Town, Robert ficou sozinho e sofrendo de dor, com cólicas e a náusea piorando. Deve ter vomitado, levando algumas das varizes no esôfago a sangrar, já que, quando recebeu visitas no dia seguinte, afirmou-se que ele estava uivando e sangrando na boca. Não é incomum que uma hemorragia esofágica comece com um sangramento preliminar e então pare, só para ser seguida de um ataque muito maior e fatal pouco tempo depois.

Robert definhou por dois dias no quarto, com fortes dores abdominais, vômito e sangramento pela boca. Hemorragia no esôfago é algo bastante sério, com uma taxa de mortalidade de mais de 50%, mesmo com atendimento médico. Sem atendimento profissional havia pouca ou nenhuma chance de sobrevivência. Em 1938, Greenwood tinha um hospital para negros onde Robert poderia ter sido tratado, mas ele não estava em condições de ir até lá sozinho, e ninguém mais queria se implicar no que poderia, por fim, ser visto como assassinato. Mesmo se fosse levado ao hospital, havia pouca coisa que os médicos poderiam fazer para salvar a vida dele: só a perda de sangue já seria fatal.

Na noite anterior à morte de Robert, ou por meio das súplicas da filha ou a pedido de Jessie Dodds, parente da vítima, Tush Hog foi a Baptist Town e o trouxe até sua casa na *plantation*. Robert sobreviveu a uma noite excruciante, mas teve uma hemorragia séria e morreu na manhã de terça-feira na cabana. O arrendatário sabia que o supervisor da *plantation* tinha de ser alertado e informou a Luther Wade, o empregador, que alguém havia morrido na casa. Porém, como Robert não era um dos empregados, este só fez algumas perguntas antes de decidir enterrar o corpo.

Era um dia quente, tórrido de verão e Wade caminhou até a casa dos Eskridge à procura do marido de Rosie, Tom. "O sr. Wade foi até nossa casa naquele dia", recordou-se ela, explicando como se envolveram num dos mais longos mistérios do blues. "Ele disse ao meu marido, Tom, para ir [à Igreja Batista de Little Zion, usada por Wade para os enterros dos arrendatários] e cavar a sepultura para aquele homem que havia morrido de manhã. Disse que o homem não tinha família por ali, mas queria dar a ele um enterro cristão... Sem funeral. Colocá-lo num caixote de madeira, fechar com pregos e enterrá-lo", recordou-se ela. "O motorista da caminhonete foi até [o celeiro], pegou o caixote, trouxe – guardou o corpo." O corpo de Robert foi enrolado num lençol de linho branco e colocado num dos caixotes de madeira fina que eram usados como caixões para indigentes. "Trouxe até aqui – tirou da caminhonete e foi embora. Naquele tempo, o morto era enterrado no mesmo dia em que morria. Não tinha como guardar um corpo como hoje. Começava a feder." Por causa do dia quente de verão, Eskridge levou água gelada para o marido, que cavou a cova sozinho. "Eu não conseguia ver a cabeça dele no buraco. Devia ter uns sete pés de profundidade", disse ela. Tom usou um tipo de pá pequena das *plantations*, de bico mais longo e estreito, para cavar. "Levei uma jarra de água para ele."[334]

O trabalho foi pesado, pois a terra ali é chamada de Gumbo do Mississippi – uma argila grossa capaz de endurecer e grudar feito cimento em sapatos ou qualquer coisa que tocar. Tom Eskridge penou no calor, mas terminou a cova. Embora Robert, ao que parece, nunca tenha frequentado a igreja durante sua carreira no blues, Tom sugeriu que encontrassem alguém para ler algumas palavras da Bíblia antes do enterro. "Meu marido disse ao motorista da caminhonete para chamar o reverendo Starks. Ele veio – não tinha igreja – e disse algumas palavras." Starks era um pregador perna de pau – não tinha preparo formal nem ordenação, mas ganhava a vida prestando serviços espirituais em troca de comida, bebida ou dinheiro. Eskridge não prestou atenção nos versos da Bíblia, nem pensou nada em particular a respeito do enterro sem a presença de familiares daquele homem.

"Era um dia muito quente. Era verão e eu não queria fazer nada, então fui até lá com uma das filhas de Tush Hog. Ele chegou com uma das filhas." Porém, a filha, Josephine, "não era a mesma com quem [Robert] apareceu aqui. Era a outra. As duas eram casadas. A família veio para cá toda junta. Foi embora toda junta. Não sei para onde foram, nem quando. Não ficaram mais do que um ano".[335] Tradicionalmente, muitos arrendatários cultivavam por um ano nas terras de uma *plantation* e então se mudavam para outra, ou por mais dinheiro ou por melhores condições de trabalho depois da colheita de outono.

Com pouca cerimônia e breves formalidades, a vida de Robert Johnson chegara ao fim, e ele foi enterrado sob uma grande nogueira-pecã no pequeno cemitério ao lado da Igreja Batista de Little Zion, na estrada Money, que liga os trinta quilômetros entre Greenwood e a rodovia 8.

Quando a meia-irmã de Robert, Carrie Spencer Harris, em Memphis, soube da morte, ficou muito perturbada, "abalada, simplesmente ar-

Igreja e cemitério de Little Zion, Greenwood, Mississippi.
Bruce Conforth

rasada", recorda-se Annye Anderson.³³⁶ Carrie decidiu ir para Greenwood no mesmo instante com Julia, Dusty Willis e Bessie Hines, meia-irmã de Robert com quem ele e Virginia haviam morado no condado de Bolivar. Pediu a vários dos outros amigos do irmão que os acompanhassem. Um deles, Willie Coffee, não pôde ir, mas recordou-se de alguns dos preparativos para a viagem. Apontou que diversos amigos de Robert de Commerce, Mississippi, foram para Greenwood com Carrie. No entanto, um incêndio acabara de acontecer na casa de Coffee e ele não tinha roupas para acompanhá-los.³³⁷ Mesmo de trem, em 1938, a jornada de mais de 160 quilômetros teria tomado a maior parte do dia.

Ao chegar a Greenwood, Carrie contatou o único coveiro negro da cidade, Paul McDonald, que pediu a um de seus embalsamadores, Fletcher Jones, para exumar o corpo de Robert, removê-lo da caixa de madeira providenciada pelo condado e colocá-lo num caixão adequado. Ele foi enterrado novamente no mesmo lugar, com familiares e um pregador presentes.³³⁸ Por meio do escritório de McDonald, Carrie conseguiu obter uma cópia da certidão de óbito do irmão, protocolada na terça-feira, 18 de agosto.

A certidão trazia todas as informações familiares corretas: o nome da mãe com o sobrenome de solteira, Julia Majors; o nome do pai biológico, Noah Johnson; o fato de que Robert nascera em Hazelhurst [*sic*], Mississippi; de que tinha "cerca de 26 anos" (27, na verdade) de idade; e que fora músico por dez anos (mais uma evidência de que ele já se apresentava antes de conhecer Son House em 1930). A causa da morte foi descrita como "falta de médico" e as informações foram fornecidas por um tal Jim Moore. A identidade de Moore permaneceu um mistério até que Rosie Eskridge foi entrevistada. Ela confirmou que ele viveu na *plantation* por pelo menos dez anos. "Jim Moore cultivava do outro lado do rio. Eu o conhecia bem. Ele morou aqui por muitos e muitos anos. Era alto e negro de pele clara. Foi embora há tempos. Morreu faz anos."³³⁹ Registros do censo examinados recentemente* também confirmam que Moore foi,

---

* À época da edição original em inglês, em 2019. (N. de E.)

Frente da certidão de óbito de Robert Johnson.
Secretaria da Saúde do Estado do Mississippi

de fato, residente da *plantation* e morou ali com a esposa, Callie, a filha, Mildred, os filhos, Alis e James, e seis netos. Porém, mais importante, em 1938, Moore era vizinho de Jessie Dodds, parente de Robert.

Carrie ouviu rumores de que o meio-irmão havia sido envenenado e, por meio de McDonald, contatou o secretário de Saúde do estado, o dr. R. W. Whitfield, pedindo-lhe que investigasse o possível assassinato. Na frente do documento, Cornelia Jordan, a notária que assinara a certidão de óbito, não indicou causa de morte – "falta de médico" presente para determinar a causa. Segundo as leis estaduais, quando uma morte como aquela ocorria, deveria ser feita uma autópsia, a qual não fora realizada. O dr. Whitfield ordenou que Jordan investigasse mais a fundo. Os resultados da investigação foram enviados pelo correio para Carrie, em Memphis, no dia 14 de setembro de 1938. Não existem arquivos daquele ano para confirmar se a polícia se envolveu na investigação, mas o relatório no verso da certidão levantou questões interessantes.

> Conversei com o homem branco em cuja casa o negro morreu e também uma mulher negra no local. O proprietário da *plantation* disse que esse negro, que aparentava ter cerca de 26 anos de idade, chegou da região de Tunica duas ou três semanas antes de morrer, para tocar banjo num baile de negros realizado na *plantation*. Ele ficou na casa com alguns dos negros dizendo que queria colher algodão. O homem branco não tinha um médico para o negro, já que este não trabalhava para ele. Foi enterrado num caixão caseiro fornecido pelo condado. O proprietário da *plantation* disse que, em sua opinião, o negro morrera de sífilis.
> Estou sempre à disposição para investigar para você. C. Jordan

O homem branco com quem Jordan conversou era Wade. A mulher pode ter sido uma das filhas de Tush Hog, Callie Moore, ou até uma das parentes de Robert. As informações são surpreendentemente precisas. Robert tinha cerca de vinte e seis anos, tinha de fato vindo de perto de Tunica e estava ali por algumas semanas para tocar (violão, não banjo, mas é um erro compreensível) em bailes perto ou nas *plantations*. Não estava hospedado lá, mas a afirmação de que estivera "na casa com alguns dos negros

2173058

SPECIAL NOTE---IN RE PERMITS. On December 7, 1933, the State Board of Health suspended the Rule requiring a permit for burial or removal of a dead body if the death does not occur inside a town of one thousand (1000) or more population but, the completed death certificate must be filed with the registrar within five days after death. However, if the body is to be shipped or carried to another State, a transit permit must be obtained. When there appears any suspicion of foul means, the undertaker must refer the case to the registrar for investigation by the coroner, as required in all such cases.

EXTRACTS FROM THE RULES AND REGULATIONS OF THE MISSISSIPPI STATE BOARD OF HEALTH

Yours very truly,
R. N. Whitfield
R. N. Whitfield, M. D.
Director, Vital Statistics

I talked with the white man on whose place this negro died and I also talked with negro women on the place. The plantation owner said this negro man, seemingly about 26 years old, came from near Tunica two or three weeks before he died to play a banjo at a negro dance given there on the plantation. He staid in the house with some of the negroes saying that he wanted to pick cotton. The white man did not have a doctor for this negro as he had not worked for him. He was buried in a homemade coffin furnished by the County. The plantation owner said it was his opinion that the negro died of syphilis.

I am always glad to make investigations for you. C. Gordon

body, shall endorse within the casket a death-head certificate and shall write calling the attention of the family of the deceased to the requirements of the law, and the rules and regulations of the State Board of Health concerning the burial or other disposition of a dead body; and shall write at the bottom of said notice the name of the local registrar of the district in which the death occurred, provided the purchaser or person obtaining the casket can name the precinct.*****

"Every person, firm, or corporation selling caskets at retail, shall obtain from the State Registrar of Vital Statistics at least once a year a list of local registrars of each county in which deaths occur for which deaths said person, firm, or corporation, furnishes caskets."

The STATISTICAL PARTICULARS on a death certificate must be furnished by a responsible member of the family The MEDICAL CERTIFICATE of Death must be filled out and SIGNED by the last attending physician.

Coffin Sold By _____
SEP 14 1938
To Carrie Harris
Memphis Tenn.

(Sign here if you only sold the coffin but do not sign if you buried the body.)

Verso da certidão de óbito de Robert Johnson, com anotações.
Secretaria da Saúde do Estado do Mississippi

dizendo que queria colher algodão" era uma desculpa conveniente para explicar por que e como ele morreu ali.

Seria esse o início de um acobertamento, por menor que fosse?

Como Robert morreu com muita dor, vomitando sangue e experimentando outras agonias, a sugestão de que ele morreu de sífilis era impossível, mas é quase certo que Wade não queria dar nenhum indício de que um crime fora cometido. Será que acreditava que Johnson fora assassinado? É impossível dizer. É óbvio que ele havia contatado o xerife do condado ou Jordan de forma direta. Foi completamente franco quanto aos fatos para a investigação? Não. Só revelou o suficiente para absolver a *plantation* de qualquer culpa no caso. Foi integralmente culpado pela omissão ou alteração dos fatos? De novo, não. Wade não estava presente quando Robert morreu, então recebeu as informações de Jim Moore ou da família de Tush Hog. Eles sabiam da verdade. Wade só tentara dar uma disfarçada na morte.

Robert Leroy Johnson, o homem, se fora.

Sua lenda estava prestes a começar.

epílogo

O ÚLTIMO DOS NEGÓCIOS JUSTOS

A lenda de Robert Johnson começou poucos meses depois da morte dele, em agosto de 1938, no histórico show "From Spirituals to Swing", no Carnegie Hall. A apresentação pioneira contou com líderes de banda como Count Basie e Benny Goodman; os cantores Big Joe Turner e Helen Humes; os pianistas Meade Lux Lewis, Albert Ammons e James P. Johnson; os grupos vocais Mitchell's Christian Singers e Golden Gate Quartet, e muitos outros. Foi a menina dos olhos de John Henry Hammond II, cujo plano era propiciar uma jornada musical pela história da música negra, bem como apresentar seus artistas favoritos numa casa conceituada, em geral reservada ao mundo da música erudita.

Ao selecionar os artistas que fariam parte do show, Hammond escolheu Robert Johnson para representar o blues do Delta. Foi natural que quisesse incluir Robert: ele o exaltava desde o lançamento dos primeiros discos, em 1937. Estava certo de que seria capaz de encontrar e contratar o *bluesman* para se apresentar e lhe dar a grande oportunidade de sucesso, e incluiu o nome dele no cartaz original de divulgação do concerto, impresso em novembro de 1938, embora ainda não tivesse conseguido contatá-lo. Quando enfim ficou sabendo da morte de Robert, Hammond não seria furtado de sua grande descoberta. Escreveu as seguintes palavras para a edição de 13 de dezembro de 1938 da revista *New Masses*, para então repeti-las no palco, dez dias depois, na abertura da apresentação:

> É trágico que um público americano não pudesse ter sido encontrado sete ou oito anos atrás para um concerto deste tipo. Bessie Smith estava no auge da carreira e Joe Smith, provavelmente o maior trompetista que

a música americana já conheceu, ainda estaria por aqui para tocar *obbligatos* para ela [... e] dezenas de outros artistas poderiam ter estado presentes em carne e osso. Porém, nem aquele, nem este público poderiam ouvir Robert Johnson cantar e tocar o blues em seu violão, pois, naquela época, Johnson ainda era um empregado desconhecido numa *plantation* em Robinsonville, Mississippi.

Robert Johnson seria a grande surpresa da noite para esta plateia do Carnegie Hall. Eu só o conhecia de seus discos de blues da Vocalion e das histórias exageradas e empolgantes que os engenheiros de som e supervisores trouxeram a respeito dele dos estúdios improvisados em Dallas e San Antonio. Não acredito que Johnson tenha trabalhado como músico profissional em lugar algum, e ainda fico atordoado quando penso na sorte que foi um talento como o dele ter sido gravado. [Esta noite] teremos de nos contentar em tocar e ouvir dois de seus discos, o antigo *Walkin' Blues* e o novo, ainda não lançado, *Preachin' Blues*, porque Robert Johnson morreu semana passada, no exato momento em que os agentes da Vocalion enfim o encontraram e lhe disseram que ele tinha uma apresentação marcada no Carnegie Hall em 23 de dezembro. Tinha seus vinte e tantos anos e ninguém parece saber o que causou sua morte.[340]

Embora Hammond fosse um habilidoso manipulador de informações, é provável que até mesmo ele não poderia conceber como as palavras que proferiu serviriam de fundamento para o status lendário, de fato mítico, de Robert Johnson. *É* certo, porém, que, naquela noite, ele foi consciente ao moldar a imagem do *bluesman*: das gravações que escolheu tocar à informação que forneceu a respeito da vida dele. Quando a apresentação aconteceu, vinte gravações de Johnson já haviam sido lançadas. Entre elas, o único sucesso comercial de Robert, "Terraplane Blues" (que vendeu modestas cinco mil a dez mil cópias), bem como composições que se tornariam lendárias e figurariam entre os *standards* de blues mais conhecidos: "Cross Road Blues", "Sweet Home Chicago", "I Believe I'll Dust My Broom", "Hellhound On My Trail", entre outras. Hammond estava bastante ciente dessas gravações. Bem versado no repertório gravado de Robert, ainda assim escolheu tocar duas das obras menos conhecidas na abertura do show.

"Walkin' Blues" e "Preachin' Blues" (subtitulada "Up Jumped the Devil") estavam entre as músicas mais derivativas de Robert, composições que deviam muito a um dos mentores dele, Son House, que gravou canções com os mesmos títulos e versos similares em 1930. As versões de Robert são enérgicas e passionais, mas nem um pouco tão ousadas ou inventivas quanto "Hell Hound On My Trail" ou "Stones In My Passway", nem tão comerciais quanto "Terraplane Blues" ou "Kind Hearted Woman Blues". Hammond escolheu "Walkin' Blues" e "Preachin' Blues", músicas que a Vocalion Records só foi achar interessantes para lançamento três anos depois de gravadas e um ano depois da morte de Robert (na verdade, ambas foram lançadas *depois* da realização de "From Spirituals to Swing"), em parte para sustentar a tese de que Johnson era mais autêntico do que Lead Belly. Evidências da noção de autenticidade de Hammond podem ser encontradas em como ele descreveu o substituto de Robert – Big Bill Broonzy. Broonzy já era um artista fonográfico bem-estabelecido e *urbano*, porém foi descrito como "um cantor de blues primitivo" que "saracoteava" no palco. No entanto, quando o concerto aconteceu, ele já morava em Chicago havia dezoito anos, gravara mais de duzentas faixas e vestia ternos muito sofisticados. O uso que Hammond fez de "Walkin' Blues" e "Preachin' Blues" se devia a sua atração por uma sonoridade de blues mais "primitiva" e, portanto, mais "autêntica" para ele. Ao selecionar essas duas faixas para apresentar Robert ao mundo nortista, branco e liberal, criou uma imagem muito específica do que consistiria o verdadeiro blues do Delta como cantado pelo "maior cantor negro de blues que surgiu nos últimos anos [...], que faz Leadbelly [sic] soar como um *poseur* habilidoso".

Alguns dos erros nas diversas afirmações de Hammond a respeito de Robert podem ser desculpados devido a uma falta legítima de informações ou má interpretação do contexto cultural. Quando afirmou que não acreditava que Robert tivesse trabalhado como músico profissional e fosse, ao invés disso, empregado numa *plantation* no Mississippi, provavelmente pensava dentro dos moldes profissionais com os quais estava acostumado. Viajar de *juke joint* a tavernas a festas caseiras pode não ter sido o que Hammond considerava profissional. Quão surpreso ele teria ficado em saber que, em sua curta vida, Robert chegou a tocar até no Canadá e esteve em Nova York e Nova Jersey, viajando para muito longe do Delta! Robert foi tão profissional quanto um músico de blues da região poderia ser nos anos 1930. Hammond também inventou o status mítico original com a afirmação de que Robert "morreu semana passada, no exato momento em que os agentes da Vocalion enfim o encontraram e lhe disseram que ele tinha uma apresentação marcada no Carnegie Hall em 23 de dezembro". Embora com certeza soubesse que isso não era verdade, seria uma história incrivelmente romântica. A exaltação que fez da música de Robert e sua criação de um *ethos* misterioso ao redor dele foram o bastante para fisgar o interesse do amigo e colecionador de canções folk Alan Lomax. O pai de Alan, John, "descobrira" Huddie "Lead Belly" Ledbetter no início dos anos 1930.

Em 1942, Lomax, instigado pelo interesse que seu amigo Hammond criara, viajou para o Delta do Mississippi em busca de qualquer informação que pudesse encontrar a respeito de Robert Johnson. Nesse processo, conheceu Son House, Muddy Waters e David "Honeyboy" Edwards. Gravou todos eles para a Biblioteca do Congresso, mas também somou ao mito de Robert ao supostamente encontrar a "mãe" dele. Contudo, essa mulher apresentada a Lomax (não temos evidências de que esse encontro de fato aconteceu) disse a ele: "Sim, sinhô, sô Mary Johnson. E Robert é o meu garoto. Mas o pequeno Robert tá morto". O nome da mãe de Robert era Julia Ann Majors, então há apenas algumas possibilidades de explicação para essa divergência. Ou Lomax inventou a história ou foi apresentado a uma mulher que apenas alegou ser a mãe do *bluesman* e o enganou.[341] Tenha conhecido ou não a verdadeira mãe de Robert, ele somou ao mito ao insistir que sim e incluiu no livro *The Land Where the Blues Began* a seguinte narrativa que teria obtido dela:

> Estou bem feliz que alguém tenha vindo perguntar do pequeno Robert. Ele foi um bebê franzino, mas, depois que aprendeu a sentar, nunca me deu problema. Sempre ficava ouvindo, ouvindo o vento ou as galinhas cacarejando no quintal, ou quando eu cantava pela casa. E ele adorava a igreja, adorava. Não importava quanto tempo durava o culto, se cantas-

sem de vez em quando, o pequeno Robert sentava no meu colo e tentava marcar o tempo, parecia, ou segurava na minha saia e meio que pulava pra cima e pra baixo e ria e ria. Nunca me deu problema até ter tamanho para andar com os meninos maiores e sair de casa. Aí ele seguia esses tocadores de gaita, bandolim e violão. Às vezes nem voltava pra casa à noite e nunca adiantou dar umas palmadas nele. Sempre que aparecia alguém tocando violão, o pequeno Robert ia atrás. Parecia que tinha essa queda e num tinha o que fazer. E me disseram que ele tocou o primeiro violão que pegou. Nunca estudou, já sabia tocar.

Eu chorava por causa dele, porque sabia que ele tocava os instrumentos do diabo, mas o pequeno Robert, ele me mostrava que eu tava errada, porque sentava em casa e pegava uma gaitinha de vinte e cinco centavos e tocava umas músicas antigas da igreja e era melhor do que o culto e eu ficava feliz e cantava. Era conhecido como o melhor músico do condado de Tunica, mas quanto mais o nome dele corria por aí, pior eu me sentia, porque sabia que ele ia se meter em encrenca. Logo começou a sair de casa e ficar uma semana fora, mas sempre trazia um presente pra mim. Depois, era um mês. E aí ele só foi. Eu sabia que alguma coisa ia acontecer com ele. Senti. E, dito e feito, recebi o recado pra ir atrás do meu filho. Foi a primeira vez que fui pra longe de casa, e a última até o Senhor me chamar. E, Deus tenha piedade, achei meu garotinho morrendo. Uma garota depravada ou o namorado dela deram veneno pra ele e num tinha médico no mundo que pudesse salvar, assim disseram.

Quando fui aonde ele tava, achei deitado na cama com o violão no peito. Assim que me viu, disse: "*Mama*, você é tudo que eu tava esperando. Aqui", ele disse e me deu o violão, "leva com você e pendura na parede, porque não quero mais saber disso. Foi o que me bagunçou, *Mama*. É o instrumento do diabo, como você dizia. Eu não quero mais". E morreu enquanto eu pendurava o violão na parede. "Eu não quero mais, *Mama*, não quero mais saber. Sou seu filho agora, *Mama*, e do Senhor. Sim – o filho do Senhor e não pertenço mais ao diabo." E foi embora assim, com a cabeça nos anjos. Sei que vou encontrar ele lá em cima, vestido de glória. Meu pequeno Robert, o filho do Senhor.[342]

Uma história romântica, com certeza – o filho pródigo, um músico nato que tocava a música do diabo, salvo no leito de morte com a mãe ao lado –, mas que sabemos ser cheia de imprecisões factuais. O fato de Lomax ter publicado esse livro em 1993, quando já havia informações suficientes a respeito de Robert para desmentir o relato, apenas soma à natureza curiosa da criação do mito.

A glorificação inicial de Hammond da música de Robert, em 1937, o anúncio mítico da morte em "From Spirituals to Swing", em 1938, e a fantasia romântica de Lomax a respeito da mãe dele, tudo isso teve um papel na construção do Robert Johnson mítico. Essas histórias foram exacerbadas por suposições bem-intencionadas, porém mal-informadas, a respeito de sua vida da parte de autores como Charters, Welding, Cook e outros que tentaram definir Robert pelas letras dele ou por informações equivocadas. Os relatos exagerados ou inventados de Son House, Sonny Boy Williamson II (que alegou que Robert morreu em seus braços a caminho do hospital) e muitos outros que criaram histórias de pescador para satisfazer a imaginação dos entrevistadores nos levaram para ainda mais longe de Robert Johnson, o homem, e mais perto de Robert Johnson, o mito.

⟵⟶

Um descampado na saída de Greenwood, onde as rodovias 49 e 82 se encontram, é onde se localizava o armazém e *juke* Three Forks original, de pé durante a carreira de Johnson. Honeyboy Edwards disse que o local foi destruído por um tornado durante a Segunda Guerra Mundial. Rosie Eskridge confirmou esse acontecimento, assim como muitos outros habitantes de Greenwood. Muitas das cidades frequentadas por Robert Johnson sumiram por completo: Penton, Clack, Its, entre outras. As que ainda existem, como Tutwiler ou Friars Point, são apenas sombras daquilo que outrora foram. As *plantations* do Delta se foram, exceto como marcos históricos. O único elemento que resta da região histórica que prosperou e cresceu é a história de Robert Johnson. As vozes daqueles que o conheceram como um homem, e não um mito, estão, na maioria, caladas para sempre, porém suas palavras são, hoje, pungentes como nunca:

Pensei muito nele, muito mesmo. Meu irmão e eu pensamos muito em Robert. Com certeza. Ele era amigo de todo mundo. Era um camarada bacana, era mesmo. Não era presunçoso nem cabeça-dura, teimoso, nada disso. Gostava de se divertir, gostava de amigos, gostava das pessoas.
— WILLIE MASON, AMIGO DE INFÂNCIA

Eu me lembro de tudo a respeito dele. Lembro que ele me ensinou a tocar. Lembro tudo a seu respeito. Ele me ensinou como ganhar a vida.
— ROBERT LOCKWOOD JR.

Robert Johnson é uma parábola. Estava se tornando um cara muito famoso, com todas as garotas, e por que ele está morto? A fama o matou.
— HENRY TOWNSEND

Desde que toco profissionalmente, desde que retornei à cena, todos os dias espero me deparar com Robert ou que Robert se depare comigo. [Sinto a presença dele] muitas vezes. Muitas vezes.
— JOHNNY SHINES

apêndice 1

SESSÕES DE GRAVAÇÃO

Sequência das sessões em que Robert Johnson gravou.

1936 – Hotel Gunter, quarto 414, San Antonio, Texas

Sábado, 21/11/36
W. Lee O'Daniel and His Hillbilly Boys

Domingo, 22/11/36
W. Lee O'Daniel and His Hillbilly Boys

Segunda-feira, 23/11/36
Robert Johnson

Terça-feira, 24/11/36
Hermanas Barraza *con guitarras*

Quarta-feira, 25/11/36
The Chuck Wagon Gang

Quinta-feira, 26/11/36
The Chuck Wagon Gang
Robert Johnson
Andres Berlanga y Francisco Montalvo y guitarras

Sexta-feira, 27/11/36
Robert Johnson

Hermanas Barraza y Daniel Palomo con acompalimento de piano
Hermanas Barraza con guitarras
Al Dexter

Sábado, 28/11/36
Nada gravado

Domingo, 29/11/36
Nada gravado

Segunda-feira, 30/11/36
Eva Garza

1937 – Avenida Park, 508, Dallas, Texas

Quinta-feira, 17/6/37
Al Dexter e Luke Owens

Sexta-feira, 18/6/37
The Hi-Flyers
Roy Newman and His Boys

Sábado, 19/6/37
The Crystal Springs Ramblers
Robert Johnson
Zeke Williams and His Rambling Cowboys

Domingo, 20/6/37
The Light Crust Doughboys
Clifford Gross e Muryel Campbell
Robert Johnson
Blue Ridge Playboys
Donnell Lezah (disco particular)
John Boyd and His Southerners
Bill Nettles and His Dixie Blueboys

apêndice 11

UMA GENEALOGIA DE ROBERT JOHNSON

Linhagem de Julia Majors

Wiatt Majors (n. 1814 na Virgínia) — Ann (?) (n. 1832 na Virgínia)

    Gabriel n. 1850
    Anthony n. 1851
    William n. 1852
    Madison n. 1855
    Thomas n. 1857
    Amanda n. 1859
    Sylvester n. 1861
    Wyatt n. 1862
    Horace n. 1866
    Frank n. 1857
    John n. 1869

Todos listados como "mulatos" nas municipalidades 9 e 10, a leste da ferrovia. Copiah, Mississippi.

Gabriel se casa com Lucinda Brown (n. 1853) em 12 de setembro de 1868 em Hazlehurst.

    Julia n. out. 1870
    James A. n. 1878
    Jacob n. 1883
    Charley n. 1890

Joseph n. 1892
Clara Belle n. 1902

Julia se casa com Charles Dodds (n. 1867) em 2 de fevereiro de 1889.

Louise n. 1887
Harriet n. 1890
Bessie n. out. 1891
Willie M. n. dez. 1894
Caroline n. 1895
Leroy n. 1896
John n. 1897
Melvin n. out. 1898
Codie M. n. 1900
Lilia S. n. 1903

Dois filhos morrem com menos de um ano.

Julia se divorcia de Charles por volta de 1920 e se casa com Will "Dusty" Willis em 1916.

Linhagem de Charles Dodds

Charles Dodds (n. 1831 na Carolina do Norte) — Harriet (?) (n. 1846)

Harry n. 1861
James n. 1862
Joseph n. 1865
Charles n. 1867
Ella n. 1868
Labritha n. 1870
John n. 1873
William n. 1875
Elizabeth n. 1877
Aaron n. 1880

Vivem nas municipalidades 1 e 2, a leste da ferrovia, condado de Copiah. Charles se casa com Julia Majors em 2 de fevereiro de 1889.

Linhagem de Noah Johnson

Jack Johnson (n. 1850 na Louisiana) — Ann (?) (n. 1851 na Carolina do Sul)

    Ella n. maio 1876
    Lula n. 1881
    Noah n. dez. 1884
    Willis n. dez. 1887
    Olla n. ago. 1888
    Maybel n. mar. 1893

Vivem no lote 2, condado de Copiah.

Julia e Noah se tornam pais de Robert Johnson, 8 de maio de 1911.

bibliografia

Entrevistas

Austin, Henry; Lilly Berry. Entrevista a Gayle Dean Wardlow. Tchula, Mississippi, [sem data].

Bracey, Ishmon. Entrevista a Gayle Dean Wardlow. Jackson, Mississippi, 26 de maio de 1968.

Bracey, Ishmon; Joe Callicott. Entrevista a Gayle Dean Wardlow. Hernando, Mississippi, 30 e 31 de dezembro de 1967.

Cohn, Lawrence. Entrevista por telefone a Bruce Conforth. 18 de janeiro de 2016.

Edwards, David "Honeyboy". Entrevista a Barry Lee Pearson, Blues Narrative Stage, "Robert Johnson Remembered", Smithsonian Folklife Festival. Washington, DC, 1991.

_____. Entrevista a Bruce Conforth. Bloomington, Indiana, 16 de novembro de 1980.

Eskridge, Rosie. Entrevista a Gayle Dean Wardlow. Greenwood, Mississippi, junho de 2001.

Govenar, Alan. Entrevista por telefone a Bruce Conforth. 12 de janeiro de 2019.

Handwerker, Dan. Entrevista a Bruce Conforth. Memphis, Tennessee, 7 de maio de 2015.

Hirsberg, Robert. Entrevista a Bruce Conforth. Friars Point, Mississippi, 23 de maio de 2005.

Johnson, Ledell. Entrevista a Gayle Dean Wardlow. Jackson, Mississippi, 1969.

Lockwood, Robert. Entrevista a Robert Santelli, International Folk Alliance. 2000.

_____. Entrevista a Worth Long, Blues Narrative Stage, "Robert Johnson Remembered", Smithsonian Folklife Festival. Washington, DC, 1991.

McCormick, Robert "Mack". Entrevistas por telefone a Bruce Conforth. 20 de março de 2006, 4 de junho de 2006, 17 de agosto de 2006, 25 de janeiro de 2007, 2 de fevereiro de 2007, 4 de maio de 2008, 16 de novembro de 2008, 20 de novembro de 2008, 3 de dezembro de 2008.

Miller, Booker. Entrevistas a Gayle Dean Wardlow. Greenwood, Mississippi, 1968, 1969.

Moore, Willie; Elizabeth Moore. Entrevistas a Gayle Dean Wardlow. *Plantation* Sumner & Mitchner, Tutwiler, Mississippi, maio de 1968; *plantation* McManus, Sumner, Mississippi, novembro de 1969, dezembro de 1969.

Mullan, Hayes. Entrevistas a Gayle Dean Wardlow. Tutwiler, Mississippi, 29 de julho de 1967, 12 de agosto de 1967, 18 de maio de 1968, 13 de setembro de 1968, 30 de novembro de 1968.

Shines, Johnny. Entrevista a Barry Lee Pearson, Blues Narrative Stage, "Robert Johnson Remembered", Smithsonian Folklife Festival. Washington, DC, 1991.

_____. Entrevista a Malcom Walls, Blues Narrative Stage, "Robert Johnson Remembered", Smithsonian Folklife Festival. Washington, DC, 1991.

_____. Entrevista a Worth Long, Blues Narrative Stage, "Robert Johnson Remembered", Smithsonian Folklife Festival. Washington, DC, 1991.

Speir, H. C. Entrevistas a Gayle Dean Wardlow. Jackson, Mississippi, 18 de maio de 1968, 1969, 8 de fevereiro de 1970.

Steps, Lula Mae, reverendo Frank Howard e esposa, Otis Hopkins, Charlie Mullin e Willie Brown (do Arkansas). Entrevistas a Gayle Dean Wardlow. Pugh City, Mississippi, 28 de dezembro de 1967.

Townsend, Henry. Entrevista a Barry Lee Pearson, Blues Narrative Stage, "Robert Johnson Remembered", Smithsonian Folklife Festival. Washington, DC, 1991.

_____. Entrevista a Worth Long, Blues Narrative Stage, "Robert Johnson Remembered", Smithsonian Folklife Festival. Washington, DC, 1991.

Watkins, Sammy; Fred Morgan. Entrevistas a Gayle Dean Wardlow. Helena, Arkansas, 26 de maio de 1968.

Williams, Eula Mae. Entrevista a Gayle Dean Wardlow, [sem data].

Zimmerman-Smith, Loretha; James Smith. Entrevista a Bruce Conforth. Beauregard, Mississippi, 2 de maio de 2007.

Livros

Abernathy, Francis Edward; Carolyn Fielder Satterwhite. Eds. *Juneteenth Texas: Essays in African-American Folklore*. Denton: University of North Texas Press, 1996.

Anderson, James D. *The Education of Blacks in the South, 1860–1935*. Chapel Hill: University of North Carolina Press, 1988.

Anderson, Jeffrey E. *Conjure in African American Society*. Baton Rouge: Louisiana State University Press, 2007.

Barlow, William. *Looking Up at Down: The Emergence of Blues Culture*. Filadélfia: Temple University Press, 1989.

Beaumont, Daniel E. *Preachin' the Blues: The Life and Times of Son House*. Nova York: Oxford University Press, 2011.

Berlin, Ira. *Slaves Without Masters: The Negro in the Antebelum South*. Nova York: Pantheon, 1974.

Bullock, Henry Allen. *A History of Negro Education in the South from 1619 to the Present*. Cambridge, MA: Harvard University Press, 1967.

Burma, John H. Ed. *Mexican-Americans in the United States: A Reader*. Cambridge, MA: Schenkman Publishing Company, 1970.

Calt, Stephen. *I'd Rather Be the Devil: Skip James and the Blues*. Nova York: Da Capo, 1994.

Calt, Stephen; Gayle Wardlow. *King of the Delta Blues: The Life and Music of Charlie Patton*. Newton, NJ: Rock Chapel, 1988.

Charters, Samuel. *The Country Blues*. Nova York: Rinehart, 1959.

_____. *Robert Johnson*. Nova York: Oak Publications, 1972.

Cobb, James C. *The Most Southern Place on Earth: The Mississippi Delta and the Roots of Regional Identity*. Nova York: Oxford University Press, 1994.

Cochran, Robert. *Our Own Sweet Sounds: A Celebration of Popular Music in Arkansas*. Fayetteville: University of Arkansas, 1996.

Cochrane, Willard W. *Farm Prices, Myth and Reality*. Minneapolis: University of Minnesota Press, Minnesota Archive Editions, 1º de janeiro de 1958.

Cohn, Lawrence. *Nothing but the Blues: The Music and the Musicians*. Nova York: Abbeville, 1993.

Cook, Bruce. *Listen to the Blues*. Nova York: Charles Scribner's Sons, 1973.

Davis, Francis. *The History of the Blues*. Nova York: Hyperion, 1995.

Davis, Rod. *American Voudou: Journey into a Hidden World*. Denton: University of North Texas Press, 1998.

De Lerma, Dominique-René. Ed. *Black Music in Our Culture: Curricular Ideas on the Subjects, Materials, and Problems*. Kent, OH: Kent State University Press, 1970.

DeSalvo, Debra. *The Language of the Blues*. Nova York: Billboard Books, 2006.

Dixon, Robert M. W.; John Godrich e Howard Rye. *Blues & Gospel Records: 1890–1943*. Oxford, Reino Unido: Clarendon, 1997.

Erikson, Erik H. *Identity and the Lifecycle*. Nova York: W. W. Norton, 1968.

_____. *Identity, Youth, and Crisis*. Nova York: W. W. Norton, 1968.

Evans, David. *Ramblin' on My Mind: New Perspectives on the Blues*. Urbana: University of Illinois Press, 2008.

Finn, Julio. *The Bluesman: The Musical Heritage of Black Men and Women in the Americas*. Nova York: Interlink, 1992.

Gioia, Ted. *Delta Blues: The Life and Times of the Mississippi Masters Who Revolutionized American Music*. Nova York: W. W. Norton, 2008.

Govenar, Alan; Jay Brakefield. *Deep Ellum: The Other Side of Dallas*. College Station: Texas A&M University Press, 2013.

Govenar, Alan; Jay Brakefield. *The Dallas Music Scene 1920s–1960s*. Charleston, NC: Arcadia Publishing, 2014.

Graves, Tom. *Crossroads: The Life and Afterlife of Blues Legend Robert Johnson*. Spokane, WA: Demers Books, 2008.

Greenberg, Alan. *Love in Vain: A Vision of Robert Johnson*. Nova York: Da Capo, 1994.

Guralnick, Peter. *Searching for Robert Johnson*. Nova York: Dutton, 1989.

Harris, Sheldon. *Blues Who's Who: A Biographical Dictionary of Blues Singers*. New Rochelle, NY: Arlington House, 1979.

Hilliard, David Moss. *The Development of Public Education in Memphis Tennessee, 1848–1945*. Chicago: University of Chicago Press, 1946.

Hurston, Zora Neale. *Mules and Men*. Nova York: Harper and Row, 1990.

Hyatt, Harry Middleton. *Hoodoo, Conjuration, Witchcraft, Rootwork: Beliefs Accepted by Many Negroes and White Person, These Being Orally Recorded among Blacks and Whites*. St. Louis, MO: Western Publ., 1973.

Jenkins, Earnestine. *African Americans in Memphis*. Charleston, SC: Arcadia, 2009.

Jones, Lawrence A.; David Durand. *Mortgage Lending Experience in Agriculture*. Princeton, NJ: Princeton University Press, 1954.

Kail, Tony. *A Secret History of Memphis Voodoo*. Charleston, SC: History Press, 2017.

Keith, Michael C. *Radio Cultures: The Sound Medium in American Life*. Nova York: Peter Lang, 2008.

Komara, Edward M. *The Road to Robert Johnson: The Genesis and Evolution of Blues in the Delta from the Late 1800s through 1938*. Milwaukee, WI: Hal Leonard, 2007.

Lauterbach, Preston. *Beale Street Dynasty: Sex, Song, and the Struggle for the Soul of Memphis*. Nova York: W. W. Norton, 2015.

Laws of the state of Mississippi, passed at a called session of the Mississippi Legislature, held in Columbus, February and March, 1865. Meridian, MS: J.J. Shannon & Co., 1865.

Lawson, R. A. *Jim Crow's Counterculture: The Blues and Black Southerners, 1890–1945*. Baton Rouge: Louisiana State University Press, 2010.

Lee, George W. *Beale Street: Where the Blues Began*. College Park, MD: McGrath, 1934.

Lomax, Alan. *The Land Where the Blues Began*. Nova York: Pantheon, 1993.

MacAllister, John J. *Hospital and Medical Facilities in Mississippi*. Business Research Station, School of Business and State College, Mississippi, 1945.

Marcus, Greil. *Mystery Train: Images of America in Rock 'n' Roll Music*. Nova York: Dutton, 1975.

Mason, Kenneth. *African Americans and Race Relations in San Antonio, Texas, 1867–1937*. Nova York: Garland, 1998.

McKee, Margaret; Fred Chisenhall. *Beale Black & Blue: Life and Music on Black America's Main Street*. Baton Rouge: Louisiana State University Press, 1981.

McLemore, Richard Aubrey. *A History of Mississippi*. Hattiesburg: University & College Press of Mississippi, 1973.

McPeek, Jan; Naomi McPeek. *Merchants, Tradesmen and Manufaturers Financial Condition for Bolivar County, Mississippi 1921: Information Obtained from the January, 1921 R.G. Dun Mercantile Agency Reference Book*. Salem, OH: Aaron's Books, 2003.

McPeek, Jan; Naomi McPeek. *Merchants, Tradesmen and Manufaturers Financial Condition for Coahoma County Mississippi 1921: Information Obtained from the January, 1921 R.G. Dun Mercantile Agency Reference Book*. Salem, OH: Aaron's Books, 2003.

McPeek, Jan; Naomi McPeek. *Merchants, Tradesmen and Manufaturers Financial Condition for Copiah County, Mississippi 1921: Information Obtained from the January, 1921 R.G. Dun Mercantile Agency Reference Book*. Salem, OH: Aaron's Books, 2003.

McPeek, Jan; Naomi McPeek. *Merchants, Tradesmen and Manufaturers Financial Condition for Leflore County Mississippi 1921: Information Obtained from the January, 1921 R.G. Dun Mercantile Agency Reference Book*. Salem, OH: Aaron's Books, 2003.

McPeek, Jan; Naomi McPeek. *Merchants, Tradesmen and Manufaturers Financial Condition for Tunica and Quitman Counties Mississippi 1921: Information Obtained from the January, 1921 R.G. Dun Mercantile Agency Reference Book*. Salem, OH: Aaron's Books, 2003.

Nager, Larry. *Memphis Beat: The Life and Times of America's Musical Crossroads*. Nova York: St. Martin's Press, 1988.

Oakley, Giles. *The Devil's Music: A History of the Blues*. Nova York: Taplinger, 1977.

Obrecht, Jas. *Blues Guitar: The Men Who Made the Music: From the Pages of Guitar Player Magazine*. Milwaukee, WI: Hal Leonard, 1990.

_____. *Early Blues: The First Stars of Blues Guitar*. Minneapolis: University of Minnesota Press, 2015.

_____. *Rollin' and Tumblin': The Postwar Blues Guitarists*. San Francisco: Miller Freeman, 2000.

Oliver, Paul. *The Story of the Blues*. Filadélfia: Chilton Book, 1969.

Olsson, Bengt. *Memphis Blues and Jug Bands*. Londres: Studio Vista, 1970.

Palmer, Robert. *Deep Blues*. Nova York: Viking, 1981.

Payne, Darwin. *Dallas: An Illustrated History*. Woodland Hills, CA: Windsor, 1982.

Pearson, Barry Lee. *Jook Right On: Blues Stories and Blues Storytellers*. Knoxville: University of Tennessee, 2005.

_____. *"Sounds so Good to Me": The Bluesman's Story*. Filadélfia: University of Pennsylvania, 1984.

Pearson, Barry Lee; Bill McCulloch. *Robert Johnson: Lost and Found*. Urbana e Chicago: University of Illinois Press, 2003.

Powdermaker, Hortense. *After Freedom: A Cultural Study in the Deep South*. Nova York: Russell & Russell, 1968.

Puckett, Newbell Niles. *Folk Beliefs of the Southern Negro*. Chapel Hill: University of North Carolina Press, 1926.

Rubin, Dave. *Robert Johnson: The New Transcriptions*. Milwaukee, WI: Hal Leonard, 1999.

Secretaria da Educação. *The Public School System of Memphis, Tennessee. Report of a Survey Made under the Direction of the Commissioner of Education. Bulletin, 1919, No. 50. Part 1: I. An Industrial and Social Study of Memphis; II. School Organization, Supervision, and Finance; III. The Building Problem*. Secretaria da Educação, Departamento do Interior, 1919.

Schroeder, Patricia A. *Robert Johnson: Mythmaking and Contemporary American Culture*. Urbana e Chicago: University of Illinois Press, 2004.

Sharp, Timothy W. *Memphis Music: Before the Blues*. Charleston, SC: Arcadia, 2007.

Spencer, Jon Michael. *Blues and Evil*. Knoxville: University of Tennessee, 1993.

Wald, Elijah. *Escaping the Delta: Robert Johnson and the Invention of the Blues*. Nova York: Amistad, 2004.

Wardlow, Gayle Dean. *Chasin' That Devil Music*. São Francisco: Backbeat, 2001.

Woolfolk, Margaret Elizabeth. *A History of Crittenden County, Arkansas*. Greenville, SC: Southern Historical Press, 1991.

Writers' Project of the Works Projects Administration in the City of Dallas — 1936-1942.

The WPA Dallas Guide and History. Dallas, TX: UNT Digital Library.

_____. *Along the San Antonio River: City of San Antonio*. Dallas, TX: UNT Digital Library.

_____. *San Antonio: An Authoritative Guide to the City and its Environs*. Dallas, TX: UNT Digital Library.

Artigos

Barnes, Bertrum; Glen Wheeler. "A Lonely Fork in the Road". *Living Blues* 94 (novembro–dezembro de 1990): 27.

Calt, Stephen. "Robert Johnson Recapitulated". *Blues Unlimited* 86 (novembro de 1971): 12–14.

Calt, Stephen; Gayle Dean Wardlow. "Robert Johnson (1911–1938)". *78 Quarterly* 1, nº 4 (1989): 40.

Conforth, Bruce. "Ike Zimmerman: The X in Robert Johnson's Crossroads". *Living Blues* 194 (2008): 68.

_____. "The Death of Robert Johnson's Wife". *Living Blues* 226 (2013): 5.

_____. "The Business of Robert Johnson Fakery". *Living Blues* 241 (2016): 7.

Davis, Francis. "Blues Walking Like a Man: The Complicated Legacy of Robert Johnson". *Atlantic* 267, nº 4 (abril de 1991): 92.

Evans, David. "Ramblin' David Evans: Robert Johnson – Pact with the Devil". *Blues Review* 21 (fevereiro–março de 1996); (abril–maio de 1996); (junho–julho de 1996).

Freeland, Tom. "He Would Go Out and Stay Out: Some Witnesses to the Short Life of Robert Johnson". *Living Blues* 150 (março–abril de 2000): 42.

Garon, Paul. "Robert Johnson: Perpetuation of a Myth". *Living Blues* 94, edição especial (novembro–dezembro de 1990): 34–36.

Gates, Henry Louis Jr. "Free Blacks Lived in the North, Right?" *Root*, 8 de julho de 2013. Disponível em: <http://www.theroot.com/articles/history/2013/07/free_blacks_precivil_war_where_they_lived>.

Guralnick, Peter. "Searching for Robert Johnson". *Living Blues* 53 (verão–outono de 1982): 27.

Gurza, Agustín. "The Blues and the Borderlands". *The Strachwitz Frontera Collection of Mexican and Mexican American Recordings*. Disponível em: <http://frontera.library.ucla.edu/blog/2016/02/berlanga-y-montalvo-blues-and-borderlands>.

Hammond, John. "Sight and Sound". *New Masses* 23 (8 de julho de 1937): 30.

House, Eddie James "Son". "I Can Make My Own Songs". *Sing Out!* 15, nº 3 (julho de 1965): 38.

Hurston, Zora. "Hoodoo in America". *Journal of American Folklore* 44.174 (1931): 317.

James, Steve. "Robert Johnson: The San Antonio Legacy". *Juke Blues* (primavera de 1988): 26.

Johnson, Henry (pseudônimo de John Henry Hammond II). "Sight and Sound". *New Masses* 22 (2 de março de 1937): 27.

LaVere, Steve. "Robert Johnson's Census Records". *Living Blues* 203 (verão de 2009): 74.

_____. "Tying Up a Few Loose Ends". *Living Blues* 94, edição especial (novembro–dezembro de 1990): 31–33.

Lee, Peter. "The Fella Y'all Looking For, Did He Die a Natural Death?" *Living Blues* 94, edição especial (novembro–dezembro de 1990): 2.

Moser, Margaret. "The Girl Who Met Robert Johnson: Shirley Ratisseau, Living History". *Austin Chronicle*, 3 de agosto de 2012. Disponível em: <http://www.austinchronicle.com/music/2012-08-03/the-girl-who-met-robert-johnson>.

Obrecht, Jas. "Johnny Shines: The Complete 1989 Living Blues Interview". Jas Obrecht Music Archive, 2011. Disponível em: <http://jasobrecht.com/johnny-shines-complete-living-blues-interview>.

O'Neal, Jim. "Living Blues Interview: Houston Stackhouse" *Living Blues* 17 (verão de 1974): 20.

_____. "A Traveler's Guide to the Crossroads". *Living Blues* 94, edição especial (novembro–dezembro de 1990): 21–24.

Pearson, Barry Lee. "CeDell Davis' Story and the Arkansas Delta Blues". *Arkansas Review: A Journal of Delta Studies* 33 (abril de 2002): 3–14.

Perls, Nick. "Son House Interview, Part One". *78 Quarterly* 1 (1967): 60.

Reed, Stephen B. "One hundred years of price change: the Consumer Price Index and the American inflation experience". *Monthly Labor Review* (abril de 2014). Disponível em: <http://www.bls.gov/opub/mlr/2014/article/one-hundredyears-of-price-change-the-consumer-price-index-and-the-american-inflation-experience.htm.>

Richard, Melissa J. "The Crossroads and the Myth of the Mississippi Delta Bluesman". *Interdisciplinary Humanities* 23, nº 2 (outono de 2006): 19.

Rubin, Dave. "Robert Johnson: The First Guitar Hero". *Living Blues* 94, edição especial (novembro–dezembro 1990): 38–39.

Scherman, Tony. "Phantom of the Blues". *American Visions* 3, nº 3 (junho de 1988): 21.

Shines, Johnny. "The Robert Johnson I Knew". *American Folk Music Occasional* 2 (1970).

Sydnor, Charles S. "The Free Negro in Mississippi Before the Civil War". *American Historical Review* 32, nº 4 (julho de 1927): 769–788.

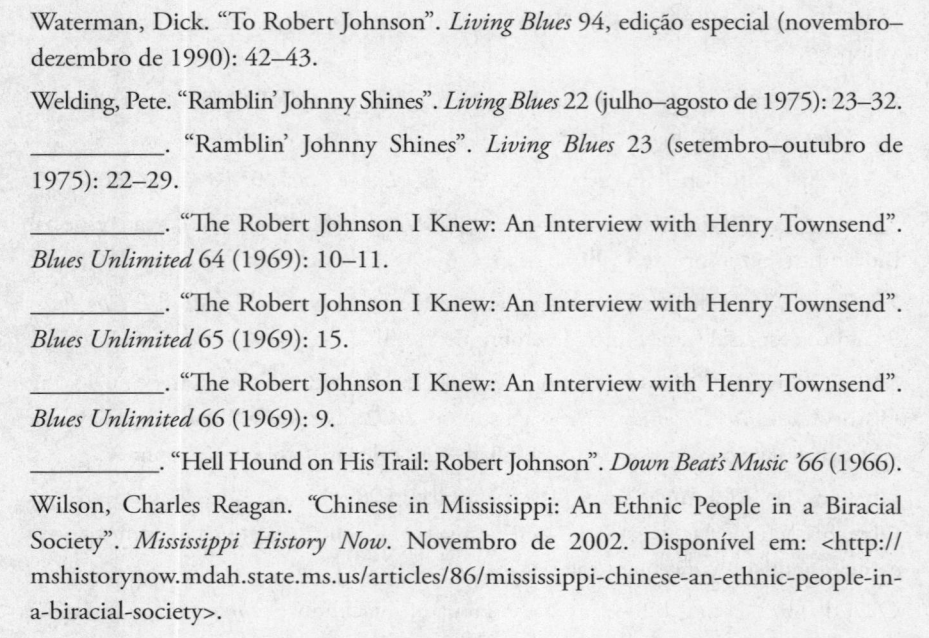

Waterman, Dick. "To Robert Johnson". *Living Blues* 94, edição especial (novembro–dezembro de 1990): 42–43.

Welding, Pete. "Ramblin' Johnny Shines". *Living Blues* 22 (julho–agosto de 1975): 23–32.

_____. "Ramblin' Johnny Shines". *Living Blues* 23 (setembro–outubro de 1975): 22–29.

_____. "The Robert Johnson I Knew: An Interview with Henry Townsend". *Blues Unlimited* 64 (1969): 10–11.

_____. "The Robert Johnson I Knew: An Interview with Henry Townsend". *Blues Unlimited* 65 (1969): 15.

_____. "The Robert Johnson I Knew: An Interview with Henry Townsend". *Blues Unlimited* 66 (1969): 9.

_____. "Hell Hound on His Trail: Robert Johnson". *Down Beat's Music '66* (1966).

Wilson, Charles Reagan. "Chinese in Mississippi: An Ethnic People in a Biracial Society". *Mississippi History Now*. Novembro de 2002. Disponível em: <http://mshistorynow.mdah.state.ms.us/articles/86/mississippi-chinese-an-ethnic-people-in-a-biracial-society>.

Yronwode, Catherine. "Foot Track Magic". *Hoodoo in Theory and Practice*. Disponível em: <http://www.luckymojo.com/foottrack.html>.

Vários autores:

The Death of Robert Johnson. Edição especial de *Living Blues* 94 (novembro–dezembro de 1990). Esta edição contém os artigos "The Death of Robert Johnson", pp. 8–20, colaboradores: Jim O'Neal, pp. 9–10, 13–15; Steve Brazier, pp. 10–11; diácono Richard Johnson, entrevista a Peter Lee transcrita por Ken Woodmansee, pp. 11–12; Queen Elizabeth entrevistada por Jim O'Neal, Peter Lee, Patty Johnson e Matthew Johnson, pp. 12–13; Bob Scott entrevistado por Ken Woodmansee e Peter Lee, p. 15; CeDell Davis, entrevista a Chris Nesmith, p. 15; Memphis Slim entrevistado por Jim O'Neal, pp. 15–16; James Banister entrevistado por Jim O'Neal, p. 16; Johnny Shines entrevistado por Matthew Johnson, pp. 16–18; Honeyboy Edwards entrevistado por Matthew Johnson, pp. 18–20.

Filmes e vídeo

Hunt, Chris (dir.). *The Search for Robert Johnson*. Sony Music Entertainment, 2000.

Meyer, Peter (dir.). *Can't You Hear the Wind Howl: The Life and Music of Robert Johnson*. Sweet Home Pictures, 1997.

Mugge, Robert (dir.). *Hellhounds On My Trail: The Afterlife of Robert Johnson*. Mug Shot/Nonfiction, 1999.

Gravações

Dunn, Johnny. *Four O'Clock Blues*. Columbia A3729. Setembro de 1922.

Howell, Peg Leg Howell. *Low Down Rounder Blues*. Columbia 14320. Abril de 1928.

Johnson, Robert. *Robert Johnson, King of the Delta Blues Singers*. Columbia. 1961.

Johnson, Robert D. *Robert Johnson, King of the Delta Blues Singers, Volume 2*. Gravado em 1937. CBS Records, 1967, vinil.

Johnson, Robert. *Robert Johnson, the Complete Recordings*. Columbia, 1990, CD.

_____. *Robert Johnson, the Complete Original Masters*: *Centennial Edition*. Columbia, 2011, CD.

Smith, Bessie. *Blue Spirit Blues*. Columbia 14527, 11 de outubro de 1929.

Smith, Clara. *Done Sold My Soul to the Devil*. 20 de setembro de 1924. 140053 (Columbia-14039).

Smith, J. T. *Fool's Blues*. Vocalion 1674, abril de 1931.

Notas de capa

Brooks, Michael. "In Search of Robert Johnson 78s". *Robert Johnson: The Complete Original Masters Centennial Edition*. Sony Music Entertainment, 2011: 19.

Driggs, Frank. *Robert Johnson: King of the Delta Blues Singers*. Columbia, 1961.

Gioia, Ted. "100 Years of Robert Johnson". *Robert Johnson: The Complete Original Masters Centennial Edition*. Sony Music Entertainment, 2011: 3.

LaVere, Stephen C. *Robert Johnson: The Complete Recordings*. Sony Columbia, 1990.

_____. "An Ambition Realized". *Robert Johnson: The Complete Original Masters Centennial Edition*. Sony Music Entertainment, 2011: 6.

_____. "Art and Law Prevail". *Robert Johnson: The Complete Original Masters Centennial Edition*. Sony Music Entertainment, 2011: 14.

Waxman, John. *Robert Johnson: King of the Delta Blues Singers, vol. 2*. Columbia, 1970.

Registros do censo

Alabama

Alabama. Pine Level, Distrito de Enumeração #140, Condado de Montgomery. Censo dos EUA de 1870, contagem de população. Imagens digitais. Ancestry.com, 2016. Disponível em: <http://www.ancestry.com>.

Alabama. Pine Level, Distrito de Enumeração #140, Condado de Montgomery. Censo dos EUA de 1880, contagem de população. Imagens digitais. Ancestry.com, 2016. Disponível em: <http://www.ancestry.com>.

Alabama. Dublin (Precinto 14), Distrito de Enumeração #117, Condado de Montgomery. Censo dos EUA de 1900, contagem de população. Imagens digitais. Ancestry.com, 2016. Disponível em: <http://www.ancestry.com>.

Arkansas

Arkansas. Município de Lucas, Distrito de Enumeração #61, Condado de Crittenden. Censo dos EUA de 1920, contagem de população. Imagens digitais. Ancestry.com, 2016. Disponível em:<http://www.ancestry.com>.

Arkansas. Município de Big Creek, Distrito de Enumeração #114, Condado de Lee. Censo dos EUA de 1920, contagem de população. Imagens digitais. Ancestry.com, 2016. Disponível em: <http://www.ancestry.com>.

Arkansas. Município de St. Francis, Segunda Ala, Distrito de Enumeração #51–21, Condado de Phillips. Censo dos EUA de 1930, contagem de população. Imagens digitais. Ancestry.com, 2016. Disponível em: <http://www.ancestry.com>.

Arkansas. Município de St. Francis, Helena, Distrito de Enumeração #51–21, Condado de Phillips. Censo dos EUA de 1930, contagem de população. Imagens digitais. Ancestry.com, 2016. Disponível em: <http://www.ancestry.com>.

Mississippi

Mississippi. Hazlehurst, Lote 1, Condado de Copiah, censo dos EUA de 1870, contagem de população. Imagens digitais. Ancestry.com, 2016. Disponível em: <http://www.ancestry.com>.

Mississippi. Hazlehurst, Municipalidades 1 e 2 a leste da ferrovia, Condado de Copiah, censo dos EUA de 1870, contagem de população. Imagens digitais. Ancestry.com, 2016. Disponível em: <http://www.ancestry.com>.

Mississippi. Hazlehurst, Municipalidades 9 e 10 a leste da ferrovia, Condado de Copiah, censo dos EUA de 1870, contagem de população. Imagens digitais. Ancestry.com, 2016. Disponível em: <http://www.ancestry.com>.

Mississippi. Hazlehurst, Lote 1, Condado de Copiah, censo dos EUA de 1880, contagem de população. Imagens digitais. Ancestry.com, 2016. Disponível em: <http://www.ancestry.com>.

Mississippi. Hazlehurst, Municipalidades 1 e 2 a leste da ferrovia, Condado de Copiah, censo dos EUA de 1880, contagem de população. Imagens digitais. Ancestry.com, 2016. Disponível em: <http://www.ancestry.com>.

Mississippi. Lote 3, Condado de Copiah, censo dos EUA de 1880, contagem de população. Imagens digitais. Ancestry.com, 2016. Disponível em: <http://www.ancestry.com>.

Mississippi. Hazlehurst, Precinto oeste, parte do lote 1, Distrito de Enumeração #31, Condado de Copiah. Censo dos EUA de 1900, contagem de população. Imagens digitais. Ancestry.com, 2016. Disponível em: <http://www.ancestry.com>.

Mississippi. Hazlehurst, Precinto oeste, parte do lote 1, Distrito de Enumeração #33, Condado de Copiah. Censo dos EUA de 1900, contagem de população. Imagens digitais. Ancestry.com, 2016. Disponível em: <http://www.ancestry.com>.

Mississippi. Parte do lote 2, Distrito de Enumeração #35, Condado de Copiah. Censo dos EUA de 1900, contagem de população. Imagens digitais. Ancestry.com, 2016. Disponível em: <http://www.ancestry.com>.

Mississippi. Hazlehurst, Lote 1, Distrito de Enumeração #45, Condado de Copiah. Censo dos EUA de 1910, contagem de população. Imagens digitais. Ancestry.com, 2016. Disponível em: <http://www.ancestry.com>.

Mississippi. Hazlehurst, Lote 1, Distrito de Enumeração #44, Condado de Copiah. Censo dos EUA de 1910, contagem de população. Imagens digitais. Ancestry.com, 2016. Disponível em: <http://www.ancestry.com>.

Mississippi. Commerce, Lote 1, Distrito de Enumeração #98, Condado de Tunica. Censo dos EUA de 1910, contagem de população. Imagens digitais. Ancestry.com, 2016. Disponível em: <http://www.ancestry.com>.

Mississippi. Hazlehurst, Distrito de Enumeração #47, Condado de Copiah. Censo dos EUA de 1920, contagem de população. Imagens digitais. Ancestry.com, 2016. Disponível em: <http://www.ancestry.com>.

Mississippi. Lote 3, Distrito de Enumeração #6–24, Condado de Bolivar. Censo dos EUA de 1930, contagem de população. Imagens digitais. Ancestry.com, 2016. Disponível em: <http://www.ancestry.com>.

Mississippi. Rosedale, Distrito de Enumeração #6–8, Condado de Bolivar. Censo dos EUA de 1930, contagem de população. Imagens digitais. Ancestry.com, 2016. Disponível em: <http://www.ancestry.com>.

Mississippi. Hazlehurst, Lote 3, Distrito de Enumeração #6–24, Condado de Copiah. Censo dos EUA de 1930, contagem de população. Imagens digitais. Ancestry.com, 2016. Disponível em: <http://www.ancestry.com>.

Mississippi. Hazlehurst, Lote 3, Distrito de Enumeração #17–10, Condado de Copiah. Censo dos EUA de 1930, contagem de população. Imagens digitais. Ancestry.com, 2016. Disponível em: <http://www.ancestry.com>.

Mississippi. Lote 3, Distrito de Enumeração #17–10, Condado de DeSoto. Censo dos EUA de 1930, contagem de população. Imagens digitais. Ancestry.com, 2016. Disponível em: <http://www.ancestry.com>.

Mississippi. Lote 4, Distrito de Enumeração #17–11, Condado de DeSoto. Censo dos EUA de 1930, contagem de população. Imagens digitais. Ancestry.com, 2016. Disponível em: <http://www.ancestry.com>.

Mississippi. Lote 4, Distrito de Enumeração #42–27, Condado de Leflore. Censo dos EUA de 1940, contagem de população. Imagens digitais. Ancestry.com, 2016. Disponível em: <http://www.ancestry.com>.

Tennessee

Tennessee. Memphis (parte de), Distrito de Enumeração #176, Condado de Shelby. Censo dos EUA de 1920, contagem de população. Imagens digitais. Ancestry.com, 2016. Disponível em: <http://www.ancestry.com>.

Tennessee. Memphis (Ala 10), Distrito de Enumeração #9, Condado de Shelby. Censo dos EUA de 1940, contagem de população. Imagens digitais. Ancestry.com, 2016. Disponível em: <http://www.ancestry.com>.

Diretórios municipais

R. L. Polk & Co., Diretório da Cidade de Memphis. 1908, 1909, 1910, 1911, 1912, 1913, 1914, 1915, 1916, 1917, 1918, 1919, 1920, 1921, 1922, 1923, 1924, 1925, 1926, 1927, 1928, 1929, 1930, 1931, 1932, 1933, 1934, 1935, 1936, 1937, 1938.

Mapas Sanborn digitais (1867–1970)

Helena (Condado de Phillips), Arkansas, 1926–1950.

West Memphis (Condado de Crittenden), Arkansas, 1938.

Clarksdale (Condado de Coahomay), Mississippi, 1929–1948.

Friars Point, Mississippi, 1924–1936.

Greenwood (Condado de Leflore), Mississippi, 1926–1948.

Hazlehurst (Condado de Copiah), Mississippi, 1886, 1892, 1897, 1902, 1907, 1913, 1925, 1925–1943.

Rosedale (Condado de Bolivar), Mississippi, 1924–1945.

Memphis (Condado de Shelby), Tennessee, 1907, 1927, 1907–1951.

Dallas (Condado de Dallas), Texas, 1921–1952.

San Antonio (Condado de Bexar), Texas, 1911–1951.

Registros vitais

Certidões de óbito

Certidão de óbito de Virginia Johnson, 10 de abril de 1930. Arquivo nº 7664, Secretaria da Saúde do Estado do Mississippi. Cópia autenticada de posse dos autores.

Certidão de óbito de Robert L. Johnson, 16 de agosto de 1938. Arquivo nº 13704, Secretaria da Saúde do Estado do Mississippi. Cópia autenticada de posse dos autores.

Certidão de óbito de Charlie Dodds Spencer, 28 de novembro de 1940. Arquivo nº 28840, Secretaria da Saúde do Estado do Tennessee. Cópia autenticada de posse dos autores.

Certidão de óbito de Mollie Spencer, 12 de março de 1942. Arquivo nº C427, Secretaria da Saúde do Estado do Tennessee. Cópia autenticada de posse dos autores.

Registro de óbito de Isaiah Zimmerman, 3 de agosto de 1967. Index de óbitos do Seguro Social, 1935–2014. Imagens digitais. Ancestry.com, 2016. Disponível em: <http://www.ancestry.com>.

Licenças de casamento [documento que difere da certidão de casamento]

C. C. Dodds e Julia Majors, 2 de fevereiro de 1889. Mississippi. Hazlehurst. Condado de Copiah. Certidões de casamento. Registro de Escrituras, Município de Hazlehurst.

Noah Johnson e Mary Nelson, 2 de dezembro de 1904. Mississippi. Hazlehurst. Condado de Copiah. Certidões de casamento. Registro de Escrituras, Município de Hazlehurst.

Robert Johnson e Virginia Travis, 16 de fevereiro de 1929. Mississippi. Tunica. Condado de Tunica. Certidões de casamento. Registro de Escrituras, Município de Hazlehurst.

Robert Johnson e Callie Craft, 4 de maio de 1931. Mississippi. Hazlehurst. Condado de Copiah. Certidões de casamento. Registro de Escrituras, Município de Hazlehurst.

notas

Introdução

1 Samuel Charters, *The Country Blues* (Nova York: Rinehart, 1959).

2 Charters, *Country Blues*, 207–210.

3 Robert Johnson, *Robert Johnson: King of the Delta Blues Singers* (Nova York: Columbia Records, 1961).

4 Frank Driggs, notas de capa de *Robert Johnson: King of the Delta Blues Singers* (Nova York: Columbia Records, 1961).

5 Pete Welding, notas de capa de *Robert Johnson: King of the Delta Blues Singers, Vol. II* (Nova York: Columbia Records, 1970).

6 Samuel Charters, *Robert Johnson* (Nova York: Oak Publications, 1972).

7 Bruce Cook, *Listen to the Blues* (Nova York: Charles Scribner's Sons, 1973).

8 Peter Guralnick, "Searching for Robert Johnson", *Living Blues* nº 53 (verão–outono, 1982).

9 Peter Guralnick, *Searching for Robert Johnson* (Nova York: Dutton, 1989).

10 "The Death of Robert Johnson", *Living Blues* nº 94, edição especial (novembro-dezembro, 1990).

11 Lawrence Cohn, e-mail a Bruce Conforth, 4 de janeiro de 2016.

12 Stephen LaVere, notas de capa de Robert Johnson, *The Complete Recordings* (Nova York: Columbia Records, 1990).

13 *The Search for Robert Johnson*, direção de Chris Hunt (1992; Sony Music Entertainment, 2000), DVD.

14 Barry Lee Pearson e Bill McCulloch, *Robert Johnson: Lost and Found* (Urbana: University of Illinois Press, 2003).

15 Elijah Wald, *Escaping the Delta: Robert Johnson and the Invention of the Blues* (Nova York: Amistad, 2004).

16 Tom Graves, *Crossroads: The Life and Afterlife of Blues Legend Robert Johnson* (Spokane, WA: Demers Books, 2008).

17 Steve LaVere, prefácio de *Crossroads: The Life and Afterlife of Blues Legend Robert Johnson*, de Tom Graves (Spokane, WA: Demers Books, 2008).

18   O primeiro capítulo de Graves, "The Early Years", tem apenas quatro páginas, não discute a infância de Johnson em Memphis (omissão muito curiosa, uma vez que Graves vive e leciona nessa cidade) e devota uma página e meia à história do instrumento *diddley bow* e da música havaiana. No segundo capítulo, "Johnson as a Young Man", a vida de Robert dos dez a dezenove anos é abordada em apenas três páginas. O capítulo 3, "The Walking Musician Years", tem escassas sete páginas que contam com apenas uma sentença a respeito de Ike Zimmerman (que Graves, seguindo o exemplo de LaVere, identifica de forma errada como Ike Zinernon), o violonista que pode ter sido o maior mentor de Johnson. O capítulo 4, "The Recording Years", é outra passagem curta de sete páginas, cuja maioria lida com os aspectos técnicos das gravações nos anos 1930. Por fim, o capítulo 5, "The Death of a Rising Star", tem nove páginas devotadas à especulação sobre o assassinato de Johnson.
19   Robert Johnson, *Robert Johnson, The Complete Original Masters: Centennial Edition* (Columbia: B00512ZFRU. 2011).
20   Dogfish Head Craft Brewery, *Hellhound on My Ale* (Rehoboth Beach, DE: 2011).

Capítulo 1
21   Hugh Jenkins (proprietário do local de nascimento de Robert Johnson e amigo de longa data de Rosa Redman), entrevista a Bruce Conforth, Hazlehurst, Mississippi, 14 de agosto de 2017.
22   Elizabeth Moore, entrevista a Gayle Dean Wardlow na *plantation* Mitchner, 18 de maio de 1968.
23   Robert Hirsberg (filho dos donos originais do armazém Hirsberg's, em Friars Point, Mississippi), entrevista a Bruce Conforth, 16 de maio de 2008.

Capítulo 2
24   "Código dos Negros do Mississippi", em *Leis do Estado do Mississippi, Aprovadas em Sessão Convocada da Legislatura do Mississippi, em Columbus, em fevereiro e março de 1865* (Meridian, MS: J.J. Shannon & Co., 1865).
25   James C. Cobb, *The Most Southern Place on Earth: The Mississippi Delta and the Roots of Regional Identity* (Nova York: Oxford University Press, 1994).
26   Segundo o Instituto Gilder Lehrman de História Estadunidense, entre 9,6 e 10,8 milhões de africanos chegaram às Américas como resultado do tráfico de escravos. Mais de 90% dos africanos escravizados foram diretamente para

o Caribe ou a América do Sul, ao passo que somente 6%, ou de 600 a 650 mil foram levados para a América do Norte (http://www.gilderlehrman.org/history-by-era/slavery-and-anti-slavery/resources/facts-about-slave-trade-and-slavery). Outras fontes, tais como o Banco de Dados do Tráfico de Escravos Transatlântico (http://www.slavevoyages.org/tast/index.faces), mencionam um número ainda menor de africanos levados para a América do Norte, chegando a talvez 305 mil.

27 Henry Louis Gates Jr., "Free Blacks Lived in the North, Right?", *The African Americans: Many Rivers to Cross*, PBS, 2013 (http://www.pbs.org/wnet/african-americans-many-rivers-to-cross/history/free-blacks-lived-in-the-north-right).

28 Os registros de censo das famílias Dodds, Majors e Johnson são todos do censo dos Estados Unidos do Departamento do Comércio dos EUA.

29 Departamento do Comércio, Serviço de Censo. Estado: Mississippi. Condado: Copiah; Oeste de Hazlehurst; Distrito: Parte do Lote 1; Distrito de Enumeração 33, Folha 7, 8 de junho de 1900.

30 LaVere, *Complete Recordings*, p. 5.

31 Randall Day, diretor executivo da Câmara de Comércio da Região de Hazlehurst, entrevista a Bruce Conforth, Hazlehurst, Mississippi, 14 de agosto de 2016.

32 R. L. Polk & Co., Diretório da Cidade de Memphis, 1908; Dan Handwerker, entrevista a Bruce Conforth, Memphis, TN, 7 de maio de 2015.

33 Departamento do Comércio, Serviço de Censo. Estado: Mississippi. Condado: Copiah; Cidade de Hazlehurst; Distrito de Enumeração 45, Folha 6-B, 20 de abril de 1910.

34 Departamento do Comércio, Serviço de Censo. Estado: Mississippi. Condado: Copiah; Cidade de Hazlehurst; Distrito de Enumeração 44, Folha 13-B, 3 de maio de 1910.

35 Licença de casamento de Noah Johnson e Mary Nelson, 14 de dezembro de 1904, Corte Municipal do Condado de Copiah, Hazlehurst, Mississippi.

Capítulo 3

36 Por mais importante que o início da vida de Robert em Memphis tenha sido (foi crucial na formação de sua vida musical e adulta), das poucas obras que tentaram contar qualquer parte da história dele, nenhuma gastou mais do que algumas frases a respeito da infância em Memphis. Parte disso é, sem dúvida, devida

à crença de que não havia informações disponíveis sobre esse período da vida de Johnson. Parte também é devida ao fato de que ao que tudo indica ninguém tentou juntar as informações baseando-se em dados contextuais: materiais que acabariam revelando um bom tanto sobre o jovem Robert e o homem que ele se tornaria.

37 Robert "Mack" McCormick, *Search for Robert Johnson*, DVD.

38 Departamento do Comércio, Serviço de Censo. Estado: Tennessee. Condado: Shelby; Memphis (Parte de); Distrito de Enumeração 176, Folha 2-A, 3 de janeiro de 1920. Esse registro foi feito depois de Julia Majors já ter pego Robert de volta da família Spencer, daí a ausência dele. A esposa de Charles, Mollie, é identificada de maneira errada como Mandy. Esse tipo de erro no censo era comum nesses primeiros registros.

39 Preston Lauterbach, *Beale Street Dynasty: Sex, Song, and the Struggle for the Soul of Memphis* (Nova York: W. W. Norton, 2016), p. 121.

40 George W. Lee, *Beale Street: Where the Blues Began* (College Park, MD: McGrath Publishing Co., 1934), pp. 82–83.

41 Lee, *Beale Street*, p. 79.

42 Lee, *Beale Street*, p. 80.

43 Larry Nager, *Memphis Beat: The Life and Times of America's Musical Crossroads* (Nova York: St. Martin's, 1998), p. 24.

44 Bengt Olsson, *Memphis Blues and Jug Bands* (Studio Vista, 1970), p. 22.

45 Tony Kail, *A Secret History of Memphis Hoodoo: Rootworkers, Conjurers & Spirituals* (Charleston, SC: History Press, 2017), pp. 29–30.

46 "Voudouism, African Fetich Worship Among the Memphis Negroes", *Memphis Daily Appeal*, data e autor desconhecidos, reimpresso em *Seership!* (1870), de Paschal Randolph, citado em www.southern-sporots.com.

47 R. L. Windum, *Can't You Hear the Wind Howl: The Life & Music of Robert Johnson*, dirigido por Peter Meyer (WinStar Home Entertainment, 1998), DVD.

48 R. L. Polk & Co., Diretório da Cidade de Memphis, 1917.

49 Gayle Dean Wardlow, *Chasin' That Devil Music* (São Francisco: Backbeat Books, 1998), p. 201.

50 *The Public School System of Memphis, Tennessee. A Report of a Survey Made under the Direction of the Commissioner of Education* (Washington, DC: Government Printing Office, 1920), p. 72.

51 LaVere, *Complete Recordings*, p. 5.

Capítulo 4

52 Nikki Walker, "Horseshoe Lake, Arkansas", The Encyclopedia of Arkansas History and Culture (Little Rock, AR: Butler Center for Arkansas Studies, Central Arkansas Library System, 2018), http://www.encyclopediaofarkansas.net/encyclopedia/entry-detail.aspx?entryID=7164.

53 Nikki Walker, "Horseshoe Lake".

54 Uma idade incorreta para Robert não é incomum. As idades registradas nos censos são pouquíssimo confiáveis. As idades registradas de Julia e de todos os seus filhos eram inconsistentes entre um censo e outro.

55 Margaret Elizabeth Woolfolk, *A History of Crittenden County, Arkansas* (Greenville, SC: Southern Historical Press, 1991), p. 83.

56 Tom Freeland, "'He Would Go Out and Stay Out'—Some Witnesses to the Short Life of Robert Johnson", *Living Blues* (março de 2000), p. 44.

57 Lawrence A. Jones e David Durand, eds., *Mortgage Lending Experience in Agriculture* (Princeton, NJ: Princeton University Press, 1954), pp. 95–96.

58 David "Honeyboy" Edwards, entrevista a Gayle Dean Wardlow, 1991.

59 Registros da escola Indian Creek de 1924, condado de Tunica, Mississippi.

60 Guralnick, *Searching for Robert Johnson*, pp. 12–13.

61 Guralnick, *Searching for Robert Johnson*, p. 13.

62 Windum, *Can't You Hear the Wind Howl*, DVD.

63 Freeland, "'He Would Go Out and Stay Out'", p. 44.

64 Freeland, "'He Would Go Out and Stay Out'", p. 44.

65 Freeland, "'He Would Go Out and Stay Out'", p. 44.

66 Dr. Richard Taylor, correspondência via e-mail com dr. Bruce Conforth, 5 de fevereiro de 2016.

67 Debra Devi, "Robert Johnson and the Myth of the Illiterate Bluesman", *Huffpost: Arts & Culture*, 8 de dezembro de 2013, http://www.huffingtonpost.com/debra-devi/robert-johnson-and-the-my_b_1628118.html.

68 Israel "Wink" Clark, *Search for Robert Johnson*, DVD.

69 Pearson e McCulloch, *Robert Johnson*, p. 6.

70 R. L. Windum, *Can't You Hear the Wind Howl*, DVD.

71 Willie Mason, *Can't You Hear the Wind Howl*, DVD.

72 Freeland, "'He Would Go Out and Stay Out'", p. 44.

73 Elizabeth Moore, entrevista a Gayle Dean Wardlow, Sumner, Mississippi, 30 de novembro de 1969.

Capítulo 5

74 Freeland, "'He Would Go Out and Stay Out'", p. 44.
75 Israel "Wink" Clark, *Search for Robert Johnson*, DVD.
76 Israel "Wink" Clark, *Search for Robert Johnson*, DVD.
77 Freeland, "'He Would Go Out and Stay Out'", pp. 45–46.
78 Jas Obrecht, "Robert Johnson Revisited", *Guitar Player*, setembro de 1990, p. 63; Jas Obrecht, "Robert Johnson", *Blues Guitar*, setembro de 1990, p. 4.
79 Freeland, "'He Would Go Out and Stay Out'", p. 45.
80 Freeland, "'He Would Go Out and Stay Out'", p. 46.
81 Willie Moore, entrevista a Gayle Dean Wardlow, Sumner, Mississippi, 30 de novembro de 1969.
82 Willie Moore, entrevista a Gayle Dean Wardlow, Sumner, Mississippi, 30 de novembro de 1969.
83 Elizabeth Moore, entrevista a Gayle Dean Wardlow, *plantation* Mitchner, 18 de maio de 1968.
84 Elizabeth Moore, entrevista a Gayle Dean Wardlow, *plantation* Mitchner, 18 de maio de 1968.
85 Elizabeth Moore, entrevista a Gayle Dean Wardlow, *plantation* Mitchner, 18 de maio de 1968.
86 Elizabeth Moore, entrevista a Gayle Dean Wardlow, *plantation* Mitchner, 18 de maio de 1968.
87 Elizabeth Moore, entrevista a Gayle Dean Wardlow, *plantation* Mitchner, 18 de maio de 1968.
88 Nat Richardson, *Search for Robert Johnson*, DVD.
89 Steve LaVere, notas de capa para *Robert Johnson: The Complete Original Masters Centennial Edition* (Columbia, 2011), p. 6.
90 Freeland, "'He Would Go Out and Stay Out'", pp. 45–46.
91 Wink Clark, *Search for Robert Johnson*, DVD.
92 Willie Moore, entrevista a Gayle Dean Wardlow, *plantation* Mitchner, 18 de maio de 1968.
93 Jan McPeek, *Merchants, Tradesmen and Manufacturers Financial Condition for Greenville, Mississippi 1921* (Salem, OH: Jan e Naomi McPeek, 2003). Informação obtida do livro de referência de 1921 da agência mercantil R. G. Dun, Arquivos do Delta do Mississippi da Biblioteca da Universidade do Mississippi, https://guides.lib.olemiss.edu/delta.

94 Charles Reagan Wilson, "Chinese in Mississippi: An Ethnic People in a Biracial Society", Mississippi History Now (novembro de 2002), http://mshistorynow.mdah.state.ms.us/articles/86/mississippi-chinese-an-ethnic-people-in-a-biracial-society.

95 Willie Moore, entrevista a Gayle Dean Wardlow, *plantation* McManus, Sumner, Mississippi, 30 de novembro de 1969. Se a recordação de Moore está correta, então temos mais evidências de que Johnson tinha um violão e estava pelo menos aprendendo a tocar no início de 1927, já que as barragens do rio Mississippi romperam em abril de 1927.

96 Willie Moore, entrevista a Gayle Dean Wardlow, *plantation* McManus, Sumner, Mississippi, 30 de novembro de 1969.

97 Willie Moore, entrevista a Gayle Dean Wardlow, *plantation* McManus, Sumner, Mississippi, 30 de novembro de 1969.

98 Willie Moore, entrevista a Gayle Dean Wardlow, *plantation* McManus, Sumner, Mississippi, 30 de novembro de 1969.

99 Willie Moore, entrevista a Gayle Dean Wardlow, *plantation* McManus, Sumner, Mississippi, 30 de novembro de 1969.

100 Willie Moore, entrevista a Gayle Dean Wardlow, *plantation* McManus, Sumner, Mississippi, 30 de novembro de 1969.

101 Elizabeth Moore, entrevista a Gayle Dean Wardlow, *plantation* Mitchner, 18 de maio de 1968.

102 Elizabeth Moore, entrevista a Gayle Dean Wardlow, *plantation* Mitchner, 18 de maio de 1968.

103 Wink Clark, *Search for Robert Johnson*, DVD.

Capítulo 6

104 A informação dada a respeito do registro de casamento de Johnson e Travis é errônea. Virginia, aparentemente, citou Lula Samuels como mãe, embora em sua certidão de óbito conste Mattie Barrett como mãe. Nos registros do censo, Lula Samuels consta como avó de Virginia.

105 Licença de casamento de Johnson e Travis, fórum do condado de Tunica, Tunica, Mississippi.

106 "Commodity Data", Departamento de Estatísticas Trabalhistas dos EUA, https://www.bls.gov/data, acesso em 30 de novembro de 2008; Willard W. Cochrane, "Farm Prices, Myth and Reality", Departamento de Estatísticas Trabalhistas dos EUA (1958), p. 15.

107 Departamento do Comércio, Serviço de Censo. Estado: Mississippi. Condado: Bolivar; lote 3 (parte); Distrito de Enumeração 6–24, Folha 4-B, 12 de abril de 1930.

108 Steve LaVere, "Robert Johnson's Census Records", *Living Blues* 203, vol. 40, nº 5 (2009), p. 75.

109 LaVere, *Complete Recordings*, p. 7.

110 Departamento do Comércio, Serviço de Censo. Estado: Mississippi. Condado: DeSoto; lote 3 (parte); Distrito de Enumeração 17–10, Folha 3-A, 7 de abril de 1930.

111 Departamento do Comércio, Serviço de Censo. Estado: Mississippi. Condado: Bolivar; lote 3 (parte); Distrito de Enumeração 6–24, Folha 4-B, 11 de abril de 1930.

112 Departamento do Comércio, Serviço de Censo. Estado: Mississippi. Condado: Bolivar; Cidade de Rosedale; Distrito de Enumeração 6–8, Folha 21-A, 12 de abril de 1930.

113 LaVere, "Robert Johnson's Census Records", p. 75; Pearson e McCulloch, *Robert Johnson*, p. 56; Obrecht, "Robert Johnson Revisited", p. 63: "Para muitos negros das *plantations*, o blues era a 'música do diabo' e estritamente um tabu".

114 Jas Obrecht, "Johnny Shines: The Complete 1989 *Living Blues* Interview", http://jasobrecht.com/johnny-shines-complete-living-blues-interview; Henry Townsend, *Can't You Hear the Wind Howl*, DVD.

115 Jim O'Neal, "The Death of Robert Johnson", *Living Blues*, nº 94 (novembro/dezembro de 1990), p. 15.

Capítulo 7

116 Jas Obrecht, "Robert Johnson", *Blues Guitar*, setembro de 1990, p. 4.

117 Willie Moore, entrevista a Gayle Dean Wardlow, *plantation* McManus, Sumner, Mississippi, 30 de novembro de 1969.

118 Willie Moore, entrevista a Gayle Dean Wardlow, *plantation* McManus, Sumner, Mississippi, 30 de novembro de 1969.

119 Elizabeth Moore, entrevista a Gayle Dean Wardlow, *plantation* Mitchner, 18 de maio de 1968.

120 Julius Lester, "I Can Make My Own Songs: An Interview with Son House", *Sing Out!*, vol. 15, nº 3 (julho de 1965), p. 41.

121 Lester, "My Own Songs", p. 41.

122 Nick Perls, "Son House Interview, Part One", *78 Quarterly*, vol. 1 (1967), p. 60.
123 Freeland, "He Would Go Out and Stay Out", p. 46.
124 H. C. Speir, entrevista a Gayle Dean Wardlow, Pearl, Mississippi, 10 de abril de 1964.

Capítulo 8
125 Freeland, "He Would Go Out and Stay Out", p. 47.
126 Todas as citações diretas de Loretha Zimmerman no capítulo 8 são da entrevista que concedeu a Bruce Conforth em Beauregard, Mississippi, em 15 de maio de 2007.
127 Henry Townsend, *Can't You Hear the Wind Howl*, DVD; Loretha Zimmerman, entrevista a Bruce Conforth, Beauregard, Mississippi, 15 de maio de 2007.
O nome Zimmerman é apresentado de diferentes maneiras: Zinneman, Zinnerman, Zinman, Zinermon, Zinemon. É mencionado como Zinnerman em Pearson e McCulloch, p. 7; em Palmer como Zinneman, p. 113; em Schroeder como Zinermon, p. 22. Esta última grafia é baseada na afirmação do autor de que o pesquisador de blues Steven LaVere "descobriu um documento com sua assinatura no cemitério em que enterrou a esposa e onde, pouco tempo depois, ele mesmo foi enterrado. A assinatura no documento diz Zinermon" (Schroeder, p. 167, nota 2). A precisão dessa evidência aparentemente apontaria para outra pessoa ter assinado o documento (se ele existir), já que 1) a filha de Zimmerman insistiu bastante que o pai escrevia o nome com dois Ms, assim como ela e o resto da família; 2) Zimmerman foi enterrado na Califórnia antes da morte de sua segunda esposa; 3) no livreto de seu funeral, o nome de Zimmerman é grafado assim; 4) em seus registros no Seguro Social também consta Zimmerman; e 5) todos os registros de censo desde o início dos anos 1800 trazem o nome Zimmerman.
Inúmeros sites de fãs de blues fazem afirmações a respeito de Zimmerman. Por exemplo, www.thunderstruck.org alega que alguns contemporâneos de Johnson pensavam que Zimmerman era, de fato, o diabo; www.canadajoeblue.com chama Zimmerman de "um homem obscuro e diabólico"; artruch.wordpress.com afirma que Zimmerman era "uma figura sombria"; en.wikipedia.org chama Zimmerman de "uma figura misteriosa"; e bitterman.journalspace.com chega ao

ponto de alegar que "Robert Johnson fez um pacto com um demônio libertino chamado Ike Zimmerman para aprender a tocar o blues".

128 Willie Mason, Wink Clark e Johnny Shines, *Can't You Hear the Wind Howl*, DVD.

129 Experiência pessoal do autor. Quando Conforth visitou Son House em Detroit, sua esposa não o deixava tocar blues na casa. Ele só podia tocar *spirituals*.

130 Loretha Zimmerman, entrevista a Bruce Conforth, Beauregard, Mississippi, 15 de maio de 2007.

131 Freeland, "'He Would Go Out and Stay Out'", p. 47.

132 Freeland, "'He Would Go Out and Stay Out'", p. 47.

133 Freeland, "'He Would Go Out and Stay Out'", p. 47.

134 Freeland, "'He Would Go Out and Stay Out'", p. 47.

135 A noção de que Zimmerman acreditava que, para aprender o blues, era preciso tocar num cemitério à meia-noite foi reafirmada amplamente na maioria das fontes que tratam dele.

136 James Zimmerman Smith, entrevista a Bruce Conforth, Beauregard, Mississippi, 15 de maio de 2007.

137 James Zimmerman Smith, entrevista a Bruce Conforth, Beauregard, Mississippi, 15 de maio de 2007.

138 Freeland, "'He Would Go Out and Stay Out'", p. 47.

139 Eula Mae Williams, entrevista a Gayle Dean Wardlow, Hazlehurst, Mississippi, 20 de maio de 1998.

140 Eula Mae Williams, entrevista a Gayle Dean Wardlow, Hazlehurst, Mississippi, 20 de maio de 1998.

141 Freeland, "'He Would Go Out and Stay Out'", p. 47.

142 Eula Mae Williams, entrevista a Gayle Dean Wardlow, Hazlehurst, Mississippi, 20 de maio de 1998.

143 Freeland, "'He Would Go Out and Stay Out'", p. 47.

144 Freeland, "'He Would Go Out and Stay Out'", p. 47.

145 Freeland, "'He Would Go Out and Stay Out'", p. 47.

146 Freeland, "'He Would Go Out and Stay Out'", p. 47.

147 Freeland, "'He Would Go Out and Stay Out'", p. 48.

148 Freeland, "'He Would Go Out and Stay Out'", p. 48.

149 Freeland, "'He Would Go Out and Stay Out'", p. 47.

Capítulo 9

150 Loretha Zimmerman, entrevista a Bruce Conforth, Beauregard, Mississippi, 15 de maio de 2007.

151 Lester, "My Own Songs", p. 42.

152 Lester, "My Own Songs", p. 42.

153 Daniel Beaumont, *Preachin' the Blues: The Life and Times of Son House* (Nova York: Oxford University Press, 2011), p. 44.

154 Julio Finn, *The Bluesman: The Musical Heritage of Black Men and Women in the Americas* (Londres: Quartet Books, 1986), p. 215; Pearson e McCulloch, *Robert Johnson*, p. 45, 49, 51.

155 Jeffrey E. Anderson, *Conjure in African American Society* (Baton Rouge: Louisiana State University Press, 2005), p. 11.

156 Niles Newbell Pucket, *Folk Beliefs of the Souther Negro* (Chapel Hill: University of North Carolina Press, 1926, reimpressão de Patterson Smith, 1968).

157 Zora Neale Hurston, "Hoodoo in America", *Journal of American Folklore* 44 (1931), p. 317–417.

158 Zora Neale Hurston, *Mules and Men* (Nova York: Harper Perennial Modern Classics, 2008).

159 Harry Middleton Hyatt, *Hoodoo – Conjuration – Witchcraft – Rootwork* (Racine, WI: Western Publishing, 1974).

160 Hortense Powdermaker, *After Freedom: A Cultural Study in the Deep South* (Nova York: Viking Press, 1939), p. 286–287.

161 Willie Mae Powell, *Search for Robert Johnson*, DVD.

162 "Queen" Elizabeth, *Search for Robert Johnson*, DVD.

163 Dean, *Chasin' That Devil Music*, p. 197.

164 O'Neal, "Death of Robert Johnson", p. 12.

165 Henry Townsend, *Can't You Hear the Wind Howl*, DVD.

166 Barry Lee Pearson, *Sounds So Good to Me: The Bluesman's Story* (Filadélfia: University of Pennsylvania Press, 1984), p. 62.

167 Pearson, *Sounds So Good*, p. 63.

168 Pearson, *Sounds So Good*, p. 63.

169 Clara Smith, "Done Sold My Soul to the Devil", gravada em 20 de setembro de 1924, 140053 Columbia-14039.

170 Peg Leg Howell, "Low Down Rounder Blues", gravada em abril de 1928, Columbia-14320.

171 Bessie Smith, "Blue Spirit Blues", gravada em 11 de outubro de 1929, Columbia-14527.

172 J. T. "Funny Paper" Smith, "Fool's Blues", gravada em abril de 1931, Vocalion-1674.

173 Elizabeth Moore, entrevista a Gayle Dean Wardlow, *plantation* Mitchner, 18 de maio de 1968.

174 Joe Callicott, entrevista a Gayle Dean Wardlow, Hernando, Mississippi, 30 e 31 de dezembro de 1967.

175 Pete Franklin, entrevista a Steven Calt, junho de 1971.

176 Joe Callicott, entrevista a Gayle Dean Wardlow, Hernando, Mississippi, 30 e 31 de dezembro de 1967.

177 Tom Freeland, "Some Witness to the Short Life of Robert Johnson", *Living Blues* 31, nº 2 (março–abril, 2000), p. 42.

178 Freeland, "'He Would Go Out and Stay Out,'" 48.

179 Freeland, "'He Would Go Out and Stay Out,'" 44.

180 Freeland, "'He Would Go Out and Stay Out,'" 44.

181 Freeland, "'He Would Go Out and Stay Out,'" 48.

182 Johnnie Temple, entrevista a Gayle Dean Wardlow, Jackson, Mississippi, abril de 1965.

183 Johnnie Temple, entrevista a Gayle Dean Wardlow, Jackson, Mississippi, abril de 1965.

Capítulo 10

184 Eula Mae Williams, entrevista a Gayle Dean Wardlow, Hazlehurst, Mississippi, 20 de maio de 1998.

185 Freeland, "Some Witnesses", p. 48.

186 Willie Moore, entrevista a Gayle Dean Wardlow, *plantation* McManus, Sumner, Mississippi, 30 de novembro de 1969.

187 Pete Welding, "Ramblin' Johnny Shines", *Living Blues* 22 (julho–agosto, 1975), p. 27.

188 Welding, "Ramblin' Johnny Shines", p. 27.

189 Larry Hoffman, "Robert Lockwood, Jr.", em *Rollin' and Tumblin': The Postwar Blues Guitarists*, ed. Jas Obrecht (Backbeat Books, 2000), p. 165.

190 Departamento do Comércio, Serviço de Censo, Estado: Arkansas; Condado: Lee; Município de Big Creek; Distrito de Enumeração: 114, Folha 6-A, 29 de janeiro de 1920.

191 Departamento do Comércio, Serviço de Censo, Estado: Arkansas; Condado: Phillips; Cidade de Helena; Distrito de Enumeração 54-21, Folha 26-A, 26 de abril de 1930.

192 Bruce Conforth foi casado com a afilhada de Lockwood e, durante suas muitas conversas, Lockwood admitiu que inventou datas "só para sacanear" os entrevistadores.

193 Robert Lockwood, entrevista a Robert Santelli para a International Folk Alliance, 2000, FP-2006-CT-0187.

194 Hoffman, "Robert Lockwood Jr.", p. 165.

195 Hoffman, "Robert Lockwood Jr.", p. 166.

196 Hoffman, "Robert Lockwood Jr.", p. 166.

197 Hoffman, "Robert Lockwood Jr.", pp. 166-167.

198 Robert Lockwood, Blues Narrative Stage: "Robert Johnson Remembered", entrevista por Worth Long, Smithsonian Folklife Festival, 1991. Fita da gravação do festival FP-1991-DT-0033.

199 Hoffman, "Robert Lockwood Jr.", pp. 166-167; Robert Lockwood, *Can't You Hear the Wind Howl*, DVD.

200 Lockwood, "Robert Johnson Remembered".

201 Guralnick, *Searching for Robert Johnson*, p. 48.

Capítulo 11

202 Todas as citações de H. C. Speir no capítulo 11 são de entrevista a Gayle Dean Wardlow em Pearl, Mississippi, no dia 10 de abril de 1964, exceto onde indicado diferentemente.

203 Contratos musicais de Speir, acervo de Gayle Dean Wardlow.

204 Elizabeth Moore, entrevista a Gayle Dean Wardlow, *plantation* Mitchner, 18 de maio de 1968.

205 Freeland, "'He Would Go Out and Stay Out'", p. 48.

206 Marie Oertle, entrevista com Mack McCormick, 1984. Entrevistas de McCormick com Steve Cushing, dezembro de 2010, janeiro de 2011 e março de 2011, em *Pioneers of the Blues Revival*, edição revisada (Urbana, Chicago e Springfield: University of Illinois Press, 2014); conversas de McCormick com Bruce Conforth, dezembro de 2008; conversas de McCormick com Gayle Dean Wardlow, junho de 2000.

207 H. C. Speir, entrevista a Gayle Dean Wardlow, Pearl, Mississippi, 10 de abril de 1964.

208 Cópia de selo, nota de duplicação e atribuição, combinação nº 7-03-56, data de lançamento: 4 de janeiro de 1937, Perfect e Oriole Records SA-2580 (Kind Hearted Woman Blues) e SA 2586 (Terraplane Blues); cópia de selo, nota de duplicação e atribuição, combinação nº 7-04-60, data de lançamento: 10 de fevereiro de 1937, Perfect e Oriole Records SA-2616 (32-20 Blues) e SA 2631 (Last Fair Deal Gone Down); cópia de selo, nota de duplicação e atribuição, combinação nº 7-04-81, data de lançamento: 10 de março de 1937, Perfect e Romeo Records SA-2628 (Dead Shrimp Blues) e SA 2581 (I Believe I'll Dust My Broom); cópia de selo, nota de duplicação e atribuição, combinação nº 7-05-81, data de lançamento: 20 de abril de 1937, Perfect e Romeo Records SA-2629 (Cross Road Blues) e SA 2583 (Ramblin' On My Mind); cópia de selo, nota de duplicação e atribuição, combinação nº 7-07-57, data de lançamento: 1º de junho de 1937, Perfect e Romeo Records SA-2627 (They're Red Hot) e SA 2585 (Come On In My Kitchen); cópia de selo, nota de duplicação e atribuição, combinação nº 7-09-55, data de lançamento: 1º de agosto de 1937, Perfect e Romeo Records DAL-379 (From Four Until Late) e DAL 294 (Hell Hound On My Trail); cópia de selo, nota de duplicação e atribuição, combinação nº 7-10-65, data de lançamento: 15 de setembro de 1937, Perfect e Romeo Records DAL-403 (Milkcow's Calf Blues) e DAL 296 (Malted Milk); cópia de selo, nota de duplicação e atribuição, combinação nº 7-12-67, data de lançamento: 15 de novembro de 1937, Perfect Records DAL-377 (Stones In My Passway) e DAL 378 (I'm a Steady Rollin' Man). Acervo de Lawrence Cohn. Uso sob permissão.
209 Don Law Jr., *Can't You Hear the Wind Howl*, DVD.
210 O fato de o violão de Johnson ter sido destruído pela polícia de San Antonio e Law ter precisado tomar um emprestado para ele coloca um fim nas alegações de posse do Gibson L-1 que ele empunha na célebre foto no estúdio dos irmãos Hooks. Se aquele era de fato o violão de Johnson, já que a foto foi tirada em 1936, antes das gravações em San Antonio, muito provavelmente seria o mesmo que ele tinha consigo quando foi preso por vadiagem. Seria o violão que foi destruído.
211 Don Law Jr., *Can't You Hear the Wind Howl*, DVD.
212 Elizabeth Moore, entrevista a Gayle Dean Wardlow, *plantation* Mitchner, 18 de maio de 1968.
213 Larry Cohn, entrevista por telefone com Bruce Conforth, 12 de junho de 2014.

214 Frank Driggs, notas de capa originais, *Robert Johnson: King of the Delta Blues Singers* (Sony Music Entertainment, 1961).
215 Don Law, carta a Frank Driggs, 10 de abril de 1961.
216 Patricia Schroeder, *Robert Johnson: Mythmaking and Contemporary American Culture* (Chicago: University of Illinois Press, 2004), pp. 26–27; Jas Obrecht, "Robert Johnson", em *Blues Guitar: The Men Who Made the Music* (São Francisco: Miller Freeman, 1993), p. 12.
217 Johnny Shines, *Can't You Hear the Wind Howl*, DVD.
218 Hoffman, "Robert Lockwood Jr.", p. 167.

Capítulo 12
219 Pete Welding, "The Robert Johnson I Knew, Pt. 2", *Blues Unlimited* 66, 1969, p. 15.
220 H. C. Speir, entrevista a Gayle Dean Wardlow, Pearl, Mississippi, 10 de abril de 1964.
221 Dave Rubin, *Robert Johnson: The New Transcriptions* (Milwaukee, WI: Hal Leonard, 1999).
222 Hyatt, *Hoodoo*, p. 349.
223 Debra DeSalvo, *The Language of the Blues* (Nova York: Billboard Books, 2006), p. 64.
224 Johnny Shines, *Can't You Hear the Wind Howl*, DVD.
225 Johnny Shines, *Can't You Hear the Wind Howl*, DVD.
226 Elizabeth Moore, entrevista a Gayle Dean Wardlow, *plantation* Mitchner, 18 de maio de 1968.
227 Shirley Ratisseau, "The Girl Who Met Robert Johnson", *Austin Chronicle*, 3 de agosto de 2012.
228 Agustín Gurza, "Frontera Project: Berlanga y Montalvo: The Blues and the Borderlands", Strachwitz Frontera Collection of Mexican and Mexican American Recordings, 11 de fevereiro de 2015, http://frontera.library.ucla.edu/blog/2016/02/berlanga-y-montalvo-blues-and-borderlands.
229 LaVere, *Complete Recordings*, p. 24.
230 Robert Avant-Mier, "Heard it on the X", em *Radio Cultures: The Sound Medium in American Life*, ed. Michael C. Keith (Nova York: Peter Lang Publishing, 2008), p. 54.
231 Pearson e McCulloch, *Robert Johnson*, pp. 25–26.

232 Elizabeth Moore, entrevista a Gayle Dean Wardlow, *plantation* Mitchner, 18 de maio de 1968.

233 Booker Miller, entrevista a Gayle Dean Wardlow, Greenwood, Mississippi, 20 de abril de 1968.

234 Elizabeth Moore, entrevista a Gayle Dean Wardlow, *plantation* Mitchner, 18 de maio de 1968.

235 Booker Miller, entrevista a Gayle Dean Wardlow, Greenwood, Mississippi, 20 de abril de 1968.

236 Hyatt, *Hoodoo*, p. 349.

237 Pearson e McCulloch, *Robert Johnson*, p. 77.

238 Timothy Matovina e Jesús F. de la Teja, editores, *Recollections of a Tejano Life: Antonio Menchaca in Texas History* (Austin: University of Texas Press, 2013).

239 H. C. Speir, entrevista a Gayle Dean Wardlow, Pearl, Mississippi, 10 de abril de 1964.

240 H. C. Speir, entrevista a Gayle Dean Wardlow, Pearl, Mississippi, 10 de abril de 1964.

241 Willie Mae Powell, *Search for Robert Johnson*, DVD.

242 Willie Mae Powell, *Can't You Hear the Wind Howl*, DVD.

243 Willie Mae Powell, *Search for Robert Johnson*, DVD.

Capítulo 13

244 Lester, "I Can Make My Own Songs", pp. 41–42.

245 Elizabeth Moore, entrevista a Gayle Dean Wardlow, *plantation* Mitchner, 18 de maio de 1968.

246 Pete Welding, "Ramblin' Johnny Shines", *Living Blues* 22 (julho/agosto de 1975), p. 25.

247 Johnny Shines, Blues Narrative Stage: "Guitar Styles", Smithsonian Folklife Festival, 1991. Fita da gravação do festival FP-1991-DT-0048.

248 Johnny Shines, "The Robert Johnson I Knew", em *The American Folk Music Occasional*, Chris Strachwitz e Pete Welding, editores, vol. 2 (Nova York: Oak, 1970), p. 31.

249 Shines, "The Robert Johnson I Knew", p. 31.

250 Barry Lee Pearson, *Jook Right On: Blues Stories and Blues Storytellers* (Knoxville: University of Tennessee Press, 2005), p. 172.

251 Robert Lockwood, Blues Narrative Stage: "Guitar Styles", Smithsonian Folklife Festival, 1991. Fita da gravação do festival FP-1991-DT-0048.

252 Pete Welding, "The Robert Johnson I Knew: An Interview with Henry Townsend", *Down Beat* 35 (31 de outubro de 1968), p. 18, 32, reimpressa em *Blues Unlimited* nº 64 (julho de 1969), p. 10.

253 Henry Townsend, Blues Narrative Stage: "Guitar Styles", Smithsonian Folklife Festival, 1991. Fita da gravação do festival FP-1991-DT-0048.

254 Ishmon Bracey, entrevista a Gayle Dean Wardlow, 30 e 31 de dezembro de 1967, Hernando, Mississippi, inventário #tta0182dd, faixa #7.

255 Robert Lockwood, entrevista a Robert Santelli, International Folk Alliance, 2000, FP-2006-CT-0187.

256 Johnny Shines, *Can't You Hear the Wind Howl*, DVD.

257 Obrecht, "Johnny Shines".

258 Johnny Shines, *Search for Robert Johnson*, DVD.

259 Shines, Blues Narrative Stage.

260 Shines, entrevista a Lawrence Cohn, maio de 1985.

261 Johnny Shines, *Can't You Hear the Wind Howl*, DVD.

262 Jonny Shines, "Remembering Robert Johnson", *American Folk Music Occasional 2*, Oak Publications, 1970.

263 Townsend, Blues Narrative Stage.

264 Shines, Blues Narrative Stage.

265 Johnny Shines, *Can't You Hear the Wind Howl*, DVD.

266 Johnny Shines, *Search for Robert Johnson*, DVD.

267 Guralnick, *Searching*, pp. 26–27.

268 Welding, "Ramblin' Johnny Shines".

Capítulo 14

269 H. C. Speir, entrevista a Gayle Dean Wardlow, Pearl, Mississippi, 10 de abril de 1964.

270 Shines, "The Robert Johnson I Knew", p. 31.

271 William H. Wiggins Jr., "Juneteenth: A Red Spot Day on the Texas Calendar", em *Juneteenth Texas: Essays in African-American Folklore*, editores Francis Edward Abernathy e Carolyn Fielder Satterwhite (Denton: University of North Texas Press, 1996), p. 243.

272 Alan Govenar e Jay Brakefield, *Deep Ellum: The Other Side of Dallas* (College Station: Texas A&M University Press, 2013), p. 78.

273 Darwin Payne, "The Spirit of Enterprise", em *Dallas, An illustrated History* (Woodland Hills, CA: Windsor Publications, 1982), pp. 157–185.

274 Writers' Program of the Work Projects Administration in the City of Dallas, 1936–1942, *The WPA Dallas Guide and History* (Denton, TX: UNT Digital Library, 1992), pp. 296–297, http://digital.library.unt.edu/ark:/67531/metadc28336.

275 Alan Govenar e Jay Brakefield, *The Dallas Music Scene 1920s–1960s* (Charleston, NC: Arcadia Publishing, 2014), p. 47.

276 Alan Govenar, entrevista por telefone a Bruce Conforth, 12 de janeiro de 2019.

277 Marvin "Smokey" Montgomery, entrevista a Gayle Dean Wardlow, 10 de junho de 1959.

278 Marvin "Smokey" Montgomery, entrevista a Gayle Dean Wardlow, 10 de junho de 1959.

279 Smokey Montgomery, *Can't You Hear the Wind Howl*, DVD.

280 Catherine Yronwode, "Foot Track Magic" em *Hoodoo in Theory and Practice*, http://www.luckymojo.com/foottrack.html.

281 Wiggins, "Juneteenth", p. 244.

282 Yronwode, "Foot Track Magic".

283 Welding, "Ramblin' Johnny Shines", p. 29.

284 Willie Moore, entrevista a Gayle Dean Wardlow, *plantation* Mitchner, Mississippi, 18 de maio de 1969.

285 H. C. Speir, entrevista a Gayle Dean Wardlow, Pearl, Mississippi, 10 de abril de 1964.

286 Wald, *Escaping the Delta*, p. 177.

287 *Can't You Hear the Wind Howl*, DVD.

288 Shines, "The Robert Johnson I Knew", p. 31.

289 Shines, "The Robert Johnson I Knew", p. 31.

290 Joe Callicott, entrevista a Gayle Dean Wardlow, Hernando, Mississippi, 30 e 31 de dezembro de 1967.

Capítulo 15

291 John Henry Hammond II, "An Experience in Jazz History", em Dominique-René de Lerma, ed., *Black Music in Our Culture: Curricular Ideas on the Subjects, Materials, and Problems* (Kent, OH: Kent State University Press, 1970), pp. 42-53.

292 Henry Johnson (John Henry Hammond II), *New Masses*, 2 de março, 1937, p. 29.

293 John Henry Hammond II, *New Masses*, julho de 1937, p. 31.

294 Townsend, Blues Narrative Stage.

295 Welding, "Ramblin' Johnny Shines", pp. 29-30.

296 Welding, "The Robert Johnson I Knew", p. 32.

297 Shines, *Search for Robert Johnson*, DVD.

298 Shines, "The Robert Johnson I Knew", p. 32.

299 Shines, "The Robert Johnson I Knew", p. 32.

300 Shines, "The Robert Johnson I Knew", p. 33.

301 Shines, "The Robert Johnson I Knew", p. 33.

302 Shines, *Can't You Hear the Wind Howl*, DVD.

303 Shines, *Can't You Hear the Wind Howl*, DVD.

304 Shines, Blues Narrative Stage. Essa parte da narrativa de Shines ajuda a corroborar as datas em questão, já que o Hospital John Gaston, em Memphis, só foi inaugurado na segunda metade de 1936. Como temos relatos do paradeiro de Johnson do fim de 1936 ao início de 1937, o final daquele ano é a única possibilidade.

305 Obrecht, "Johnny Shines", p. 9.

306 Obrecht, "Johnny Shines", p. 8.

307 Shines, "The Robert Johnson I Knew", p. 32.

308 Shines, Blues Narrative Stage.

309 Shines, "The Robert Johnson I Knew", p. 33.

310 Welding, "Ramblin' Johnny Shines", p. 30.

311 Welding, "Ramblin' Johnny Shines", p. 30.

312 Shines, Blues Narrative Stage.

313 Até esta pesquisa, sempre se acreditou que o nome do pastor fosse *Moten* ao invés de *Morton*. É provavelmente por essa razão que não há informações prévias publicadas a respeito dele ou desse incidente, semelhante ao que ocorreu com a grafia errônea do nome de Ike Zimmerman.

314 mtzion, "History," http://mtzionfgc.wikifoundry.com/page/History, 10 de janeiro de 2008.

315 Paul McIntyre, *Black Pentecostal Music in Windsor*, artigo #15 (Ottawa: Canadian Centre for Folk Culture Studies, 1976), p. 20.

316 Obrecht, "Johnny Shines".

317 Welding, "Ramblin' Johnny Shines", p. 30.

318 Obrecht, "Johnny Shines".

319 Welding, "Ramblin' Johnny Shines", p. 29.

320 Shines entrevistado por Lawrence Cohn, maio de 1985.

321 Victoria Spivey, conversa com John Paul Hammond quando ele gravou para o selo dela nos anos 1960.

322 McCormick, carta e conversa com Bruce Conforth, 23 de março de 2006.

323 Shines, "The Robert Johnson I Knew", p. 32.

324 Shines, *Can't You Hear the Wind Howl*, DVD.

Capítulo 16

325 Elizabeth Moore, entrevista a Gayle Dean Wardlow, *plantation* Mitchner, 18 de maio de 1968.

326 Welding, "Ramblin' Johnny Shines".

327 McCormick, carta e conversa com Bruce Conforth, 12 de fevereiro de 2007.

328 Honeyboy Edwards, *The World Don't Owe Me Nothing* (Chicago: Chicago Review Press, 1997), pp. 99–100.

329 Shines, "The Robert Johnson I Knew", p. 32.

330 Rosie Eskridge, entrevista a Gayle Dean Wardlow, Greenwood, Mississippi, junho de 2001.

331 Rosie Eskridge, entrevista a Gayle Dean Wardlow, Greenwood, Mississippi, junho de 2001.

332 Cedell Davis alegou que a mulher que deu o veneno a Robert se chamava "Craphouse Bea". Segundo Mack McCormick, o nome verdadeiro dela era Beatrice Davis, a jovem esposa de R. D. "Ralph" Davis.

333 Edwards, *The World Don't Owe*, pp. 103–104.

334 Rosie Eskridge, entrevista a Gayle Dean Wardlow, Greenwood, Mississippi, junho de 2001.

335 Rosie Eskridge, entrevista a Gayle Dean Wardlow, Greenwood, Mississippi, junho de 2001.

336 Freeland, "'He Would Go Out and Stay Out'", p. 40.

337 Willie Coffee, entrevista a LaVere, *Hellhounds On My Trail: The Afterlife of Robert Johnson* (WinStar TV & Video, 1999), DVD.

338 Mack McCormick, entrevista por telefone com Bruce Conforth, 14 de maio de 2008.

339 Rosie Eskridge, entrevista a Gayle Dean Wardlow, Greenwood, Mississippi, junho de 2001.

Epílogo

340 John Henry Hammond II, "Jim Crow Blues", *New Masses*, 13 de dezembro de 1938, pp. 27–28.

341 Alan Lomax, *The Land Where the Blues Began* (Nova York: Pantheon, 1993), p. 14. Uma busca pelo acervo de Lomax e pelas anotações que ele fez na viagem de 1942 não revela informação alguma a respeito desse encontro com a mãe de Johnson. Para comunicar uma conversa com tamanha especificidade, seria de se imaginar que anotações de campo foram usadas, mas não há nenhuma que contenha esse diálogo. Portanto, não há evidências para sugerir que tal encontro de fato aconteceu.

342 Alan Lomax, *The Land Where the Blues Began* (Nova York: Pantheon, 1993), pp. 14–15.

2022 - 1 reimpressão
Este livro foi composto em Adobe Garamond Pro e impresso em pólen natural 70 g pela gráfica Viena, em janeiro de 2024.